高等学校
工程管理专业应用型本科规划教材

Real Estate Agent

房地产经纪

主　编　薛　殊　周　云
副主编　赵　旭
主　审　盛承懋

人民交通出版社
China Communications Press

内容提要

本书为高等学校工程管理专业应用型本科规划教材。

本书主要内容包括：房地产经纪与经纪人，房地产经纪机构，房地产经纪行业管理，房地产经纪合同及相关费用，房地产经纪业务，房地产经纪信息管理，房地产经纪业务的促成，房地产经纪业务的风险管理等。本书每章后有适量的思考与练习题，重点章节附有案例，书后有附件，便于学习参考和提高应用能力。

本书体现实用性、系统性、创新性的特点，反映学科的新进展，注重理论和实践相结合，既适合高校教学的要求，又能满足实际工作的需要。

本书可以作为高等学校工程管理、房地产经营与管理、物业管理、工程造价管理、工商管理及相关专业的教材和教学参考用书，可以作为房地产经纪人执业资格考试参考资料，也可以作为高职、高专、成人继续教育的相关专业教材及房地产经纪机构、房地产管理局等相关部门进行员工培训的教材。

高等学校工程管理专业应用型本科规划教材出版说明

工程管理专业自1998年设置以来，伴随着国民经济及工程建设的迅猛发展，已逐步成熟完善，目前已有近300所院校开设该专业。在这些院校里面，有相当一部分以“应用型”定位为主，各院校结合自身的专业特点，形成了各具特色的教学培养模式。为满足广大“应用型”本科院校的需要，加强特色方向教材的出版，人民交通出版社深入调研，周密组织，在高等学校工程管理专业指导委员会的热情鼓励和悉心指导下，蒙清华大学朱宏亮教授尽心主持，得到了国内七十余所高校的积极响应，邀请一大批各院校骨干教师参与，由国内一流专家审稿，组织、编写、出版了本套高等学校土建学科工程管理专业应用型本科规划教材。

本套教材以《全国高等学校土建类专业本科教育培养目标和培养方案及主干课程教学基本要求——工程管理专业》为纲，结合专业建设、课程建设和教学改革以及本学科的最新研究成果，设置了技术平台课程、管理平台课程、经济平台课程、法律平台课程，以及工程项目管理方向课程、房地产经营与管理方向课程、投资与造价管理方向课程、公路工程项目管理方向课程，进行了相应的教材开发，供各院校选用。

本套教材以“应用型”定位为出发点，结合教学实际，全面规划成系列开发近50个品种。教材编委会、审稿委员会、编写与审稿人员全力以赴，为打造精品教材做出了不懈努力，希望能够以此推动工程管理专业的教材建设。

本套教材适用于高等学校工程管理专业，各高校独立学院、成人教育学院及网络教育中的工程管理、房地产经营与管理、工程造价等相关专业亦可选用。

人民交通出版社

前　言

近年来，我国房地产业得到了长足的发展，房地产市场空前繁荣，从事房地产经纪行业的人员越来越多。为进一步提升专业人员的素质，加强房地产经纪队伍建设，建设部与国家人事部正式推出了注册房地产经纪人职业资格考试，并组织国内一批专家编写出版了相应教材和著作，这对我国房地产经纪行业的发展具有深远的历史意义。

但职业资格教育与工程管理本科教育还是有较大的差别。根据本科的培养目标，很有必要编写一本适合工程管理、工商管理、房地产经营与管理等本科专业教学要求的《房地产经纪》教材。

在本书的编写过程中，力图体现如下三个方面的特色：

1. 在结构安排上，要求各章内容衔接良好，逻辑性强，符合读者认知规律。

2. 在内容取舍上，力求知识系统，内容全面，反映最先进的科研成果，注意理论和实践相结合。

3. 在语言表达上，使教材通俗易懂，便于读者理解和掌握。

本书由湖南城市学院薛姝、苏州科技学院周云担任主编，负责全书的修改定稿工作，并由薛姝编写第 1 章、第 8 章，周云编写第 4 章、第 5 章、第 6 章；湖南城市学院赵旭担任副主编，并编写第 2 章、第 3 章；湖南城市学院高武和福建工程学院陈国旺编写第 7 章。

苏州科技学院盛承懋教授主审本书，并提供了许多建设性的意见，在此表示感谢！同时感谢湖南城市学院、苏州科技学院等单位的大力支持。

在本书的编写过程中，主要参考了中国房地产估价师与经纪人学会组织编写的全国房地产经纪人执业资格考试指定辅导教材和其他有关参考文献，谨表示衷心地感谢！

由于编者水平所限，本书难免有疏漏、不当或错误之处，敬请读者批评指正。

编者

2007 年 9 月

学习导言

房地产市场的快速发展，为房地产经纪行业提供了广阔的发展空间。据不完全统计，目前，全国有3万多家房地产经纪机构，从业人员超过百万人，房地产经纪行业已经成为我国房地产事业的重要组成部分，在提供信息、提高市场效率、维护当事人的合法权益等方面发挥了重要的作用。

2001年，人事部、建设部印发了《房地产经纪人员职业资格制度暂行规定》，决定对房地产经纪人员实行职业资格制度，并纳入全国专业技术人员职业资格制度统一规划。房地产经纪人员职业资格包括房地产经纪人执业资格和房地产经纪人协理从业资格。

2004年，经国务院同意，建设部将房地产经纪行业作为试点，房地产经纪人执业资格注册转交行业组织负责，探索建立执业资格注册与行业自律管理相结合的管理模式，房地产经纪行业监管体系初步形成。

2007年，建设部已将《房地产经纪管理办法》列入立法计划。建设部与中国人民银行联合出台了《关于加强房地产经纪管理规范交易结算资金账户管理有关问题的通知》，确定了机构备案公示、存量房交易结算资金管理、信用公示等房地产经纪活动基本制度，从发布信息要求、禁止谋取差价、明示经纪合同等方面对房地产经纪行为作出了具体要求。

中国房地产估价师与房地产经纪人学会在做好房地产经纪人执业资格考试、注册工作等的同时，发布了《房地产经纪执业规则》，明晰了房地产经纪的服务要求和质量标准，对房地产经纪机构和房地产经纪人在执业活动中的行为做出了具体规定；制定了《房地产经纪业务合同推荐文本》；推出了一批优秀房地产经纪机构和注册房地产经纪人，开通了房地产经纪信用档案，通报了一批房地产经纪领域违规案件。

但我国房地产经纪行业发展只有十几年的时间，还很不成熟，行业现状存在问题较多，远不能适应市场良性发展的需要。目前房地产经纪从业人员中实际获得相应从业资格的人数较少，远不能满足市场需求，造成实际从业人员突出存在着学历水平低、受教育培训机会少、流动性高等问题，其专业能力和职业道德方面都存在着一些不足。另外，这也造成房地产经纪机构信息披露不准确，房地产交易程序不规范，房地产经纪行业中不正当竞争等问题较为突出。

为此，根据房地产经纪市场发展需要，特编写本书以供工程管理、房地产经营与管理等专业学生及房地产从业人员学习、阅读。

房地产经纪是一门实用性、综合性较强的边缘性学科。完善房地产市场发展体系，积极应对房地产商品的特殊性所导致的市场低效率，是房地产经纪业存在和发展的理由。房地产经纪业的主要功能是：**沟通信息、提供咨询；促成交易、提高效率；公平买卖、保障安全**。房地产市场的健康有序运行需要房地产经纪行业发挥不可替代的独特业务功能，并由此界定了房地产经纪业的行业性质是：**中介性、信用性、专业性**的服务行业。房地产经纪行业成员必须明确行业的服务性质及其特征内涵，才能忠于职守，为履行促进市场流通、提高市场效率、维护交易安全的行业使命有效地发挥积极作用。

1. 中介性是房地产经纪服务的市场立场

房地产经纪人必须认识到，中介服务是他的根本职守，他的经济活动必须以不取代买卖当事人的任何一方为原则，这样他的业务活动才能起到促进房地产市场健康有序运行、推动经济与社会协调发展的积极作用。由此可见，房地产经纪业在市场上的中介定位决定了其行业的服务性质。本教材第 1 章“房地产经纪与房地产经纪人”介绍房地产经纪的基本概念；第 2 章“房地产经纪机构”介绍房地产经纪机构的设立、组织形式及经营模式。

2. 信用性是房地产经纪服务的事业本质

房地产经纪业，特别是居间业，是既接受买卖双方的委托，又处于市场严重信息不对称的浪尖上，既肩负解决其问题的重任，又要有利用此问题获利的便利，这就使得房地产经纪服务的信用性不仅与市场效率和交易风险直接相关，而且与社会成本和社会风险密切相连，从而使得房地产经纪人在信用方面进一步或退一步，所导致的后果往往不只是量的大小，而是质的变化。本教材第 3 章“房地产经纪行业管理”介绍房地产经纪管理的内容及房地产经纪职业规范；第 6 章“房地产经纪信息管理”介绍房地产经纪信息的计算机管理系统；第 8 章“房地产经纪业务的风险管理”介绍房地产经纪业务的主要风险及防范。

3. 专业性是房地产经纪服务的功能基础

房地产交易是复杂性的商品交易活动，房地产经纪人必须系统地掌握房地产专业知识，熟悉行业所在地的法律法规、房地产市场运作流程与惯例、房地产金融制度及运作，具有扎实的房地产信息搜集、市场分析等专业技能，并具有相应的职业素质和能力，才能有效地发挥行业的市场服务功能。而且，其社会信用性，也必须以其专业的系统性为基础保证，也就是说，房地产经纪人必须依托他系统的专业知识，才能在交易过程的各个环节都严格把好安全关，才能有效体现房地产经纪服务的作用。本教材第4章“房地产经纪业务与基本流程”介绍房地产经纪业务的类型及基本流程；第7章“房地产经纪业务的促成”介绍处理房地产经纪业务的技巧、房地产居间业务的房源管理和客源管理。

《房地产经纪》课程的学习方式：

1. 认真听讲并按时完成作业，掌握书中一些基本概念和理论。

2. 通过浏览报纸和网站及时了解当前房地产业的动态以及国家的房地产宏观调控政策等。

3. 案例分析：经常以小组的形式分析一些具有代表性的案例或进行房地产经纪人的角色模拟，可有效促进对书本知识的掌握，并为以后从事实践工作打下良好基础。

4. 社会实践：进入房地产经纪公司工作或实习，获得切身体验和市场感觉。

5. 加强自我修养：“功夫全在书外”，要成为一个成功的房地产经纪人，首先，必须从现在起有意识地磨炼自己的心理素质，因为房地产经纪需要与不同的人打交道，会面临巨大的工作压力；其次，要培养自己的诚信意识和社会礼仪修养，因为经纪人只有树立良好的社会形象，方能取信于人；再次，要善于研究人性，尽量做到“世事洞明”和“人情练达”。

与《房地产经纪》课程学习相关的重点网站、期刊、文献或图书：

1. 中国房地产经纪人网（http：//www.agents.org.cn）。

2. 房地产经纪人网（http：//www.jjr.cn）。

3.《中国房地产估价与经纪》（原名《中国房地产估价师》）创刊于1997年6月，由建设部主管、中国房地产估价师与房地产经纪人学会主办，是房地产估价与经纪行业唯一专业刊物。

4. 中国房地产经纪人职业资格考试辅导教材。

5. 中国房地产经纪信用档案网（http：//www.jgsb.cirea.net.cn）。

6. 查阅本教材编写过程中所参考的文献资料。

编者

2007年11月

目　　录

第1章 房地产经纪与经纪人

1.1 经纪与经纪人

1.1.1 经纪

1.经纪的内涵

经纪作为一种社会经济活动，即经纪活动，是社会经济活动中的一种中介服务行为，具体是指为促成各种市场交易而从事居间、代理及行纪等的有偿服务活动。

在现实生活中，无论何种经纪活动，均有两个基本的内涵：

其一，经纪活动是一种中介活动，即主要是提供信息和专业知识来进行牵线说合，促成交易。

其二，以获取佣金为目的，即经纪人提供中介服务是以赢利为目的，并以“佣金”方式取得其劳动服务的报酬。

2.经纪的作用

经纪的作用集中表现为经纪在各种社会经济活动中的沟通和中介作用，即沟通市场供给与需求，提供说合买卖的中介服务。经纪可以使交易双方预先掌握有关专业知识，减少双方信息沟通时间，从而加快交易速度，避免不必要的交易无效，提高交易效率。经纪机构就是为交易双方互通信息、提供专项服务、受一方委托与另一方具体接触磋商的桥梁。

在中国社会主义市场经济中，经纪活动的作用具体体现在以下几个方面：

(1) 传播经济信息

随着中国社会主义市场经济的形成和发展，市场竞争必然日益加剧，中国企业的生产和经营面临众多的竞争对手，触及各种类型的市场，企业靠自身的能力难以掌握多种市场信息，从而需要通过经纪的中介服务来把握有关商品需求与生产的信息。

经纪能够发挥信息传播作用。因为从事经纪活动的经纪人员都是活跃在各个市场的专业人员，他们依靠自身的专业知识，借助中介组织的优势和有效的设备，能够针对性很强地汇集和把握市场供求双方的信息。通过中介过程的实施，买卖双方也就能对自己买卖商品的行情和相关信息有清晰的了解。

(2) 加速商品流通

市场经济的健康发展依赖于各种社会资源的合理配置。而信息的及时沟通是实现资源合理配置的一个重要条件，经纪活动不仅可以通过传播商品信息引导社会资源向合理的方向流动，而且由于经纪人熟悉各专业市场的交易特点和交易规则，可以使“多数人的附带工作，变为少数人的专门工作”，帮助委托人通过正确的途径实现交易，解决供需双方交易经验和交易技巧不足的矛盾。尤其是一些价值高、专业性强、交易难度大的商品，恰当的经纪活动可以兼顾各种因素，以理想的价格、最短的时间实现交易。

(3) 优化资源配置

资源的合理配置，主要是指人力、物力、财力在各种不同的使用方向之间的合理分配。资源在产业、地区、企业之间的合理配置取决于市场的完善，而供求双方良好的沟通和健全的市场竞争机制，将驱使企业有效利用资源，使之发挥尽可能大的作用。市场的这一功能需借助经纪的作用才能很好地体现。由于经纪的最基本的作用就是沟通供求双方，发挥信息传播作用，通过委托业务将有关产品竞争力的分析和判断传播给企业，从而为企业调整资源配置提供重要的依据和市场导向。同时，在经纪活动中，由于经纪人员与客户之间“无连续性关系”的重要特征，因而经纪人员是在市场上广泛的客户层面中依据公认的竞价原则为买主寻找卖主，这种顺应市场竞争规律的持续的经纪活动过程，会引导企业等买卖双方将资源向合理的方向配置。由此可见，经纪服务能发挥优化资源配置的积极作用。

(4) 推动市场规范完善

经纪活动数量的增加和质量的提高，将加大商品交换的范围，加快商品交换的速度，增加商品交换的数量，进而促使市场更加活跃。同时，经纪活动的参与，有助于专业市场发展，促使市场结构不断完善。同时，由于经纪业务的展开和发展，将增加对市场信息的需求量，并提高对信息的汇集、处理和传播的质量要求，从而在客观上推动了市场硬件和软件的现代化建设。

通过经纪活动，经纪人员可以积累大量的交易经验，并且能够加以归纳整理，因此，经纪人员能把握交易的规律性特点，从而能够通过企业的委托业务，影响企业在竞争中的行为从不规范转向规范。可见，在市场管理部门规范化管理的指导下，经纪人员通过自身的努力，通过中介组织的协调，能够发挥推动市场规范化的积极作用。

(5) 促进社会经济发展

社会经济的发展是伴随着社会分工的专业化、系统化而实现的。社会分工越细，人们在各自分工的专业内的投入就越大，产出就越高，社会经济发展的速度就越快。在市场多样化且瞬息万变的今天，在相对过剩的买方市场时期，作为生产企业来讲，通过委托经纪活动来处理涉及市场和交易的问题，可以更加准确地把握市场机遇，及时、优质地解决除生产以外的各种专业难题。这样一来，企业生产的整体成本将随之降低，而企业的竞争力却会增强，整个社会的专业化水平也将大幅度提高。因此，经纪活动的服务，可以促进社会经济的发展。在中国社会主义市场经济的发展过程中，经纪活动的这一作用将会日益凸显出来。

3.经纪活动的特点

(1) 活动范围的广泛性

市场上有多少种商品就会有多少种经纪活动，不仅包括有形商品，还包括各种无形商品，社会需求的千差万别为经纪活动提供了广泛的空间。

(2) 活动内容的服务性

在经纪活动中，经纪主体只提供服务，不直接从事经营。经纪机构对其所中介的商品没有所有权、使用权、抵押权等，不存在买卖行为。经纪机构的自营买卖不属经纪行为。

(3) 活动主体的专业性

由于各种不同的商品各自有着不同的特点，它们的市场运行规律也各有不同，因此，古今中外从来就没有出现过全能的经纪人。每一个经纪人一般总是专注于一类商品和某一种市场，从而形成各种不同专业的经纪人，如房地产经纪人、保险经纪人、体育经纪人、证券经纪人、汽车经纪人等。这就是经纪活动主体的专业性。

(4) 活动目的的报酬性

在经纪活动中，经纪机构所提供的服务是一种服务商品，具有使用价值，因此，提供服务的经纪机构有权向享受服务的委托人收取合理的佣金。佣金是经纪机构应得的合法收入。

(5) 活动的隐蔽性和非连续性

在经纪活动进行的过程中，经纪机构事先往往不把他的委托人告诉对方，直到合同正式签订时才明确委托人是谁。这些活动往往是针对某一特定业务进行的，大多数经纪机构与委托人之间无长期固定的合作关系。因此，使经纪行为趋于规范化、法律化尤为重要。

(6) 活动责任的明确性

在经纪活动中，经纪机构与委托人之间往往通过签订经纪合同，明确各自的权利和义务。在不同的经纪方式下经纪人员承担履行不同的法律责任和义务。在经纪活动中，明确的法律关系，是双方诚实守信的基础。

4.经纪活动的方式

我国现阶段的经纪活动，一般包括居间、代理和行纪三种方式。

(1) 居间

居间是指经纪机构向委托人报告订立合同的机会或者提供订立合同的媒介服务，撮合双方交易成功并从委托人处取得报酬的商业行为。这是经纪行为中广泛采用的一种初级形式。其特点是服务对象广泛，但服务的程度较浅，经纪人与委托人之间缺乏长期固定的合作关系。

(2) 代理

代理是指经纪机构在受托权限内，以委托人名义与第三方进行交易，并由委托人直接承担相应法律责任的商业行为。经纪活动中的代理，属于一种狭义的商事代理活动。其特点是经纪机构与委托人之间有较长期稳定的合作关系，经纪人只能以委托人的名义开展活动，活动中产生的权利和责任由委托人承担，经纪人员只收取委托人的佣金。

(3) 行纪

行纪又称信托，是指经纪机构受委托人的委托，以自己的名义与第三方进行交易，并承担规定的法律责任的商业行为。《中华人民共和国合同法》第二十二章提出了行纪合同的相关法律条款，表明法律并未禁止行纪活动，因为行纪对活跃商品经济，调剂余缺，促进物质交流有重要意义。

行纪与代理的区别有两点：一是经委托人同意，或双方事先约定，经纪机构可以以低于（或高于）委托人指定的价格买进（或卖出），并因此而增加报酬；二是除非委托人不同意，对具有市场定价的商品，经纪机构自己可以作为买受人或出卖人。从形式上看，行纪与自营很相似，但是除非经纪机构自己买卖委托物的情况外，大多数情况下经纪机构都并未取得交易商品的所有权，它是依据委托人的委托而进行活动。从事行纪活动的经纪人员拥有的权利较大，承担的责任也较重。在通常情况下，经纪机构与委托人有长期稳定的合作关系。

代理、委托与行纪三种法律行为，在其法律特征当中具有相同的部分，都具有为了本人的利益由他人代为处理特定事务的特点，但具体到三种法律行为的真实含义，又有所不同。正是由于这三种法律行为具有类似特征的原因，使人们在界定某种法律行为时，在代理、委托和行纪之间产生不同的认识，从而影响该法律行为的定性。《中华人民共和国民法通则》第六十三条规定，“代理人在代理权限内，以被代理人的名义实施民事法律行为。被代理人对代理人的代理行为承担法律责任”。据此可以看出，代理是指代理人在代理权限内，以被代理人的名义同第三人独立实施民事行为，由此产生的法律效果直接归属被代理人的一种法律制度。代理制度的设立是为了帮助依法不享有民事行为能力或者不完全享有民事行为能力的民事主体克服行为能力的限制，有效的实施法律行为和行使自己的权利；有利于帮助民事主体克服个人能力即空间、时间方面的障碍，广泛实施有关法律行为满足生活需要；民事主体尤其是法人在进行大量的业务和频繁交易的时候，无需由法定代表人亲自进行，有利于提高工作的效率；还可以帮助民事主体克服在处理专业技术性强的事务时因自己知识和能力受到限制的困难。行纪是行纪人受委托人委托，以自己的名义，用委托人的费用，为委托人办理购销和寄售的业务，并收取佣金的协议。行纪受托处分财产的行为，虽然是受人委托而为民事法律行为，且行为所生的收益应交付于委托人，但行为人是以自己的名义为意思表示，其法律后果仅由自己承担，所以不同于代理行为。

代理制度和行纪制度关注的焦点是代理人或者行纪人与第三人之间的行为后果由何人承担的问题，这也是设立该制度的前提和目的。在代理制度中，法律强调由被代理人承担代理人与第三人交易行为的后果；在行纪制度中，法律强调由行纪人承担其行为后果。因此无论代理制度或者行纪制度，均以代理人或者行纪人拥有某种受托权并借此与第三人发生交易关系为核心。若不存在第三人，也就无所谓代理或者行纪了。确立代理或者行纪制度，是为解决与第三人进行民事行为的后果归属问题，而不在于解决本人与代理人或者行纪人之间的关系。也就是说，代理或者行纪制度是调整被代理人或者委托人对外关系的法律制度，而不直接调整被代理人与代理人、行纪人与委托人之间的内部关系。委托是代理和行纪的基础关系，委托关系仅确立了受托人处理委托人事务的合法性，从而排斥他人在未获得委托的情况下处理权利人事务的可能。在受托人和委托人建立的委托关系的基础上，可以派生出不同的对外关系。如果委托人授权受托人以委托人名义对外进行民事行为，则发生代理关系；如果委托人授权受托人以受托人的名义对外进行民事法律行为，法律后果由受托人承担，则构成行纪关系。委托关系与受托人是否具有对外代理权全无关系。如委托人委托受托人代理照看小孩，就属于单纯的委托事项，就不存在受托人的对外代理权问题。委托事务的范围，既包括法律事务，例如买卖、借贷、保证等民事法律行为，以及诉讼、申请登记等公法上的行为；也包括非法律事务，例如记账、算账、清点货物、代写家书等单纯的实施行为。

5. 经纪收入

佣金是经纪收入的基本来源，其性质是劳动收入、经营收入和风险收入的综合体。它是对经纪机构开展经纪活动时付出的劳动、花费的资金和承担的风险的总回报。国家保护经纪机构依法从事合法经纪活动并取得佣金的权利。

(1) 佣金的种类

佣金可分为法定佣金和自由佣金。法定佣金是指经纪机构从事特定经纪业务时按照国家对特定经纪业务规定的佣金标准获得的佣金。法定佣金具有强制效力，当事人各方都必须接受，不得高于或低于法定佣金。自由佣金是指经纪人与委托人协商确定的佣金。自由佣金一经确定并写入合同后也具有同样的法律效力，违约者必须承担违约责任。

（2）佣金的支付

除法律法规另有规定外，佣金的支付时间由经纪机构与委托人自行约定，可以在经纪服务成功后支付，也可以提前支付。经纪机构在签订经纪合同时，应将佣金的数量、支付期限、支付方式及经纪不成功时的中介费用的负担等明确写入合同。经纪机构收取佣金时应当开具发票，并依法缴纳税收和行政管理费。经纪机构为了防止佣金被“甩”，可在签订合同时预收部分佣金和费用，也可与委托人签订“专用经纪合同”。

（3）佣金和回扣

佣金与回扣有很多相似之处，它们都是商品经济发展的产物，都能起到促进商品流通，加剧市场竞争的作用。给经纪机构支付佣金和给对方采购员一定的回扣都是企业的促销手段，但两者之间有本质区别。佣金是经纪机构开展经纪业务所得的合理合法收入，它是由经营收入、劳动收入和风险收入构成的综合体。而回扣既不是风险收入，也不是劳动收入和经营收入，而是由卖方暗中转让给买方的一部分让利。收受回扣属于违法违规行为。

（4）佣金与信息费

在多数情况下，佣金和信息费都是用户为获取某种服务或信息而支付的费用，是对收集、加工信息所耗费的人力、物力的补偿，也是提供信息一方扩大再生产必要的资金积累，但两者有明显的区别。首先，两者的性质不同。信息费是出卖信息商品的销售收入，无论信息以何种介质为载体，也无论信息有何用途，只要将信息售出，即可收取信息费，它从属于信息咨询业。而佣金是对经纪机构提供报酬，这种服务是经纪机构为了满足委托人的某种商业需要而付出的，提供的信息往往只是这种服务活动中的部分内容，委托人与经纪机构之间是一种雇佣的关系。其次，两者作用的效果不同。支付信息费满足了买方的信息需求，卖方只要保证信息准确、及时就可达到加速信息传播的效果。而支付佣金是为了实现委托人进行交易的具体目的。只有当目的实现了，一项经纪业务才算最终完成，它作用的效果应是商品交易的成功，而不仅仅是提供信息。

1.1.2 经纪人

1.经纪人的基本含义

经纪人是指在经济活动中，以收取佣金为目的，为促成他人交易而从事居间、行纪或代理服务的中间人。在市场经济环境下，经纪人不是可有可无的，它是市场经济发展的必然产物，也是推动市场有序发展的重要力量。经纪人是中介人，也称为居间人，在商业活动中不归属委托人或第三方，完全处于中间地位，并通过其中介服务活动获得相应报酬。经纪人与委托当事人之间所形成的是一种平等的民事法律关系。因此，经纪人只为委托人实现某种目的创造条件和提供方便，自身并不参加委托事项的投资和具体经营运作，不拥有商品的所有权。与此相应，经纪人的服务收益只是佣金、服务费，而不是投资收益，也不从当事人的任何一方领取薪金。

2.经纪人的特点

（1）经纪人是以信息为资本

即经纪人主要是凭借掌握的商品供求的市场信息，来进行沟通买卖双方，促进交易的中介服务，并以此赚取佣金。在交易中，经纪人知道谁需要什么及如何满足这种需要，凭借的是信息优势和操作技术优势。他们信息灵通，办事快速，有着自己广泛的社会关系和独有的供销渠道，具有很大的灵活性和独到之处。尤其是一些交易所的经纪人，他们大多是专业人才，具有较高的专业技能，为交易双方提供了专业化的服务，解除了供需双方之忧。

（2）经纪人与客户之间无连续性关系

经纪人利用大量信息，提供中介服务，其服务的客户范围十分广泛，与客户之间一般不存在固定的、较长时间的协议关系，即与客户之间具有“无连续性关系”特征。

（3）经纪人应当是具有专业素质和良好声誉的人才

经纪人要提供代理服务，必须熟悉所代理行业的相关专业知识、经济政策和法律法规等。经纪人与客户之间“无连续性关系”的特征，使其必须以良好声誉来维持持续的经纪活动。

（4）经纪人不占有商品

经纪人既不是商品生产者，也不是商品的供应者或购买者，这是经纪人区别于其他中间人的一个重要特征。经纪人知道何处可提供某类商品，而何处又需要这些商品，因而在信息上有支配权，并能为供需双方提供服务。因此，经纪人也不需要很多固定资金和流动资金，集体或个人就能解决注册资金的最低额。

3. 经纪人的权利和义务

（1）经纪人的权利

①从事居间、行纪或者代理经纪业务的公民、法人和其他经济组织依法取得经纪资格，有依法经营权。

②经纪人有签订经纪合同的权利和依法享有经纪合同中双方约定的其他一些权利。

③依据等价有偿的原则，经纪人有为自己的劳动依法或者按合同约定，请求报

酬的权利。

④民事活动中发生争议，有申请仲裁的权利和诉讼权。经纪人的合法权利受法律保护，任何单位和个人不得侵犯。

⑤当委托人故意隐瞒事实真相或有欺诈行为时，经纪人有权拒绝为其提供服务。

⑥发现委托人不具有履约能力时，有权终止经纪活动。

(2) 经纪人的义务

经纪人在经纪业务活动中，应履行的义务主要有：

①如实介绍。经纪人应当按照委托人的要求，全面、准确、及时地提供有关信息，以利于委托人作出正确的决定。对于无履约能力的当事人，不得为其经纪。由于经纪人提供虚假信息或未尽到事先约定的职责而使当事人受到损害的，经纪人要承担赔偿责任。

②保守机密。如果委托人要求对其商号、姓名及商业事务保守秘密，经纪人应当遵守。

③保管样品。经纪人应当事人的要求在保管各种样品时，不得丢失、损坏和调换，应当将样品一直保管到交易终了。

④制作文书。经纪人在经纪活动中对当事人之间已商定的事项应及时制作文书，交当事人各方签名后存证，作为当事人正式签订合同的依据。如有一方不接受文书或不愿在文书上签字，经纪人有义务立即通知另一方当事人。

⑤不接受额外给付。只要没有特别约定，经纪人不得接受当事人支付的佣金以外的其他费用。除非事先有特别约定，否则经纪人无权买卖当事人的财产和劳务。

⑥不从事违禁商品的经纪活动。凡国家禁止流通的商品和服务，经纪人不得进行经纪活动；凡国家限制自由买卖的商品和服务，经纪人应当遵守国家有关规定在核准的经营范围内进行经纪活动。

⑦依法纳税并接受行政监督。在从事经纪活动时，经纪人要自觉接受工商行政管理部门和政府其他有关部门的监督，并依法缴纳税金和行政管理费。

1.2 房地产经纪与房地产经纪人

房地产经纪是指以收取佣金为目的，为促成他人房地产交易而从事的居间、代理等活动的经营行为。房地产居间，是指向委托人报告订立房地产交易合同的机会或者提供订立房地产交易合同的媒介服务，并收取委托人佣金的行为。房地产代理，是指以委托人的名义，在授权范围内，为促成委托人与第三方进行房地产交易而提供服务，并收取委托人佣金的行为。佣金，是指房地产经纪机构完成受委托事项后，由委托人向其支付的报酬。

房地产经纪是一种专业性的营业或职业活动。其活动的主要内容有：

①从事现房交易活动，为买者代买或为卖者代卖，交易成功，获取一定佣金。

②从事期房交易，代买者买进或代卖者卖出，交易成功，按一定比例提取佣金。

③从事地产交易，为用地者找到地源。

④从事房地产抵押业务，为产权人申请抵押贷款，办好有关手续。

⑤从事房屋租赁代理。

⑥从事有关房地产的合资、合作或联营的项目交易活动。

⑦从事有关房地产的广告策划、过户纳税、产权调换、售后服务等代理活动。

1.2.1 发展房地产经纪的必要性

由于经纪活动具有传播经济信息、加速商品流通、优化资源配置等一系列独特作用，因此，经纪活动已成为市场经济活动中一个必不可少的组成部分。对于房地产市场而言，由于房地产商品及其交易的特殊性，房地产经纪活动更是其中不可或缺的重要组成部分。

(1) 房地产价格昂贵，维持房地产这类存货的费用太高，在绝大多数情况下，经销商难以承受，因此房地产不宜通过经销商出售。

(2) 房地产是不可移动的商品，无法像一般商品那样，集中到固定的市场展示、出售，其交易过程是要把购买者往房地产所在地集中，以达到认识和购买的目的。这对于房地产业主来说往往并不经济。而房地产经纪正是通过专业化分工来提高房地产交易过程中顾客汇集、商品展示等环节的效率，从而降低房地产交易成本。

(3) 由于房地产商品及其交易具有高度的复杂性，需要房地产经纪服务。

房地产商品及其交易的复杂性表现在以下几个方面：

①房地产商品自身信息的复杂性。房地产商品自身信息包括房屋质量、房龄等物理信息，区域、环境等地理信息，另外，房地产商品作为一种不动产，其交易必然涉及到产权关系，因此房地产商品自身信息还包括产权信息。房屋产权具有模糊性、非平衡性和错构性等特征。模糊性是指房屋产权的界定是相对的；非平衡性是指房屋产权结构的不稳定性；错构性是指物业产权所有人与使用者往往是分离的。房地产商品是非均质的商品，因此它的物理信息、地理信息也是复杂的。

②房地产交易价格的复杂性。房地产商品具有空间固定性的特征，区域性强，不能集中上柜展示。房地产的空间固定性还决定了房地产商品的单一性、强异质性，即没有两宗房地产是完全相同的，因此，房地产商品市场比价难，而且房地产的产出能力是以物理特征、地理特征和法律特征的综合因素为基础的，在任意一个时点上估算存量房地产的价值都会存在一定的困难。

③房地产交易专业信息的复杂性。房地产交易需要认知房屋的功能和品质、地段和环境、价值和产权，以及当事人的心理和文化诉求等，涉及众多专业知识和能力，包括房地产专业知识、产权交易的法律知识、房屋质量的评估技术与能力、与人沟通和交流的技能、掌握房地产复杂市场行情变化的能力等多个方面。

④房地产交易心理的复杂性。房地产所有权带来的某些满足感在性质上并非是属于经济价值的，而是属于心理的。例如置业是“购买一种生活方式”、“我看好就是值”等，是由个人偏好所致，同一件事对于不同的人，完全可能有大相径庭的看法。房地产交易中的这种个人偏好的心理信息，与买卖双方的个人经历、性格和环境有关，受当事人文化诉求、价值取向、情感需要等心理因素的影响。房地产的差异性和房地产商品的异质性，以及当事人一般缺乏专业信息，难以了解市场比价，房地产交易不易受到社会、市场观点的平衡与约束，由此房地产交易心理变得更为多种多样、纷繁复杂。

房地产交易的复杂性，使得每一笔交易都需要耗费时日，需要懂得有关法律、财务及估价知识，需要训练有素的房地产经纪人员为买卖双方提供各种专业帮助。房地产买方大都需要融资，房地产经纪人员熟悉抵押贷款的各种规定，能帮助买主向金融机构筹措购房贷款。因此，在一些市场经济发达的国家，绝大部分房地产交易均经过房地产经纪人员的努力。如在美国，成交的存量房买卖总量中，约有80%是通过房地产经纪人员的经纪服务完成的。当前，中国房地产市场中商品房和存量房的租赁与买卖，基本上都是市场自发行为，完全按市场机制运行，这必然对房地产经纪人员的经纪活动产生大量需求。

1.2.2 房地产经纪业的行业性质

房地产经纪业是服务业内的一个亚行业，即由房地产业与经纪业结合而产生的服务业内第二层次的行业。房地产经纪业兼有房地产业、经纪业的特点以及因两者结合而产生的独有特点。房地产市场的健康有序运行需要房地产经纪行业发挥不可替代的独特业务功能，并由此界定了房地产经纪业的行业性质——中介性、信用性、专业性的服务行业。房地产经纪行业成员必须明确行业的服务性质及其特征内涵，才能忠于职守，为履行促进市场流通、提高市场效率、维护交易安全的行业使命，有效地发挥积极作用。

1. 中介性是房地产经纪服务的市场立场

在市场经济条件下，唯有房地产经纪人员坚持中介立场（即使是代理业，也应该有别于当事人的经济利益），才可能发挥解决交易信息不对称问题的市场功能。也就是说，是房地产市场经济运行中为避免交易低效、市场失灵的需要，界定了房地产经纪人员的经营活动不能是一度拥有房地产商品所有权的卖（不是代理）与买的经济活动。因此，房地产经纪人员必须认识到，中介服务是他的根本职守，他的经济活动必须以不取代买卖当事人的任何一方为原则，这样他的业务活动才能发挥促进房地产市场健康有序运行，推动经济与社会协调发展的积极作用。可见，房地产经纪业在市场上的中介定位决定了其行业的服务性质。

2. 信用性是房地产经纪服务的事业本质

各行各业都要讲信用，但是房地产经纪人在促成交易的诸多环节中为当事人提供服务，呈现出经常性民事活动的特点。这种活动关系到家庭重大财产的委托，涉及大笔资金的交易服务，具有很强的社会责任，因此房地产经纪服务的信用性，具有社会信用的特征。而且房地产经纪业，特别是居间业，是接受买卖双方的委托，又往往处于市场信息严重不对称的浪尖上，既肩负解决其问题的重任，却又有利用此问题获利的便利，这就使得房地产经纪服务的信用性，不仅与市场效率和交易风险直接有关，而且与社会成本和社会风险密切相关，从而使得房地产经纪人在信用方面进一步或退一步，所导致的后果往往不只是量的大小，而是质的变化。例如，对房地产经纪企业来说，不讲信用就可能是事业的倒退、信誉的殆尽，甚至从此被迫退出市场。因此培植、维护信用性是房地产经纪业致力于健康发展的重中之重，决不可掉以轻心。有志于房地产经纪事业的有识之士，必须致力于维护行业的信用性，为建设行业的诚信体系，身体力行，励精图治。

3. 专业性是房地产经纪服务的功能基础

房地产交易是复杂性的商品交易活动，房地产经纪人必须系统地掌握房地产专业知识，熟悉行业所在地的法律法规、房地产市场运作流程与惯例、房地产金融制度及运作，具有扎实的房地产信息搜集、市场分析等专业技能，并具有相应的职业素质和能力，才能有效地发挥行业的市场服务功能。而且，其社会信用性，也必须以其专业的系统性为基础保证，也就是说，房地产经纪人必须依托他的系统的专业知识，才能在交易过程的各个环节都严格把好安全关，才能有效体现房地产经纪服务的作用。由此可见，房地产经纪业是以系统专业性为功能基础的服务行业。

1.2.3 房地产经纪的服务性

与其他经纪活动一样，房地产经纪活动是一种服务性的活动，因此房地产经纪业是一种服务性行业。

所谓服务是指行为主体通过该项活动使另一个主体即服务对象获得某种利益。依据中国产业结构的总体分类，房地产业属于第三产业。与房地产业中的开发业相比，房地产经纪、价格评估、咨询、物业管理等更具有服务业的性质。目前中国的房地产服务业有广义和狭义之分。狭义的是《城市房地产管理法》中所称的房地产中介，它包括房地产经纪、估价、咨询。广义的包括为房地产经济活动提供信息咨询服务和事务代理服务的各类服务性机构，如经纪、估价、咨询、研究、培训、软件和网络等。

房地产经纪服务作为一种房地产经营活动，与房地产开发、房地产交易相比较，具有以下特点：

1. 投资小、风险小

房地产经纪服务机构不需要投入大量的资金，他们主要以其拥有的信息、技术、劳务等为各投资方、开发方、交易方提供中介代理或相关服务，因此经营风险较小。

2. 专业性、技术性强

房地产市场是较为特殊的市场，房地产从开发到交易的各个环节中，涉及大量专业性、技术性较强的事务。从事房地产经纪服务的人员不具备必要的专业知识和技术技能，是根本无法处理这些繁杂的事务的，这样，也就促使房地产的社会分工进一步细化，由此形成诸如咨询、评估、经纪等方面的中介服务机构。

3. 独立性与附属性并存

房地产经纪服务是随着房地产开发和房地产交易的发展而发展的，它只充当房地产开发和交易的媒介，离开了房地产开发和房地产交易，它就没有独立存在的必要性。但是，房地产经纪服务机构又是独立存在的，它是在房地产市场发展过程中逐渐形成的独立的专门行业，发展房地产经纪服务，可以更加规范和繁荣房地产市场。

1.2.4 房地产经纪活动的基本类型

1. 房地产居间

房地产居间是指以房地产或有关房地产的业务为对象，房地产经纪人以自己的名义为他人提供交易信息和机会，通过居间协调，促成交易双方完成交易，房地产经纪人依法取得合理的中介报酬的经营活动。

2. 房地产代理

房地产代理是以委托人的名义，在授权范围内，为促成委托人与第三方进行房地产交易而提供服务，并收取委托人佣金的行为。

其中，商品房销售代理是中国目前房地产代理活动的主要形式，一般由房地产经纪机构接受房地产开发商委托，负责商品房的市场推广和具体销售工作。在这一类代理活动中，常常又滋生出一些其他代理活动，如代理购房者申请个人住房抵押贷款。此外，随着房地产业的发展和房地产市场的拓展和成熟，房地产代理业务也会随之扩大。一些经纪机构开始全程参与房地产开发过程，代理筛选及聘请从设计师到物业管理公司等各类专业机构的活动。

必须注意的是，房地产居间与房地产代理这两类不同的经纪活动，在法律性质上有明显的差异：在房地产居间业务中，房地产经纪机构可以同时接受一方或相对两方委托人的委托，向一方或相对两方委托人提供居间服务。而在房地产代理业务中，房地产经纪机构只能接受一方委托人的委托代理事务，因为国家法律没有有关代理人可以同时接受相对两方委托人的委托代理业务的解释。

3. 房地产行纪

房地产行纪是指房地产经纪机构受委托人的委托，以自己的名义与第三方进行交易，并承担规定的法律责任的商业行为。

目前，对房地产行纪尚有争议，没有形成一个统一、明确的定义。现实的房地产市场活动中，类似于房地产行纪的活动也已出现。如房地产经纪机构收购开发商的空置商品房，在未将产权过户到自己名下的情况下，以自己的名义向市场销售。其主要特点是房地产经纪机构与出售房地产的业主自愿达成了一个协议，房地产经纪机构按双方约定的价格向业主支付房款，房地产经纪机构可以自行决定标的房地产的市场出售价格。业内将这种行为称为“包销”。包销具有类似行纪的特点，但与行纪不同的是，有时房地产经纪机构并不以自己的名义向市场出售。目前，对此行为是否真正属于经纪行为，以及其存在合法性问题，尚有很多争议，但是可以肯定的是，这种行为与房地产居间、代理已有本质区别。

1.2.5 房地产经纪人

1. 房地产经纪人的含义

房地产经纪人，是指在房地产经济活动的各处环节中，收集、加工、提供房地产信息，沟通买卖双方，并受客户委托从事房地产居间、行纪或代理业务，以收取佣金为目的的公民、法人和其他经济组织。

房地产经纪人从事经纪活动，应当遵守国家的法律、法规。房地产经纪人的权益受国家法律保护，任何单位和个人不得侵犯。

2. 房地产经纪人的行业特点

(1) 房地产经纪人的法律特征

从法律关系的角度解释，经纪人与当事人之间所形成的是一种民事法律关系，经纪活动是经纪人为当事人委托事项所进行的居间性有偿劳务活动。其法律特征是：

①经纪人与委托人建立的是平等、自愿的委托代理关系。

②经纪服务的行为特征是居间服务，发生委托行为的必要前提条件是：存在着可能实现委托人目的第三方主体，即委托人目的的承受人。至于接受不存在第三方主体的委托事项，如接受委托而自行承招工程设计，则不属于经纪活动的范畴。

③经纪人只为委托人实现某种目的创造条件和提供方便，自身并不直接参加委托事项的投资和经营。

④经纪人在与委托人等价交换中所提供的交换内容，是非生产性的专业劳务，活动的范围主要是在房地产的流通领域和消费领域，并具有专业性。

（2）房地产经纪人的一般特点

①房地产经纪人的专业基础知识扎实。房地产经纪人必须具备扎实的专业基础知识，因为房地产业是以建筑业为依托而发展起来的，建筑工程的许多知识就成为房地产经纪人的必备知识，房屋的建筑结构、建筑工艺以及建筑材料的选用，室内装修的质量、档次等都直接影响房地产商品的价值和使用价值，决定着建筑成本的高低，只有懂得建筑学的专业人员才能对考察的房地产产品进行准确估价，并作出合理判断。此外，房地产业作为一个独立的行业，它的发展、运行又具有独自的规律，房地产商品固有的特性、房地产的开发、经营以及房地产市场价格变化规律等房地产业方面的知识也是房地产经纪人不可缺少的知识。

②房地产经纪人的法律素质较高。无论哪种形式的房地产交易，都要涉及房地产产权归属和转移问题，因而要涉及有关产权的法律、法规，每一笔房地产交易都必须按照复杂的交易程序来进行，稍有不慎就容易引起产权纠纷。这就要求房地产经纪人要通晓有关的法律、法规，只有这样才能够成功为交易双方服务，使每一笔交易既成功又合法。

③房地产经纪人的政策意识比较强。房地产业受政策影响比较大。由于土地是最基本的也是最重要的生产要素，房地产又是国民经济各部门发展的基石和物质基础，住宅是关系到国计民生、社会安定的基本生活资料，因而，无论是土地公有制国家，还是土地私有制国家，各国政府都对房地产业采取了相应的政策和措施，并通过制定一系列的法律、法规来影响和控制房地产业，以保证房地产业健康、有序地发展，为人民安居乐业以及国民经济的发展提供物质的及其相关的保障。房地产经纪人必须对国家的土地产权制度及其房地产政策有一个全面的了解，时刻关注各种政策的变化，才能很好地预测房地产的发展趋势，把握时机，促成交易。

④房地产经纪人的金融知识突出。房地产是商品，而且它是价值含量大的商品，对大多数人的收入来讲，每一笔房地产交易都是巨额交易，银行即成了房地产交易的后盾，大多数房地产交易都要借助于银行的帮助来实现。作为房地产经纪人，对于其中介的房地产交易双方的经济实力、资金来源等都要有所了解，才能判断成交的可能性。此外，房地产经纪人也经常周旋于各种金融机构和房地产开发

商、经营者和使用者之间，为房地产金融企业寻找可靠的贷款对象，帮助房地产开发商、经营者以及使用购买者办理各种贷款手续。房地产经纪人必须具有丰富的金融知识，熟悉各种金融机构的职能以及开办的业务，能够熟练办理各种信贷手续，才能更好地满足客户的需要，为交易双方服务。

1.3 房地产经纪行业的发展及其意义

1.3.1 中国房地产经纪行业发展概论

1.1949 年以前的中国房地产经纪业

中国是一个历史悠久的古国，在两千多年前就出现了经纪活动。在西汉，经纪人被称为“驹侩”；唐代，称经纪人为“牙人”、“牙郎”；到了宋、元时期，出现了外贸经纪人，宋代称“牙侩”，元代称“舶牙”；明清时期，经纪人称“牙人”。明代还把牙人分为“官牙”和“私牙”，同时还出现了“牙行”，即细指代客商撮合买卖的店铺。清代，在对外贸易中，经纪人被称为“外洋行”。清代后期还出现了专门的对外贸易的经纪人“买办”。到了民国时期，随着经营股票和债券买卖的出现，在中国历史上第一次出现了债券经纪人。

中国房地产经纪业的历史也源远流长，其兴起可以追溯到很早以前。早在宋代就有“典卖田宅增牙税钱”的记载。据元《通制条格》卷十八《关市》记载的内容，在元代就大量存在从事房地产经纪活动的人，当时从事房地产经纪活动即房屋买卖说合的中介称为“房牙”。这一称谓沿用到清代。

1840 年鸦片战争之后，在我国一些通商口岸城市（如上海）出现了房地产经营活动，于是房地产掮客应运而生。房地产掮客活动的范围十分广泛，有买卖、租赁、抵押等。在上海，房地产掮客大致分为两大类，一为挂牌掮客。以“房地产公司”、“房地产经租处”、“房地产事务所”挂牌。挂牌掮客一般在报纸上刊登房地产出卖或空屋出租出售广告，待顾客前来固定经营场所询问，成交收取若干佣金。第二类为流动掮客，没有固定的办公场所，而以茶楼作活动场所，交换信息，撮合成交，收取佣金。掮客对于活跃房地产市场，缓解市民住房紧张，促进住房商品流通，起过一定的作用。但多数经营做法不正，投机取巧，又加上旧政府管理不严，放任自流，也在一定程度上加剧了旧中国房地产市场的混乱。

2.1949 年以后中国房地产经纪业的发展

解放初期，我国对经纪人采取限制，取缔政策，同时规定经纪人在指定的场所，设立了全民和集体所有制的信托经纪机构，兼营购销双方的居间业务。1958

年，取缔经纪人。但在农村的集市贸易当中，允许公民个人为促成农副产品交易而进行居间活动。

该时期，民间的房地产经纪活动仍较为活跃。当时整个房地产经纪活动比较混乱，一部分不法房地产经纪人员用欺骗、威胁等手段，对房东、房客或房屋的买主、卖主进行敲诈，索取高额费用，并哄抬房价。在20世纪50年代初，政府加强了对房地产经纪人员的管理，采取了淘汰、取缔、改造、利用以及惩办投机等手段，整治了当时的房地产经纪业。

随后直到1978年改革开放前，由于住房作为“福利品”由国家分配，整个社会的房地产资源配置并不是通过市场交易，因此，在这一时期房地产经纪活动基本消失了。

3.1980以后中国房地产经纪业的发展

1980年以后，经纪活动开始复苏，但经纪人活动仅为处在不公开的“地下”居间活动。1985年后，经纪人由“地下”走到地上，以公开、合法的身份从事经纪活动。1992年以来，经纪人处在逐步发展阶段，国家对经纪人采取“支持、管理、引导”的方针，使经纪活动逐步走上了正轨。

2001年，人事部、建设部印发了《房地产经纪人员职业资格制度暂行规定》，决定对房地产经纪人员实行职业资格制度，纳入全国专业技术人员职业资格制度统一规划。房地产经纪人员职业资格包括房地产经纪人执业资格和房地产经纪人协理从业资格。

2004年，经国务院同意，建设部将房地产经纪行业作为试点，房地产经纪人执业资格注册转交行业组织负责，探索建立执业资格注册与行业自律管理相结合的管理模式，房地产经纪行业监管体系初步形成。

2007年，建设部已将《房地产经纪管理办法》列入立法计划。建设部与中国人民银行联合出台了《关于加强房地产经纪管理规范交易结算资金账户管理有关问题的通知》，确定了机构备案公示、存量房交易结算资金管理、信用公示等房地产经纪活动基本制度，从发布信息要求、禁止谋取差价、明示经纪合同等方面对房地产经纪行为作出了具体要求。

中国房地产估价师与房地产经纪人学会在做好房地产经纪人执业资格考试、注册工作等的同时，发布了《房地产经纪执业规则》，明晰了房地产经纪的服务要求和质量标准，对房地产经纪机构和房地产经纪人在执业活动中的行为做出了具体规定；制定了《房地产经纪业务合同推荐文本》；推出了一批优秀房地产经纪机构和注册房地产经纪人，开通了房地产经纪信用档案，通报了一批房地产经纪领域违规案件。

1.3.2 发展房地产经纪行业的意义

1.有助于房地产市场的活跃和兴旺

房地产商品的特殊性及其交易的复杂性，决定了房地产经纪活动在房地产交易中的优势和作用。房地产经纪人能运用丰富的信息、熟悉的法律条款、有效的公关技巧、丰富的判断经验、良好的名声信誉，影响说合买卖双方，协调房地产交易中的各种关系，促成买卖双方的交易，拓宽房地产流通渠道，加速房地产商品的流通速度与流通质量，从而有助于房地产市场的活跃和兴旺。

2.有利于房地产行业稳定的持续发展

房地产经纪业是房地产业的重要组成部分，房地产居间、代理等业务的开展，不仅促成了交易顺利完成，为加速房地产商品流通和资金流动创造了条件，而且还为行业创造了增加值，从而促进了整个行业的供求平衡和经济效益的提高，有利于房地产业的稳定、持续发展。

3.有助于住房制度改革的继续深化

当前，中国城镇住房制度改革的方向是实现住房商品化。随着住房商品化的发展，城镇居民个人产权房必然越来越多，市场交易量必定日益增大，而且，旧公房的出售、拍卖、转让、租赁，以及危旧房的更新改造乃至住房使用权的置换等，都将成为市场交易中的常见业务，这些业务都需要房地产经纪人员从中牵线搭桥。可见，随着住房制度改革的深入，更需要发挥房地产经纪人员的积极作用。

4.有利于促进人民居住生活水平的提高

在住房商品化的条件下，随着广大城镇居民居住水平的改善和提高，无论是购买住房，还是置换旧房，都是通过房地产市场这一渠道来实现的。而房地产经纪活动在这一过程中起着十分重要的中介作用，房地产经纪活动的广泛开展，能使广大人民更加方便地了解住房信息，办理各种相关手续，从而使其居住条件能够早日得到改善和提高。

5.能促进国民经济发展，适应在房地产经济领域建立社会主义市场经济体制的要求

社会主义市场经济体制是在社会主义条件下，运用市场和市场机制的作用及功能，实现资源合理配置的社会经济运行体制。市场机制是由在市场上直接起作用的供求机制、竞争机制、风险机制等相互联系、相互制约、相互作用形成的。其中供求机制是市场机制的主要机制，它的变动影响着其他机制的变动。正是由于供求机制的作用，推动着商品供求矛盾运动，引导着社会生产的进行。解决供求矛盾，促

进供求机制发挥作用的因素很多，其中经纪人员的中介服务活动是一个重要因素。房地产业是国民经济的重要产业，在一些中心城市，已逐渐成长为新的支柱产业，房地产经纪则是其重要组成部分。发展房地产经纪行业，能在活跃房地产市场和推动房地产业繁荣的过程中，促进国民经济的发展，并能适应在房地产经济领域中构筑充满生机和活力的社会主义市场经济体制的要求。

1.4 房地产经纪人员的职业资格

1.4.1 房地产经纪人员职业资格的种类

房地产经纪人员即在房地产经纪机构中直接执行房地产经纪业务的人员，应当是依法取得房地产经纪人员职业资格证书并经有关主管部门注册生效的人员。未取得房地产经纪人员职业资格证书的人员，一律不得以房地产经纪人员的名义从事房地产经纪业务。取得房地产经纪人员执业资格证书的人员，只能在其执业资格相应的房地产经纪业务范围内从事房地产经纪业务。

根据可从事的房地产经纪业务范围的不同，房地产经纪人员职业资格分为房地产经纪人执业资格和房地产协理从业资格两种。《中华人民共和国房地产经纪人执业资格证书》和《中华人民共和国房地产经纪人协理资格证书》是房地产经纪人职业资格的证明文件，未依法取得这两种资格证书的人员，不得从事房地产经纪活动。

房地产经纪人是指经过全国房地产经纪人执业资格考试合格或者资格互认，依法取得《中华人民共和国房地产经纪人执业资格证书》，并经申请执业，由有关主管部门注册登记后取得《中华人民共和国房地产经纪人注册证书》，在房地产经纪机构中以房地产经纪机构的名义独立从事房地产经纪业务，或可以自行开业设立房地产经纪机构或经执业的房地产经纪机构授权，独立开展经纪业务，并承担责任的自然人。房地产经纪人有权依法发起设立或加入房地产经纪机构，承担房地产经纪机构关键岗位的工作，指导房地产经纪人协理执行各种房地产经纪业务，经所在房地产经纪机构授权与客户订立房地产经纪合同等重要业务文书，执行房地产经纪业务并获得合理报酬。房地产经纪人可以在全国范围内执业。

房地产经纪人协理是指经过房地产经纪人协理从业资格考试合格，依法取得《中华人民共和国房地产经纪人协理资格证书》，在房地产经纪机构中协助房地产经纪人从事非独立性房地产经纪工作的自然人。从事非独立性房地产经纪工作是指所从事的房地产经纪工作是在房地产经纪人的组织和指导下进行的，因此几个只取得房地产经纪协理资格的人员在没有房地产经纪人指导下联合进行房地产经纪活动，也是属于超越执业范围的违规行为。房地产经纪人协理只能在注册的地区内从业。

取得房地产经纪人执业资格是进入房地产经纪活动关键岗位和发起设立房地产经纪机构的必备条件。取得房地产经纪人协理从业资格，是从事房地产经纪活动的基本条件。

1.4.2 房地产经纪人员执业资格考试

为了适应市场经济发展需要，规范和发展房地产市场，加强对房地产经纪人员的管理，提高房地产经纪人员的业务水平和职业道德，保护消费者合法权益，人事部、建设部决定实行房地产经纪人员职业资格制度。

房地产经纪人执业资格实行全国统一大纲、统一命题、统一组织的考试制度，由人事部、建设部共同组织实施，原则上每年举行一次。建设部负责编制房地产经纪人执业资格考试大纲、编写考试教材和组织命题工作，统一规划、组织或授权组织房地产经纪人执业资格的考前培训等有关工作。考前培训工作按照培训与考试分开，自愿参加的原则进行。人事部负责审定房地产经纪人执业资格考试科目。考试大纲和考试试题，组织实施考务工作。会同建设部对房地产经纪人执业资格考试进行检查、监督、指导和确定合格标准。

国家对房地产经纪人员实行职业资格制度，纳入全国专业技术人员职业资格制度统一规划。凡从事房地产经纪活动的人员，必须取得房地产经纪人员相应职业资格证书并经注册生效。未取得职业资格证书的人员，一律不得从事房地产经纪活动。《房地产经纪人员职业资格制度暂行规定》第九条规定：凡中华人民共和国公民，遵守国家法律、法规，已取得房地产经纪人协理资格并具备以下条件之一者，可以申请参加房地产经纪人执业资格考试：

①取得大专学历，工作满 6 年，其中从事房地产经纪业务工作满 3 年。

②取得大学本科学历，工作满 4 年，其中从事房地产经纪业务工作满 2 年。

③取得双学士学位或研究生班毕业，工作满 3 年，其中从事房地产经纪业务工作满 1 年。

④取得硕士学位，工作满 2 年，从事房地产经纪业务工作满 1 年。

⑤取得博士学位，从事房地产经纪业务工作满 1 年。

房地产经纪人执业资格考试合格，由各省、自治区、直辖市人事部门颁发人事部统一印制，人事部、建设部用印的《中华人民共和国房地产经纪执业资格证书》。该证书全国范围有效。

房地产经纪人协理从业资格实行全国统一大纲，各省、自治区、直辖市命题并组织考试的制度。建设部负责拟定房地产经纪人协理从业资格考试大纲。人事部负责审定考试大纲。各省、自治区、直辖市人事厅（局）、房地产管理局，按照国家确定的考试大纲和有关规定，在本地区组织实施房地产经纪人协理从业资格考试。凡中华人民共和国公民，遵守国家法律、法规，具有高中以上学历，愿意从事房地产经纪活动的人员，均可申请参加房地产经纪人协理从业资格考试。房地产经纪人协理从业资格考试合格，由各省、自治区、直辖市人事部门颁发人事部、建设部统一格式的《中华人民共和国房地产经纪人协理从业资格证书》。该证书在所在行政区域内有效。

1.4.3 房地产经纪人执业资格注册

取得《中华人民共和国房地产经纪人执业资格证书》的人员，必须经过注册登记才能以注册房地产经纪人名义执业。建设部或其授权的机构为房地产经纪人执业资格的注册管理机构详见 3.2.1.1。

1.5 房地产经纪人员的职业道德、修养与技能

1.5.1 房地产经纪人员的职业道德

1. 道德

在中国，“道德”一词自古有之。所谓“道”，指人们行走的道路，后引申为运动变化发展的规则或规律；所谓“德”，是指人的内心情感或信念。首次将“道德”两字连用的是荀子，他在《劝学篇》中说：“故学至乎礼而上矣，夫是谓道德之极”。显然，“道德”一词是指人的行为应合乎理，利于人。在西方，“道德”一词源于拉丁语的 moris，原意指风尚、习俗。

《中国百科大辞典》对道德的定义作出如下描述：“道德属伦理学研究对象，社会意识形态之一。作为伦理学研究对象的道德，指调节人与人之间的关系的行为规范，以及相应的心理意识和行为活动的总和；是由经济关系决定，可以善恶标准评价，依靠人们内心信念、传统习惯、社会舆论维系并发挥职能作用的社会现象。”

2. 房地产经纪职业道德的内涵

房地产经纪职业道德是指房地产经纪业的道德规范，是房地产经纪业从业人员就这一职业活动所共同认可并拥有的思想观念、情感和行为习惯的总和。就思想观念而言，它包括对涉及房地产经纪活动的一些基本问题的是非、善恶的根本认识，这种认识是指在房地产经纪人员思想观念中所形成的一种内在意识。从内容上讲，主要涉及三个方面：职业良心、职业责任感和执业理念。职业良心涉及对职业活动

的"守法"、"诚实"、"守信"等执业原则、经纪人员收入来源、经纪服务收费依据和标准等一些重大问题的认识。职业责任感涉及房地产经纪人员对自身责任及应尽义务的认识。执业理念主要是指对市场竞争、同行合作等问题的认识和看法。

房地产经纪职业道德的情感层面涉及房地产经纪人员的职业荣誉感、成就感及在执业活动中的心理习惯等。例如，对房地产经纪作用与地位的认识，在与客户及同行交往过程中的心理惯势等。

行为习惯是最能显现职业道德状况的层面。房地产经纪职业道德在行为习惯方面包括房地产经纪人员遵守有关法律、法规和行业规则以及在执业过程中仪表、言谈、举止等方面的修养。

房地产经纪职业道德是一种在房地产经纪人员的思想、情感和行为等方面所形成的内在修养。从整个行业的角度讲，它是通过广大从业人员的长期实践摸索，有关管理者或研究者的总结、提炼以及一些杰出人物的身体力行，并经由行业团体的集体约定而形成的。对于具体的从业人员个体而言，职业道德是通过一定的教育训练、行业氛围的熏陶、社会舆论的引导而形成的。

房地产经纪职业道德与房地产经纪的有关法律法规、行业规范有着共同的目的，即调节房地产经纪行业从业人员与服务对象，以及从业人员之间的关系。但两者在作用机制上有着明显的区别。法律法规和行业规范均属于外在的规定，主要通过法律手段、行政手段及行业管理手段来约束房地产经纪人员。而房地产经纪职业道德则是指内化于房地产经纪人员思想意识和心理、行为习惯的一种修养，它主要通过良心和舆论来约束房地产经纪人员。

1.5.2 房地产经纪人员的职业修养与职业技能

1. 房地产经纪人员的职业修养

(1) 房地产经纪人员的心理素质

①自知、自信

所谓自知，是指对自己的了解。房地产经纪人员对自己的职业应有充分而正确的认识，要对这一职业的责任、性质、社会作用和意义、经济收益等各个方面有一个全面和客观的认识。所谓自信，是指在自知基础上形成的一种职业荣誉感、成就感和执业活动的自信力。

一个成功的经纪人在自己的谈判对手面前必然是一副信心十足的样子，这样才能取得对方的尊重，委托人才能对他产生信任感。充满自信，是成功的一半，有了自信，就有了开展经纪业务的勇气。

然而，对经纪人员来说，要有所成就，确实不容易，从最初的了解信息，到反复的谈判，直到最终的成交，这期间会发生许多曲折。当经纪人员在生意场上遇到挫折时，是打退堂鼓还是鼓起全部的勇气坚强不屈呢？成功的经纪人必然选择后者，而选择后者恰恰是良好的心理素质在支撑。

②乐观、开朗

在人与人的交往中，乐观、开朗的人容易接近，因而更受人欢迎。房地产经纪人员如果本身不具备这种性格，就应主动培养自己乐观、开朗的气质。

首先，心境要宽松平静。心境也就是平常人们所说的人的心情。它是一种微弱的情感状态，容易受到外界环境和条件变化的影响。每当一定的心境、心态形成之后，它总需要在某一段时间内产生各种表现，如愉快、痛苦、欣慰、愤怒、兴奋、烦闷、忧愁、恐惧等。所以人的心境有积极和消极之分。积极的心境能促使人的工作有朝气、心情愉快、精力旺盛，有益于提高工作效率；消极的心境能促使人的情绪消沉、思想波动、感情压抑，有害于工作，也有害于身体。经纪人员从事着各种中介服务工作，接触的人和事多种多样，千变万化，因而其环境、条件的变化时有发生，有时出现困难，有时产生矛盾，有时比较顺利，有时遇上生意上的逆境。所以，这些职业特点和多变的工作环境，要求经纪人员的心境必须是宽松平静的。

其次，要多接触美好的事物，如宜人的风景、优美的艺术品，用这些美好的东西来陶冶自己乐观的气质。同时，应注意在自己的表情、仪容、语言中增加积极、美好的元素，以及“我相信我能做成这笔交易”、“我一定能想出办法解决这个问题”等积极的自我心理暗示。

③坚韧、奋进

在实践中，房地产经纪工作中会经常遇到挫折，房地产经纪人员不仅要以乐观的心态来面对挫折，还需要以坚韧不拔的精神来化解挫折。挫折是由多种原因造成的，找出原因，再认真研究对策并予以解决，就有可能化解挫折。因此，房地产经纪人员一定要认识到房地产交易的复杂性，视挫折为正常，而将一帆风顺的交易视作偶然。否则，整天期盼着简单、顺利、高额的交易而不得，心态自然更坏，更不可能去做好不顺利的交易。其次，要培养吃苦耐劳的精神，才能不断化解各种矛盾。

房地产经纪人员还应具有积极向上的奋进精神，因为激烈的市场竞争造成了不进则退的局面。一方面，房地产经纪人员应充分认识到时代、环境在不断地发生巨变，很多过去自己熟悉、掌握的知识、技能、信息可能很快就变得过时、陈旧，不能发挥作用了。专业水平的形成不是一劳永逸的，因此要“与时俱进”，要不断地学习新知识、新技能，了解新信息。另一方面，房地产经纪人员在业务上要有不断开拓进取的意识和勇气。市场需求瞬息万变，房地产经纪人员切不可故步自封，只局限于自己所熟悉的领域，要不断地开拓新市场，建立新的客户群，形成新的业务类型。

（2）房地产经纪人员的礼仪修养

房地产经纪业是属于一种特殊的职业，从业人员要了解房地产商品的特性、房地产交易的特性以及要有房地产法律、金融、开发、估价等较广的知识面。除了需要具有良好的职业道德以外，房地产经纪人员还必须注意礼仪修养。

修养是指一个人长期养成的符合社会要求的待人处事的态度和涵养，以及在思想、理论知识，技艺方面所达到的水平，是一个综合素质的体现，也是个人魅力的基础。一个有修养的人，不仅有志气，而且能拼搏，不仅热爱事业，而且热爱生活，积极上进；不仅有着高尚的道德和情趣，丰富的阅历，而且有着百折不挠的意志和奋斗开拓的精神。有修养的人，一定是有爱心且知识渊博的人，一定是爱学习善于理论联系实际，从而使自己的修养不断得到加强和提高的人。

礼仪是指在人际交往、社会交往和国际交往活动中，用于表示尊重、亲善和友好的首选行为规范和惯用形式。礼仪是一种道德行为规范，其直接目的是表示对他人的尊重，根本目的是为了维护社会正常的生活秩序。

礼仪与道德修养相互渗透、相互补充。俗语说："诚于中而形于外"，礼貌待人绝对不是简单地学习、模仿，更不是讲究形式的例行公事。"礼由心生"，礼仪是一个人内心世界的外在表现和真实感情的自然流露。那种举止大方、谈吐不俗、温文尔雅、彬彬有礼的风度，绝不是装模作样所能及的，它必须以良好的个人修养为基础。因此，讲究礼仪规范既是人际交往中增进友谊、联络感情的行为准则，也是一个人内在修养的外在表现。要想全面、综合地提高自身素质，就必须加强礼仪知识的学习，不断提高自身的道德修养。

【案例】 房地产经纪人员的礼仪修养

(1) 电话中的礼仪

①左手持听筒、右手拿笔。大多数人习惯用右手拿起电话听筒，但是，在与客户进行电话沟通过程中往往需要做必要的文字记录。在写字的时候一般会将话筒夹在肩膀上面，这样，电话很容易夹不住而掉下来发出刺耳的声音，从而给客户带来不适。为了消除这种不良现象，应提倡用左手拿听筒，右手写字或操纵电脑，这样就可以轻松自如的达到与客户沟通的目的。

②电话铃声响过两声之后接听电话。在公司内部，很多员工由于担心处理方式不妥当而得罪客户，从而招致老板的责备，因此，很多人都把电话当作烫手的山芋，抱有能不接电话就尽量不接电话的情绪。实际上，跟客户进行电话沟通的过程也是对员工能力的锻炼过程。只要养成良好的接听习惯，接电话并不是一件困难的事情。通常，应该在电话铃声响过两声之后接听电话，如果电话铃声三响之后仍然无人接听，客户往往会认为这个公司员工的精神状态不佳。

③报出公司或部门名称。在电话接通之后，接电话者应该先主动向对方问好，并立刻报出本公司或部门的名称，如："您好，这里是某某公司……"。随着年龄的

增长，很多人的身价会越来越放不下来，拿起电话往往张口就问："喂，找谁，干吗？……"这是很不礼貌的，应该注意改正，彬彬有礼地向客户问好。

④注意声音和表情。沟通过程中表现出来的礼貌最能体现一个人的基本素养，养成礼貌用语随时挂在嘴边的习惯，可以让客户感到轻松和舒适。因此，接听电话时要注意声音和表情。声音好听，并且待人亲切，会让客户产生亲自来公司拜访的冲动。不要在接听电话的过程中暴露出自己的不良心情，也不要因为自己的声音而把公司的金字招牌践踏在脚底下。

⑤保持正确姿势。接听电话过程中应该始终保持正确的姿势。一般情况下，当人的身体稍微下沉，丹田受到压迫时容易导致丹田的声音无法发出；大部分人讲话所使用的是胸腔，这样容易口干舌燥，如果运用丹田的声音，不但可以使声音具有磁性，而且不会伤害喉咙。因此，保持端坐的姿势，尤其不要趴在桌面边缘，这样可以使声音自然、流畅和动听。此外，保持笑脸也能够使客户感受到你的愉悦。

⑥最后道谢。最后的道谢也是基本的礼仪。来者是客，以客为尊，千万不要因为电话客户不直接面对而认为可以不用搭理他们。实际上，客户是公司的衣食父母，公司的成长和盈利的增加都与客户的来往密切相关。因此，公司员工对客户应该心存感激，向他们道谢和祝福。

⑦让客户先收线。因为一旦先挂上电话，对方一定会听到"喀哒"的声音，这会让客户感到很不舒服。因此，在电话即将结束时，应该礼貌地请客户先收线，这时整个电话才算圆满结束。

(2) 仪容与着装

房地产交易标的金额通常都是数以万计的，客户把如此重大的事委托给房地产经纪人，心理上的种种疑虑常常是难以避免的。经纪人得当的仪容仪表容易使客户对经纪人产生认同，从而减少疑虑。因此保持适合自己职业的仪容、仪表，是房地产经纪人员的基本职业素质。

整体上讲，房地产经纪人的仪容与着装应干净整洁、搭配和谐，既要能符合时尚美感，又要能恰当地体现个性的风采。

具体来讲，首先应保持个人清洁。人们都不喜欢与邋遢、不拘小节的人交往。由于男性皮脂分泌较多，汗腺也较发达，容易产生异味，故应该更加注意讲究卫生，勤洗脸、洗发、洗澡、剪指甲、换衣服，随时保持身体干净卫生，避免烟味太浓。女性除了要具备男性仪容之"洁"以外，在仪容上还要体现出"雅"来。古语说"形诸于外而神于内"。"雅"是一种由内至外散发出的高雅气质。女性应化妆出典雅又不失清新的职业女性格调，表现出成熟、干练而又亲切的职业形象，让顾客感到你值得信赖。

其次，房地产经纪人员工作时的着装应端庄，并有助于树立自己的专业形象。

因此，应尽量着职业装。在所有的男式服装中，西装是最重要的衣着，得体的西装穿着会使你显得神采奕奕、气质高雅，内涵丰富、卓尔不凡。选择西装，最重要的不是价格和品牌，而是包括面料、裁剪、加工工艺等在内的许多细节。在款式上，应样式简洁，注重服装的质料、剪裁和手工。在色彩选择上，以单色为宜，建议至少要有一套深蓝色的西装。深蓝色显示出高雅、理性、稳重；灰色比较中庸、平和、显得庄重、得体而气度不凡；咖啡色是一种自然而朴素的色彩，显得亲切而别具一格；深藏青色比较大方、稳重，也是较为常见的一种色调，比较适合黄皮肤的东方人。另外，西装的穿着还要注意与其他配件的搭配。如西裤的长度应正好触及鞋面。领带：懂得自我包装的男士非常讲究领带的装饰效果，因为领带是点睛之笔。除了颜色必须与自己的西装和衬衫协调之外，还要求干净、平整不起皱。领带长度要合适，打好的领带尖应恰好触及皮带扣，领带的宽度应该与西装翻领的宽度和谐。衬衫的领型、质地、款式都要与外套和领带协调，色彩上注意和个人特点相符合。纯白色和天蓝色衬衫一般是必备的。注意领口和袖口要干净。袜子宁长勿短，以坐下后不露出小脚为宜。袜子颜色要和西装协调，深色袜子比较稳妥，因为浅色袜子只能配浅色西装，不宜配深色西装。鞋的款式和质地的好坏也直接影响到男士的整体形象。在颜色方面，建议选择黑色或深棕色的皮鞋，因为这两种颜色的皮鞋是不变的经典，浅色皮鞋只可配浅色西装，如果配深色西装会给人头重脚轻的感觉。无论穿什么鞋，都要注意保持鞋子的光亮及干净，光洁的皮鞋会给人以专业、整齐的感觉。女性应保持衣服平整。皱巴巴的衣服会让人觉得你很邋遢，而平整的衣服使你显得精神焕发，所以应保持衣服熨烫平整。袜子以透明近似肤色或与服装搭配得当为好。夏季可以选择浅色或近似肤色的袜子。冬季的服装颜色偏深，袜子的颜色也可适当加深。女性应在皮包内放一双备用丝袜，以便当丝袜被弄脏或破损时可以及时更换，避免尴尬。在此提醒各位女士注意，切勿穿着勾丝的丝袜，那会使你的小脚非常“显眼”。巧妙地佩戴饰品能够起到画龙点睛的作用，给女士们增添色彩。但是佩戴的饰品不宜过多，否则会分散对方的注意力。佩戴饰品时，应尽量选择同一色系。佩戴首饰最关键的就是要与你的整体服饰搭配统一起来。夏季，有的女士会穿着“清凉”的服饰，这些服饰的确为炎热的夏日增添了一道亮丽的风景。但是，这样的服装并非适合所有的场合。在正式场合如果穿着过露、过紧、过短和过透的衣服，如短裤、背心、超短裙、紧身裤等，就容易分散顾客的注意力，同时也显得你不够专业。除此以外，还要注意切勿将内衣、衬裙、袜口等露在外衣外面。

总之，穿着职业服装必须做到整洁、笔挺、大方。所谓整洁，是指服装必须搭配合理，衣裤无污、无油渍、无异味；所谓笔挺、是指衣裤不起皱，上衣平整、裤线笔直；所谓大方，是指衣服款式简练、高雅，线条自然流畅。

(3) 接待客户时的仪态

①姿势、仪态

站姿：双脚与两腿同宽自然分开，体重均匀的落在双脚上，头正肩平、两眼平视前方、挺胸、收腹。女士双手叠放身前，脚后跟并拢，脚尖成一字形，分开15～30°，两腿并拢伸直；男士两脚平行分开与肩同宽，两腿伸直，两手身后相握，右手攥左手。

坐姿：房地产经纪人员坐姿应该端正，坐椅子的1/3～2/3，不得跷二郎腿，不得将腿搭在座椅扶手上，不得盘腿，不得脱鞋。女士从椅子左侧走到椅子前面，右脚后撤半步，右手后拢衣服后放在身前，双膝并拢，轻轻落座，两脚、腿并拢，小腿与地面垂直；男士手并列腿上或放在椅子扶手上，两腿平行，一拳之隔，与地面垂直。落座时避免动作太大引起椅子的乱动及声响，站起时一般从左侧站起，不要推或拖座椅。

走姿：步伐适中，不要跑。工作时间，身体不得东倒西歪，前倾后仰，不得伸懒腰、驼背、耸肩、背手等；

咳嗽或吐痰时，请用干净的纸巾或手帕掩住口部，打哈欠或喷嚏时，应走开或转过头来掩住口部，并说对不起；

行动要快，但不能跑，与客户相遇应靠边而行，不得从中间穿行，与客户同时进门，应让客户先行，请人让路，应说声对不起；

整理头发、衣服时请到洗手间或客人看不到的地方；

当众挖鼻孔、搔痒或剔指甲都会有损自己的形象；

手不应插在口袋里，双手应垂直；坐着时平放在桌面，不要把玩物件；

抖动腿部，倚靠在桌子或柜台上都属不良习惯；

当众不应耳语或指指点点，不得用手指或者笔杆指客人或者指示方向；

工作时，不要在公众区域搭肩、挽手以及在公众区域大声讲话、谈笑和追逐；

在大堂等公众场合，不能当着客人谈及与工作无关的事情。

②语言礼仪

声调自然、清晰、柔和、亲切、不宜过高或过低，不要急功近利推销楼盘，要给客户一种“置业顾问”的形象；

主动同客人、上级及同事打招呼，客户走近，应立即示意，表示已注意他（她）的来临，不得无所表示，等客户先开口；

多使用礼貌用语，例如：早晨好、请、谢谢、对不起、再见、欢迎光临；

如果知道客人的姓和职位，要尽量称呼其职位，比如王总、钱经理等；

未知姓氏前称呼“先生”或者“女士”；指第三者时不得讲“他”，应称“那位先生”或者“那位女士”；

任何时候不准讲“喂”或说“不知道”，可将不知道改为“我先问一下”；

讲客人能听懂的语言；

进入客房或办公室前须先敲门；

与别人谈话时，双目应正视对方的眼睛，用心倾听，适当回应，不得东张西望或心不在焉，不应不时看表及随意打断对方的讲话。

③文明用语

迎宾用语类：您好、请进、这是我的名片，请指教、欢迎光临、请坐。

友好询问类：谢谢、请问您怎么称呼、我能帮您做点什么、请问您是第一次来吗、是随便看看还是想买楼、我们刚推出一种新户型，您不妨看看、不耽误您时间的话，我给您介绍一个好吗、您是自住还是投资？如果自住不妨看看这套房子、好的、没问题、我想听听您的意见行吗。

招待介绍类：请您这边坐、请喝茶、请您看看我们的资料、有什么不明白的请吩咐、那是我们的模型展示区、这儿是我们的洽谈室、那边是签约区。

请求道歉类：对不起，这套房子刚卖出去了、不好意思，您的话我还没听明白、请您稍等、麻烦您了、打扰您了、有什么意见，请您多多指教、介绍得不好，请多多原谅。

恭维赞扬类：像您这样的成功人士，选择我们的楼盘是最合适的、先生（小姐）很有眼光、您不是搞房地产的，居然有如此高见，令我汗颜、您是我见过对楼盘最熟悉的客户了、真是快人快语、您给人的第一印象就是干脆利落、先生（小姐）真是满腹经纶、您话不多、可真正算得上是字字珠玑啊、您太太（先生）这么漂亮（英俊潇洒）好让人羡慕哦、您的小公主（小皇帝）这么聪明，应该要有个书房。

送客道别类：请您慢走、欢迎下次再来、多谢惠顾、有什么不明白的地方，请您随时给我打电话、不买楼没有关系，能认识您我很高兴、再见。

生硬类用语：你姓什么？　友好热情用语：先生，您好！请问您贵姓？

生硬类用语：你买什么房？　友好热情用语：请问您想买什么样的房子？我们这里有一房一厅式、三房两厅式……

生硬类用语：你还想知道什么？　友好热情用语：请问您还有哪些地方不明白？请尽管吩咐。

④礼仪规范

现场保持安静；

接待客户说话、走路要轻；

礼貌倒茶，应在杯的7～8成；

迎客在前，送客在后，目送客户离开；

有事进入办公室应轻敲三下，征得同意再推门而入；

递送物品：

资料：文字正面朝客人双手递送；

名片：双手递上，名字朝向客户；

笔：笔尖朝自己；

双方讲话时，要注意倾听，不左顾右盼，不要看手表、打呵欠、跷腿；

对方不愿回答的问题不要追问，忌问客户工资、年龄、婚姻状况；

如未听清客户的话，可再次询问；

客户要安排在右手边，落座时要坐在客户的左手边；

引领客户时要在客户左前方一步；

行走时，文件夹口朝上，文字正面朝身体一侧，左手持文件夹；

⑤接待规范

在客户进来后，要主动和客户打招呼，表示被我们注意到了他，不可等客户先开口；

房地产经纪人员要准备好资料夹和其他工具，接待客户一次性拿全，不可接待时疏漏到处找；

房地产经纪人员必须熟悉楼盘情况，统一接待口径，事先准备好介绍顺序和重点，系统全面的传递楼盘信息；

接待完毕，尽量要求客户登记，登记信息尽量详细；

登记客户必须回访，记录回访情况，对楼盘的看法，满意点和不满意点，购买可能性等。

【案例】　电话两则

(1) 顾客：请问你们那边是不是有房子要卖？

总机：是的，请问您要买房子吗？

顾客：不一定，只是问问罢了。请问你们的房子，在哪里？

总机：我们房子在××路与××路交叉口。先生是不是抽空来一下现场，这样解释比较清楚。

顾客：好的。有空我一定来参观。

总机：欢迎！欢迎！

(2) 顾客：请问是不是有房子要卖？

总机：我们的房子位于××路中心公园附近，先生是不是能听我简单的将本栋房子的特点向您介绍一下？(你想顾客会说不吗？)

我们要卖的这两套房子，是五层楼的第一层（楼下）及第三层，楼下是可做生意的店铺、第三层是纯粹的住房，先生是想要住房吧？

顾客：是的，你们价格怎么样？

总机：先生是说三楼这套房子吧！

我们的房子有120m^2，这还不包括阳台及公共设施，室内有三房二厅，二套卫生设备，所有的装潢都赠送给您，此外我们房子的现场环境还有几点特色：

第一，我们这里交通非常便利，门口有五路公共汽车、每三分钟即有一班车；

第二，这边的学区正好有××小学，先生您一定明白××小学是本市的明星小学，不仅师资优秀、读书风气很盛，而且将来的升学率更高，您如果住在这里，您的公子、千金的未来前途一定看好，您说这是不是很重要。

第三，我们这里购物也很方便，只要走三百米就可到某市场，您的夫人以后再也不用冒着寒冷的北风（或大热天顶着烈日）辛苦地采购。先生，您如果住在这里，我相信您的夫人一定第一个赞成。

顾客：你真会说话，那价钱怎么算？

总机：是这样，您只要准备现金二十万，然后在一年后每月再付五千元十年期的银行贷款，这样您就能拥有三房两厅、卫生、漂亮的装潢及这么好的学区、交通方便的房子。先生，你看这样子好了，在电话里说的很有限，是否可以劳驾先生亲自到现场来，实际了解一下，我保证您看到房子现状以及周围的环境一定会很喜欢，当然，不买也没关系，反正参考一下也无妨，先生是马上来还是下午来？

顾客：喔！现在很忙下班后才有空，那您看今天下午六时三十分怎么样？

总机：好，就这么说定，今天下午六时三十分我在房子现场等您，我们会把有关详细资料准备好给您参考，谢谢您，再见。

（3）房地产经纪人员的知识结构

由于房地产经纪活动的专业性和复杂性，房地产经纪人员必须拥有较为完善的知识结构。这一知识结构的核心就是房地产经纪的基本理论与实务知识，核心的外层是与房地产经纪有关的专业基础知识，包括经济知识、法律知识、社会心理知识、房地产专业知识、科学技术知识，最外层则是对文化修养产生潜移默化影响的各类文学、艺术乃至哲学等方面的知识。

经纪人员要掌握经济学基础知识，特别是市场和市场营销知识。要懂得市场调查、市场预测的一些基本方法，熟悉商品市场，特别是房地产市场供求变化和发展的基本规律、趋势，了解经济模式、经济增长方式对房地产活动的影响。

社会主义市场经济是法制经济，房地产经纪人员从事经纪活动要有法治意识和法律观念，要依法开展经纪活动并依法维护自己和其他当事人的合法权益。经纪人要认真学习和掌握基本法律知识，如民法、合同法、商标法、广告法、税法、反不正当竞争法、保护消费者权益法、经纪人管理办法，以及城市房地产管理法等与房地产经纪有关的法规。

房地产经纪人员的工作是频繁与人打交道的工作，因此社会学及心理学方面的知识也是房地产经纪人员所必须要掌握的。从基本的方面来讲，主要包括人口、家庭等社会因素对房地产市场的影响、国家的社会发展形势和政府的主要政策、大众心理、消费心理等。

房地产经纪活动是为房地产投资者、开发商、房地产消费者等各类房地产经济活动的主体服务的，因此房地产经纪人员必须要掌握一定的房地产专业知识，主要包括房屋建筑、房地产金融与投资、房地产市场营销、物业管理、房地产测量等方面的知识。

随着经济时代的到来，一个房地产经纪人员要做好自己的工作，对知识方面的要求越来越高，如随着计算机的普及、网络经济的出现，优秀的房地产经纪人员必须掌握计算机知识等现代科学技术，如数据库技术，能够进行数据的录入、检索、输出，以及进行数据库的维护；办公软件，能够进行文档输入、编辑、打印；网络技术，能够运用局域网和广域网进行数据信息交换、数据信息共享以及数据信息检索，同时包括浏览互联网，收发电子邮件等。

经济全球化对中国的影响日益显著，国外企业和人员大量进入中国，并日益频繁地参与房地产交易。因此，房地产经纪人员还必须掌握至少一门外语，才能更好地为各类外籍人士提供经纪服务。

此外，房地产经纪人员还必须有较高的文化修养，尽可能多地阅读和欣赏文学、艺术作品，提高自己的艺术品位和鉴赏力。

2. 房地产经纪人员的职业技能

（1）房地产经纪人员职业技能的构成

①收集信息的技能

信息是房地产经纪人员开展经纪业务的重要资源，房地产经纪人员只有具备良好的信息收集技能，才能源源不断地掌握大量真实、准确和系统的房地产经纪信息。

房地产经纪人员应具有主动地、有目的地去发现信息，并能通过各种媒体，如互联网、书籍、报纸、电视等，或者自己亲自调查、参观等，收集到所需要的信息；能够将获取到的丰富的信息进行筛选，鉴别自己所需要的信息，判断它的可信度，然后对认为真实有用的信息进行分类；将不同渠道获取的同一类信息进行综合，结合自己原有的知识，重新整理组织、存储，并能够简洁明了地传递给他人；在信息加工的时候，通过归纳、综合、抽象、联想等思维活动，找出相关性、规律性的线索，或者能从表面现象分析出事物的根源，得出创新的信息；利用所掌握的信息，使用信息技术或其他手段，分析、解决房地产经纪业务的各种实际问题；能够通过互联网等平台拓展自己的交流范围，开阔视野，并能利用信息技术加强与客户的联系、协作。

②市场分析的技能

市场分析技能是指经纪人员根据所掌握的信息，采用一定的方法对其进行分析，进而对市场供给、需求、价格的现状及变化趋势进行判断。信息的分析方法包括：数学处理分析法（根据已有的数据信息计算某些数据指标，如线性回归法、加权平均法等）、比较分析法（不同地区或不同类别房源的比较、同类房源在不同时间段上的比较等）、因果关系分析法（通过数据统计分析、测试、收集有关问题的更多数据或与客户沟通来确认最基本的原因）等。对市场的判断包括定性的判断，如某种房源的供求状况，是供大于求，供小于求还是供求基本平衡？也包括定量的判断，如某类房地产的市场成交价格在最近半年内上涨了百分之几？等等。大至经纪机构业务重心的调整，小至每一笔业务的进展，都离不开准确的市场分析，因此市场分析技能是房地产经纪人必须掌握的职业技能。

③人际沟通的技能

房地产经纪的服务性决定了房地产经纪人员需要不断与人打交道，不仅要与各种类型的客户打交道，还要与客户的交易对象、有可能提供信息的人，以及银行、房地产交易中心、物业管理公司等机构的人员打交道。房地产经纪人员需要通过与这些人员的沟通，将自己的想法传达给对方，并对对方产生一定的影响，尽量使对方认同自己的想法，并在行动上给予支持。如：购买房地产经纪人员所推荐的房源；向房地产经纪人员提供有关的信息；为房地产经纪人员办理某项手续等。要使这些人际沟通能较好地达到房地产经纪人员的目的，不仅要求房地产经纪人员具备良好的心理素质，还要求其必须掌握良好的人际沟通技能。它包括了解对方心理活动和基本想法的技能、适当运用向对方传达自我意思方式（如语言、表情、身体动作等）的技能、把握向对方传达关键思想的时机的技能等。

④供求搭配的技能

房地产经纪人员是以促成交易为已任的，因此不论是居间经纪人，还是代理经纪人，都需要一手牵两家，其实质也就是要使供求双方在某一宗（或数宗）房源上达成一致。由于房地产商品具有个别性，每一宗房地产都是与众不同的，这就要求房地产经纪人员准确把握买方的具体要求，并据此选择恰当的房源供其考虑。房地产经纪人员不仅要充分知晓这种搭配的具体方法，更要能熟练掌握，从而使之内化为自身的一种能力，这就是供求搭配的技能。它在实务操作中，常常表现为经纪人能否在较短的时间内完成供求搭配，从而尽可能实现每一个交易机会。如商品房销售代理经纪人在售楼处接待了一组来访客户，经过十几分钟的交谈，经纪人员就必须能准确了解并把握他们的需求，并推荐恰当的房源。这样，这组客户就可能仅仅看了两套经纪人所推荐的房源，就感觉某套房子满足自己的需要而当场决定预定该套房子。反之，客户可能看了推荐的好几套房子也不中意而离去，或者虽然受房地产经纪人员美言甚至售楼处现场气氛的影响，草率下定，但回家仔细一想便反悔了，再来撤定，这样不仅交易不能成功，还会对售楼处现场的其他客户产生负面影响。所以，在实际工作中，供求搭配技能较高的房地产经纪人，成交量高，每笔业务的进展速度也快，工作效率高，而供求搭配技能较差的房地产经纪人员则常常劳而无功，工作效率低。

⑤把握成交时期的技能

交易达成是房地产经纪人员劳动价值得以实现的基本前提，因此它是房地产经纪业务流程中关键的一环。然而，由于房地产商品的复杂性、个别性以及价值量大等特点，房地产商品的买卖双方都会在最终决定成交的时候产生犹豫。房地产经纪人员不能不顾客户的实际情况只求成交，更不能诱使客户成交，但也不能贻误合适的成交时机。客户的某些犹豫有时是不必要的，如因其不具备专业知识而不能作出正确的判断，甚至是由于其自身在心理或者性格上的不足引起的，如多疑、优柔寡断等。因此，房地产经纪人员应能准确判断客户犹豫的真正原因和成交的条件是否成熟，如果成交条件已经成熟则应灵活采用有关方法来消除客户的疑虑，从而使交易达成。这就是把握成交时机的技能。

房地产经纪人员如能把握好成交时机，不仅能提高自己的工作效率和增加经济收益，同时也能增进顾客的利益。因为成交时机的准确把握，意味着客户借助经纪人的外力克服了自身的某些不足，从而实现了自己的需求，降低了交易成本。由于房地产商品具有个别性的特点，一次成交时机的贻误，可能导致买方再也无法买到自己已看中的那套房子，或者需要再次花费较长的时间等待或寻找所要的房子。

(2) 房地产经纪人员职业技能的培养

职业技能是房地产经纪人员熟练掌握有关房地产经纪操作方法，并将自己摸索出的一些技巧融入其中，从而形成的一种内化于房地产经纪人员自身的能力。一旦形成这种能力，房地产经纪人员会在执业过程中的各种具体情况下，如同条件反射般地恰当运用有关操作方法，顺利完成操作步骤。因此房地产经纪人员应重视自身职业技能的培养，通过参加培训、行业报告会等各种活动，对自己进行继续教育，并在实践中认真学习，不断提高自身的职业技能。

①培养较强的心理承受能力

经纪活动是艰辛而复杂的，这要求经纪人员要有顽强的意志和较强的心理承受能力，百折不挠，持之以恒。房地产经纪人员要有开朗坦率的性格，对人热情大方；学会在各种复杂的场合、态势中很快发现问题的焦点，学会在交往过程中迅速洞察对方的心态和问题的症结，学会在漫不经心的活动中发现对业务有利的一切细微的事物和信息。遇到各种复杂场合，要学会保持情绪的稳定，不感情用事，对敌意和不利的场合，能控制自我，冷静有礼貌、诚恳而不软弱，耐心而不激化矛盾。

②认真学习有关操作方法

随着房地产经纪行业的不断发展，人们总结了很多有效的实务操作方法，房地产经纪人员必须认真学习这些方法，才能逐步形成自己的职业技能。值得注意的是，有一些操作方法表面看上去往往非常简单，但房地产经纪人员千万不要因此而草草对待，应该始终以仔细严谨的态度去对待每一个具体的问题。并应注意在实务操作中，反复运用已学到的具体方法，进行练习。

③形成良好的工作习惯

无论是对操作方法的学习还是练习，很多都要借助良好的工作习惯来形成。如碰到报告会、同行交流等学习机会，就细心倾听报告人、发言人的发言，听到好的方法就认真记录，回去后仔细研读；再如养成每天花一段时间进行案头工作整理的习惯，包括做笔记和剪报，进行日常的信息收集和整理。良好的工作习惯不仅可以发现更多的学习渠道，也创造了大量的练习机会，有助于使各类外在的方法内化为经纪人自身的能力。

④勤于思考，善于总结，善于创新

房地产经纪人员的职业技能是一种带有个性化色彩的东西。房地产经纪人在学习和运用各种操作方法的同时，必须不断地体会其中的奥妙，才能将这些他人总结出来的方法融入自身。而方法和技能本身也处于动态的发展之中，房地产经纪人员只有在实践中不断揣摩，才能不断改进，形成自己的技巧，从而提高自身的职业技能。因此，房地产经纪人员应在日常的业务操作过程中，注意对自己具体操作方法的运用进行自我评估与总结，如运用情况是否恰当？熟练程度如何？实际效果怎样？然后思考针对问题进行改进的方法。

对于房地产经纪工作而言，每一次交易都是一个新的开始，交易的对象在改变，交易的环境在变化，交易中的人际关系在变动，这时既有新的机遇，更多的则是挑战。因此，经纪人不能简单地重复过去，而要不断地提高，以此来不断地取得交易的成功。对于房地产经纪人员而言，在房地产经纪活动中要注意发挥自身的创新能力，善于发掘和培养新客户，注意开拓新的市场，寻找新的市场机会，从而进行开创性的经纪活动。只有拥有了创新能力，房地产经纪人员才能在激烈的市场环境下求得生存和发展。

【案例】　成功业务十步骤

在国际经纪业中，一个业务的成功一般需要十步，需要委托人和经纪人共同合作完成。

(1) 拥有一个好的理由来销售你的业务。例如：糟糕的一天或雇员怠工并不是好的理由。同时，也不要轻易的说出一个价格，决定销售你的业务。聚焦你的真正的目的，首先要防止买家知道你出售业务的原因，找到更多的正当的理由和合理的原因，认真的对待你的买家实为上策。

(2) 不要等到你不得不出售的时候才出售你的业务，也不要等到你非常忙的时候来销售你的业务，最好的销售时间是你比较忙的时候，让买家能够看到你的活力。

(3) 要对外出的人员保密你的销售过程，一个经纪人应排除情绪上的东西，做出可靠的商业决定，这样做将能为你的业务得到一个更高的价格，你的经纪人也将坚决的保守机密，以保护你和你的业务。你的经纪人将在以下几个方面给予你最大的帮助：

①建立一个公正的市场调查结果。

②联系并说服买家。

③大概的市场策略。

④在不同的买家面前有区别的显示你的业务及特征。

⑤显示你的谈判技巧。

(4) 当你决定把你的决定告诉你的经纪人之后，你还要将市场的一些信息和你的业务，尽可能多的告诉你的经纪人，要正确的对待你的经纪人，要知道你有什么和将要透露什么。

(5) 牢记你的市场目标，协助你的经纪人按照原有的步骤一天一天的去实现，并及时的回答你的经纪人的问题。

(6) 工作当中要精诚合作，在买家面前保守好商业机密。

(7) 要经常以一个旁观者的身份出现在你的场所，这将有利于你的销售目标的实现。

(8) 尽可能的将你要出售的业务包装得更好一些。

(9) 价格是最敏感的，一个机敏的买家通常会以一个更低的价格和出价更低的卖家来为他自己获得一个更低的价格，此时你千万不要去刺激出价低的卖家，你应该学会如何接近他。

(10) 记住最成功的交易是创造了一个双赢的局面，交易的任何一方都感到满意才是成功的交易。

本章小结

经纪是社会经济活动中的一种中介服务行为，具体是指为促成各种市场交易而从事的居间、代理及行纪等的有偿服务活动。经纪人是指在经济活动中，以收取佣金为目的，为促成他人交易而从事居间、行纪或代理服务的中间人。

房地产经纪是指以收取佣金为目的，为促成他人房地产交易而从事的居间、代理等活动的经营行为。房地产经纪人，是指在房地产经济活动的各处环节中，收集、加工、提供房地产信息，沟通买卖双方，并受客户委托从事房地产居间、行纪或代理业务，以收取佣金为目的的公民、法人和其他经济组织。房地产经纪人从事经纪活动，应当遵守国家的法律、法规。房地产经纪人员的权益受国家法律保护，任何单位和个人不得侵犯。

房地产经纪职业道德是指房地产经纪业的道德规范，是房地产经纪业从业人员就这一职业活动所共同认可并拥有的思想观念、情感和行为习惯的总和。

房地产经纪职业道德与房地产经纪的有关法律法规、行业规范有着共同的目的，即调节房地产经纪行业从业人员与服务对象，以及从业人员之间的关系。但两者在作用机制上有着明显的区别。法律法规和行业规范均属于外在的规定，主要通过法律手段、行政手段及行业管理手段来约束房地产经纪人员。而房地产经纪职业道德则是指内化于房地产经纪人员思想意识和心理、行为习惯的一种修养，它主要通过良心和舆论来约束房地产经纪人员。

练习题

1. 房地产经纪人员职业资格有哪几种？
2. 如何理解房地产经纪人协理和房地产经纪人的概念？
3. 房地产经纪人执业资格考试的报考条件是什么？
4. 房地产经纪人申请注册的程序及申请条件是什么？
5. 房地产经纪人员有哪些权利和义务？
6. 如何认识房地产经纪人员的职业道德？它包括哪些主要内容？
7. 房地产经纪人员在职业道德方面应符合哪些基本要求？
8. 房地产经纪人员的心理素质有哪些方面的要求？
9. 房地产经纪人员接待客户有哪些礼仪要求？
10. 房地产经纪人员应具备怎样的知识结构？
11. 房地产经纪人员应具备哪些职业技能？

第2章 房地产经纪机构

房地产经纪机构是房地产经纪业运行的载体，是开展房地产经纪业务的基本法律主体，也是房地产经纪人员从事房地产经纪活动必须依靠的经济实体。

2.1 房地产经纪机构的设立

2.1.1 房地产经纪机构的内涵及基本类型

1. 房地产经纪机构的内涵

房地产经纪机构，是指符合执业条件，并依法设立，从事房地产经纪活动的公司、合伙机构、个人独资机构。另外，房地产经纪机构在境内外设立的分支机构也可以自己的名义独立经营房地产经纪业务。

人事部、建设部在2001年12月下发的《房地产经纪人员职业资格制度暂行规定》第二十七条规定："房地产经纪人和房地产经纪人协理经注册后，只能受聘于一个经纪机构，并以房地产经纪机构的名义从事经纪活动，不得以房地产经纪人或房地产经纪人协理的身份从事经纪活动或在其他经纪机构兼职。"明确了目前房地产经纪人和经纪人协理不能以个人名义从事房地产经纪业务而只能以房地产经纪机构的名义进行。因此，房地产经纪机构是指具有法人资格的经济组织和境内外房地产经纪机构在境内外设立的分支机构。

2. 房地产经纪机构的类型

根据房地产经纪机构的内涵，可以从企业性质和业务类型两个方面对房地产经纪机构进行分类。

（1）不同企业性质的房地产经纪机构

①房地产经纪公司

房地产经纪公司是指依照《中华人民共和国公司法》和有关房地产经纪管理的部门规章，在中国境内设立的经营房地产经纪业务的有限责任公司和股份有限公司。

其中有限责任公司又称有限公司，在英、美称为封闭公司或私人公司，是指由两个以上股东共同出资，每个股东以其认缴的出资额对公司的行为承担有限责任，公司以其全部资产对其债务承担责任的企业法人。有限责任公司不对外发行股票，股东的出资额由股东协商确定。股东之间并不要求等额，可以有多有少。股东交付股本金后，公司出具股权证书，作为股东在公司所拥有的权益凭证，但这种凭证不同于股票，不能自由流通，须在其他股东同意的条件下才能转让，并要优先转让给公司的原始股东。公司的股东人数通常有最低和最高限额的规定，我国在 1992 年颁布的《有限责任公司规范意见》中规定，有限责任公司必须有两个以上 30 个以下的股东方能设立，因特殊需要公司股东超过 30 个的，须经政府授权部门批准，但最多不得超过 50 个。

股份有限公司是指其全部资本分为等额股份，股东以其所持股份为限对公司承担责任，公司以其全部资产对公司的债务承担责任。出资设立公司的出资者可以是自然人也可以是法人，出资可以是国有资产也可以是国外投资，出资形式可以是货币资本也可以是实物、工业产权、非专利技术、土地使用权作价出资，但作为出资的实物、工业产权、非专利技术或者土地使用权，必须进行评估作价，核实财产，不得高估或者低估作价。股份有限公司的所有权和经营权分离。公司最高权力机构是股东大会，由股东大会委托董事会负责处理公司重大经营管理事宜。董事会聘任总经理负责公司的日常经营。此外，公司往往还设立监事会，对董事会和经理的工作情况进行监督。

②合伙制房地产经纪机构

合伙制企业是由两个或两个以上的个人联合经营的企业，合伙人分享企业所得，并对营业亏损共同承担责任。它可以由部分合伙人经营，其他合伙人仅出资并共负盈亏，也可以由所有合伙人共同经营。合伙制房地产经纪机构是指依照《中华人民共和国合伙机构法》和有关房地产经纪管理的部门规章在中国境内设立的由各合伙人订立合伙协议，共同出资、合伙经营、共享收益、共担风险，并对合伙机构债务承担无限连带责任的从事房地产经纪活动的营利性组织。合伙人可以用货币、实物、土地使用权、知识产权或者其他财产权出资；上述出资应当是合伙人的合法财产及财产权利。对货币以外的出资需要评估作价的，可以由全体合伙人协商确定，也可以由全体合伙人委托法定评估机构进行评估。经全体合伙人协商一致，合伙人也可以用劳务出资，其评估办法由全体合伙人协商确定。合伙机构存续期间，合伙人的出资和所有以合伙机构名义取得的收益由全体合伙人共同管理和使用。合伙人原则上以个人财产对合伙机构承担无限连带责任，但如果合伙人是以家庭财产或夫妻共同财产出资并把合伙收益用于家庭或夫妻生活的，应以家庭财产或夫妻共同财产对合伙机构承担无限连带责任。

③个人独资房地产经纪机构

个人独资房地产经纪机构是指依照《中华人民共和国个人独资机构法》和有关房地产经纪管理的部门规章在中国境内设立，由一个自然人投资，财产为投资人个人所有，投资人以其个人财产对机构债务承担无限责任的从事房地产经纪活动的经营实体。个人独资房地产经纪机构一般规模较小，内部管理机构简单，产权能够比较自由的转让，经营方式灵活，预测迅速，利润独享，保密性强。但个人独资房地产经纪机构由于人员少、取得贷款的能力较差，因此难以进行大规模的经纪活动。

④房地产经纪机构设立的分支机构

在中华人民共和国境内设立的房地产经纪机构、国外房地产经纪机构，经拟设立的分支机构所在地主管部门审批，都可以在中华人民共和国境内设立分支机构。分支机构能独立开展房地产经纪业务，但不具有法人资格。房地产经纪机构的分支机构实行独立核算，首先以自己的财产对外承担责任，当分支机构的全部财产不足以对外清偿到期债务时，由设立该分支机构的房地产经纪机构对其债务承担清偿责任；分支机构解散后，房地产经纪机构对其解散后尚未清偿的全部债务（包括未到期债务）承担责任。该经纪机构承担责任的形式由经纪机构的组织形式决定，有限责任公司和股份有限公司以其全部财产承担有限责任，合伙机构和个人独资房地产经纪机构承担无限连带责任。国外房地产经纪机构的分支机构撤销、解散及债务的清偿等程序都按照中国的法律进行。国内房地产经纪机构经国内房地产经纪机构所在地主管部门及拟设立分支机构的境外当地政府主管部门批准，也可以在境外设立分支机构。分支机构是否具有法人资格视分支机构所在地法律而定。分支机构撤销、解散及债务的清偿等程序按照分支机构所在地法律进行，但不应该违反中国法律。

（2）不同业务类型的房地产经纪机构

从业务类型来看，房地产经纪机构大体上可以分为四种：

①实业型房地产经纪机构

实业型房地产经纪机构是以租售、代理、居间为重点的经纪机构，通常可以根据业务类型的不同分为代理机构和居间机构。其中房地产代理机构主要是以新建商品房销售代理为主要业务，而房地产居间机构则以二手房租、售的居间业务为主。目前我国市场上存在的数量最多的实业型房地产经纪机构既不是以新建商品房销售代理为主要业务的代理机构，也不是以二手房租、售的居间业务为主的居间机构，而是代理与居间并重，兼营新建商品房的销售代理和二手房的租售居间业务。

②顾问型房地产经纪机构

顾问型房地产经纪机构是以房地产营销策划、投资咨询为重点的经纪机构。该种类型的房地产经纪机构主要为房地产开发商和大型房地产投资者提供营销策划、投资分析等咨询类服务，并承担相关房地产的代理销售式居间，因此顾问型房地产经纪机构主要定位于大型的国际酒店、写字楼、商铺、工业楼宇市场，要求其对房地产市场的研究和认识较为全面、层次高、程度深。

③管理型房地产经纪机构

管理型房地产经纪机构的经纪业务主要局限于其上级开发商推出的各类楼盘的租售代理及物业管理，适当兼营其他开发商的物业代理业务。此类机构专注于物业管理服务，在楼宇规划、建设、销售、管理等方面往往积累了比较丰富的经验。

④综合型房地产经纪机构

综合型房地产经纪机构涉足于房地产服务业的多个领域，如经纪、估价、咨询、培训等，是一种综合性的房地产服务机构。这类经纪机构在英国和中国香港地区较多，目前中国大陆也有少数大型房地产经纪机构正朝这个方向发展。

此外，还可以根据经纪规模大小的不同，将房地产经纪机构分为小型房地产经纪机构和大、中型房地产经纪机构。在小型房地产经纪机构里，管理工作相对较少，房地产经纪机构所有人，除要处理必要的行政管理工作外，还要做很多的销售工作；在这样的机构里，只有很少的专职或者兼职的工作人员在做一些后勤服务工作。与小规模的房地产经纪机构相比较，大、中型房地产经纪机构设立了一些专门的业务部门，一般有财务部、成交结算部、抵押贷款部，这些部门专门为销售人员服务，使销售人员能专心致力于销售工作。其中成交结算部主要的工作是对经纪人签订的合同进行审核，对相关的金额进行核对、确认；抵押贷款部主要是负责为买房人提供抵押贷款方面的服务。

2.1.2 房地产经纪机构设立的条件和程序

1.房地产经纪机构设立应当具备的条件

从事房地产经纪业务，应当设立房地产经纪机构。《中华人民共和国城市房地产管理法》第四章第五十七条明确规定：房地产中介服务机构包括房地产咨询机构、房地产价格评估机构、房地产经纪机构等。房地产经纪机构作为房地产中介服务机构的一种，其设立首先应具备房地产中介服务机构设立时应具备的条件。《中华人民共和国城市房地产管理法》第五十八条明确规定房地产中介服务机构应当具备的条件：①有自己的名称和组织机构；②有固定的服务场所；③有必要的财产和经费；④有足够数量的专业人员；⑤法律、行政法规规定的其他条件。设立房地产中介服务机构，应当向工商行政管理部门申请设立登记，领取营业执照后，方可开业。

房地产经纪机构，除了具有房地产中介服务机构的共性外，兼有房地产业和经纪业的双重特点，受到两个行业的双重制约。其设立的具体条件如下：

首先，房地产经纪机构的设立应符合中华人民共和国公司法、合伙企业法、个人独资企业法、中外合作经营企业法、中外合资经营企业法、外商独资经营企业法等法律法规及其实施细则和工商登记管理的规定。

其次，房地产经纪机构的设立还必须具有足够的专业人员，具体规定如下：

（1）以公司形式设立的房地产经纪机构，应当有3名以上持有《中华人民共和国房地产经纪人执业资格证书》的专职人员和3名以上持有《中华人民共和国房地产经纪人协理资格证书》的专职人员。

（2）以合伙企业形式设立的房地产经纪机构，应当有2名以上持有《中华人民共和国房地产经纪人执业资格证书》的专职人员和2名以上持有《中华人民共和国房地产经纪人协理资格证书》的专职人员。

（3）以独资企业形式设立的房地产经纪机构，应当有1名以上持有《中华人民共和国房地产经纪人执业资格证书》的专职人员和1名以上持有《中华人民共和国房地产经纪人协理资格证书》的专职人员。

房地产经纪机构的分支机构，持有《中华人民共和国房地产经纪人执业资格证书》和《中华人民共和国房地产经纪人协理资格证书》的专职人员的数量应按有关规定执行。

最后，应符合拟设立的房地产经纪机构所在地政府有关管理部门的相关规定。

例如：云南省房地产经纪机构管理办法第九条规定：申请房地产经纪机构从业批准书的单位，应当具备下列条件：

（1）有固定的经营场所，且面积不少于$20m^2$。

（2）注册资金15万元以上。

（3）以房地产经纪为主营业务。

（4）有符合下列条件之一的下列人员。

①持有房地产经纪人资格证并经注册有效的人员不少于2名。

②持有房地产经纪人资格证并经注册有效的人员不少于1名，持有房地产经纪人协理资格证并经注册有效的人员不少于3人。

③持有房地产经纪人协理资格证并经注册有效的人员不少于5人。

（5）法律、法规、规章规定的其他必要条件。

2. 房地产经纪机构设立的程序

符合房地产经纪机构设立条件的机构，可以由申请人向当地工商行政管理部门申期设立登记，领取营业执照。在登记申请之前，必须先由房地产行政主管部门对其人员条件进行前置审查，经审查合格后，再向当地工商行政主管部门申请办理工商登记。建住房［2006］321号文件规定，房地产经纪机构（含分支机构）和交易保证机构应当自领取营业执照之日起 30 日内，到工商登记所在地的市、县房地产管理部门备案，房地产管理部门应当出具备案证明，并要求房地产管理部门及时将已备案的房地产经纪机构的名称、住所、法定代表人、注册资本、注册房地产经纪人及房地产经纪人协理等信息向社会公布，供房地产交易当事人选择。房地产经纪机构备案信息变更的，应当在变更之日起 30 内，向原备案机关办理变更备案手续。

2.1.3 房地产经纪机构的权利和义务

1. 房地产经纪机构的权利

(1) 享有工商行政管理部门核准的业务范围内的经营权利，依法开展各项经营活动，并按规定标准收取佣金。

(2) 可向房地产管理部门提出实施专业培训的要求和建议。

(3) 按照国家有关规定制订各项规章制度，并以此约束在本机构中执业经纪人的执业行为。

(4) 由于委托人的原因，造成房地产经纪机构或房地产经纪人的经济损失的，有权向委托人提出赔偿要求。

(5) 委托人隐瞒与委托业务有关的重要事项、提供不实信息或者要求提供违法服务的，房地产经纪机构有权中止经纪业务。

(6) 法律、法规和规章规定的其他权利。

2. 房地产经纪机构的义务

(1) 依照法律、法规和政策开展经营活动。

(2) 认真履行房地产经纪合同，督促房地产经纪人认真开展经纪业务。

(3) 维护委托人的合法权益，按照约定为委托人保守商业秘密。

(4) 严格按照规定标准收费。

(5) 接受房地产管理部门的监督和检查。

(6) 依法缴纳各项税金和行政管理费。

(7) 法律、法规和规章规定的其他义务。

2.1.4 房地产经纪机构的注销

房地产经纪机构的注销，包括备案证书的注销和营业执照的注销。房地产经纪机构终止房地产经纪活动的，应当在注销工商登记或被吊销营业执照之日起 30 日内，向原备案机关办理撤销备案手续，逾期不办理视为自动撤销。房地产经纪机构的注销，标志着其主体资格的终止。注销后的房地产经纪机构不能再从事房地产经纪业务，注销时尚未完成的经纪业务应与委托当事人协商处理，可以转由他人完成，也可以终止合同并赔偿相应损失，在符合法律规定的前提条件下，经当事人约定，也可以采用其他方法。

2.2 房地产经纪机构的经营模式

房地产经纪机构的经营模式是指房地产经纪机构承接及开展业务的渠道和其外在表现形式。根据房地产经纪机构是否通过店铺来承接和开展房地产经纪业务，可以将房地产经纪机构的经营模式分为无店铺模式和有店铺模式。

2.2.1 无店铺经营模式

无店铺经营模式的房地产经纪机构并不依靠店铺来承接业务，而是主要靠业务人员乃至机构的高层管理人员直接深入各种场所与潜在客户接触来承接业务。这类机构通常有两种：一种是以个人独资形式设立的房地产经纪机构，另一种是面向机构客户和大宗房地产业主的房地产经纪机构，如专营新建商品房销售代理的房地产经纪机构。

无店铺经营模式的房地产经纪机构不依靠店铺来承接业务并不表明其没有办公场地，通常对于面向机构客户和大宗房地产业主的房地产经纪机构是拥有自己的办公场所的，其所代理的新建商品房的售楼处，并不是房地产经纪机构的店铺，也不是其固定的办公场所。而对于个人独资形式设立的房地产经纪机构，由于其所面对的客户大多是零星客户，如单宗房地产业主、住房消费者等，因此他们往往没有固定的办公场所。

另外，随着信息技术的广泛应用以及计算机和互联网的普及，网络正在影响着人类生产、生活的各个领域和方面，并且对传统的生产生活方式产生了革命性的变革。基于互联网的无店铺经营模式正被越来越多的房地产经纪机构所广泛采用，由于电子商务在信息传播、发布房地产市场信息和出售物业的过程中充分体现信息量大、覆盖地域广、传播速度快、节省人力财力等优势，一些经济专家认为，基于现代信息技术的电子商务会给房地产经纪带来无限的商机。如 2004 年开始在互联网上萌芽的“网络独立房产经纪人”模式，他们在网上挂牌经营，实现无店铺经营模式。

2.2.2 有店铺经营模式

有店铺经营模式的房地产经纪机构通常依靠店铺来承接业务，通常是面向零散房地产业主和消费者，从事二手房买卖居间和房屋租赁居间、代理的房地产经纪机构。其中，又可以根据店铺数量的多少分为单店铺模式、多店铺模式和连锁店模式。其中单店铺模式是指房地产经纪机构只拥有一家店铺，此店铺通常也是房地产经纪机构唯一的办公场所，这是目前大多数小型房地产经纪机构所采取的形式。多店铺模式是指一家房地产经纪机构拥有两个或两个以上店铺的模式，通常一些小型的房地产经纪机构在有了初步发展以后，都采取这种多店铺的模式来扩大自己的规模。房地产经纪机构采取多店铺模式，通常会设立分支机构对店铺进行管理，这些店铺常常是各自独立经营的。由于目前我国房地产经纪业处于初步发展阶段，单店铺模式和多店铺模式目前是市场的主体，并将会在今后相当长一段时间内继续存在。连锁店模式是一些大型的房地产经纪机构所采取的经营模式，他们通常拥有十几家、几十家甚至上百家的店铺，店铺之间采取信息共享、连锁经营的方式。这一模式包括直营连锁经营模式和加盟连锁经营模式。

1. 直营连锁经营模式

直营连锁经营模式是指由同一公司所有，统一经营管理，具有统一的企业识别系统，实行集中采购和销售，由两个或两个以上连锁分店组成的一种经营形式。房地产经纪机构采取"直营连锁经营模式"进行扩张，所有的成本投入必须由母公司承担，比如开设门店的装修费用、租金、员工工资等，目前就市场现状而言，比较成功的大型中介机构大都采取直营连锁模式以保证服务质量。

与一般零售的连锁经营有所不同，现代房地产经纪机构连锁经营的目的主要是获得更多信息资源，并借助网络技术实现运营成本的降低，企业可通过统一的信息管理、统一标准化管理和统一广告宣传形成规模效益。例如，"麦田房产"所有分店属直营分店，所属一个法人代表，采取统一标准化管理模式。

2. 特许加盟连锁经营模式

特许加盟连锁是将连锁经营与特许经营相结合的一种经营模式，它提供特许经营的方式来开设一家又一家的连锁店，而非像直营连锁经营那样由母公司直接投资并拥有各连锁店。

特许经营起源于美国，是指特许者将自己拥有的商标（包括服务商标）、商号、产品、专利和专有技术、经营模式等以特许经营合同的形式授予被特许者使用。被特许者按照合同规定，在特许者统一的业务模式下从事经营活动，并向特许者支付相应费用。特许经营具有以下 4 个共同点：

（1）特许者对商标、服务标志、独特概念、专利、经营诀窍等拥有所有权。

（2）权利所有者授权其他人使用上述权利。

（3）在授权合同中包含一些调整和控制条款，以指导受许人的经营活动。

（4）受许人需要支付权利使用费和其他费用。

特许经营能在全球范围内得到广泛的应用和发展，其主要原因在于特许经营作为一种企业经营管理模式，有利于企业的快速发展、成长和扩张。一方面，对于特许人而言，可以不受资金的限制，迅速扩张规模，在当今经济全球化的趋势下，更可以加快国际化的发展战略。特许人还可以降低经营费用，集中精力提高企业管理水平。另一方面，对于那些资金有限，缺乏经验，但又想投资创业的人而言具有极强的吸引力，因为一旦加盟实现特许经营的企业，就可以得到一个已被实践检验行之有效的商业模式和经营管理办法，以及一个价值很高的品牌的使用权，还可以得到特许人的指导和帮助，这些都将大大降低投资创业风险。

目前，我国从事特许加盟的房地产经纪公司主要有“二十一世纪不动产”、“我爱我家”等一些知名品牌房地产经纪公司，其中“我爱我家”的特许授权是一级区域授权，即由我爱我家总部在中国范围内以市（包括房地产发展良好的县级市）为单位，作为一个授权区域，在当地选择唯一一家具有良好资金实力、熟悉当地房地产市场、有意愿在房地产中介领域拓展事业的公司或投资者作为区域加盟商，在其被授权区域采用“我爱我家”颇有成效的业务拓展模式开展房地产经纪活动。

2.3 房地产经纪机构的组织形式

2.3.1 房地产经纪机构的组织结构

1. 直线职能制组织结构形式

直线职能制组织结构形式是在直线制和职能制组织结构形式基础上，取长补短而建立起来的。这种组织结构形式将企业管理机构和人员分为两大类：一类是直线领导机构和人员，按命令统一原则对组织各级行使指挥权；另一类是职能机构和人员，按专业化原则，从事组织的各项职能管理工作。直线领导机构和人员在自己的职责范围内有一定的决定权和对所属下级的指挥权，并对自己部门的工作负全部责任。而职能机构和人员，则是直线指挥人员的参谋，不能直接对部门发号施令，只能进行业务指导。这种组织结构形式既克服了直线制管理者负担较重的缺点，又弥补了职能制多头领导的缺点，是目前被广泛采用的一种组织结构形式。

这种结构形式的优点是：既保证了企业管理体系的集中统一，又可以在各级行政负责人的领导下，充分发挥各专业管理机构的作用。

其缺点是：

（1）高层管理者高度集权，难免决策迟缓，对环境变化的适应能力差。

（2）只有高层管理者对组织目标的实现负责，各职能机构都只有专业管理的目标。

（3）职能机构和人员相互间的沟通协调性差，各自的观点有局限性。

（4）不利于培养高层管理者的后备人才。

2. 事业部制组织结构形式

对于一些大型的房地产经纪机构来说，由于规模很大，业务繁多，不适于采用高层管理者高度集权的直线职能制，这就需要采取事业部制组织结构形式，如图2-1所示。这一形式的特点是在高层管理者之下按商品类型、地区或顾客群体设置若干分部或事业部，由高层管理者授权事业部处理日常业务活动的权力，每个事业部实行单独核算，独立经营，公司总部只保留人事决策、预算控制和监督大权，并通过利润等指标对事业部进行控制。

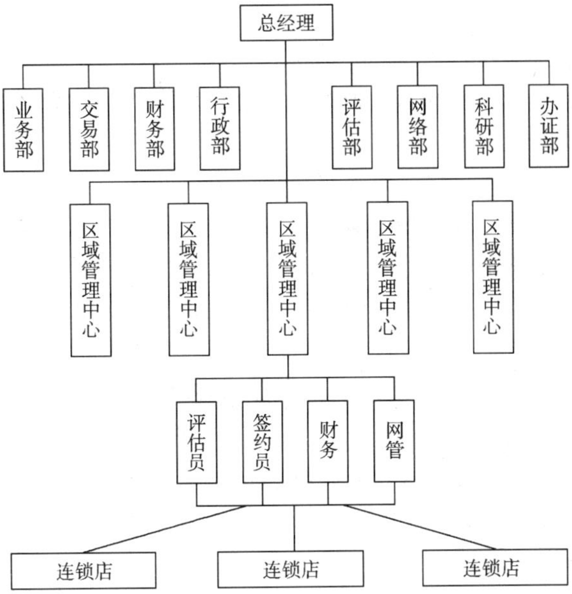

图 2-1　某房地产经纪机构事业部制组织构架示意图

事业部组织结构形式的优点是：

（1）各事业部有较大的自主经营权，有利于发挥事业部管理者的积极性和主动性，增强适应环境变化的能力。

（2）有利于高层管理者摆脱日常事务，集中精力抓全局性、长远性的战略决策。

（3）有利于加强管理，实现管理的有效性和高效率。

（4）有利于培养高层管理者的后备人才。

其缺点是：

（1）职能部门重叠，管理人员增多，费用开支大。

（2）若分权不当，易导致事业部各自为政，损害组织整体利益和目标。

（3）各事业部之间的横向联系和协调较难。

3. 矩阵制组织结构形式

在组织结构上把既有按职能划分的垂直领导系统，又有按产品（项目）划分的横向领导关系的结构，称为矩阵制组织结构形式。

矩阵制组织结构形式是为了改进直线职能制横向联系差、缺乏弹性的缺点而形成的一种组织结构形式。它的特点表现在围绕某项专门任务成立跨职能部门的专门机构上。对于大型的房地产经纪机构，由于业务量大，不同区域市场特点不同，常常需要按区域分片设置的常设性管理部门，并通过这些部门来整合各职能部门的人员。因此，常常可以看到专业性职能部门、按房地产类型或区域分设的事业部和各种临时的项目部门同时并存。

矩阵制组织结构形式的优点是：机动、灵活，可以随项目的开始与结束进行组织或解散。由于该组织结构形式是根据项目进行设立的，任务清楚，目的明确，各方面有专长的人是有备而来，因此在新的工作组里，能有效沟通、融合，能把自己的工作同整体工作联系在一起，为攻克难关，解决问题而献计献策。由于从各方面抽调来的人员有信任感、荣誉感，易于使他们增强责任感，激发工作热情，促进项目的实现。同时，它还能加强不同部门之间的横向联系、不同部门之间的配合和信息交流，克服直线职能制组织结构中各部门相互脱节的问题。

矩阵制组织结构的缺点：项目负责人的责任大于权力，由于没有足够的激励手段和惩罚措施，项目负责人对项目成员的管理难度较大。同时，双重领导违反统一指挥原则，会导致职责不清，部门之间互相扯皮的现象。另外对于项目组成员来说，由于来自各个职能部门，当任务完成之后仍要回原来的单位，因而容易产生不稳定情绪，对工作会有一定的影响。

4. 网络制组织结构形式

网络制是一种最新的组织结构形式，公司总部只保留精干的机构，将原有的一些基本职能，如市场营销、生产、研发等都分包出去，由自己的附属企业或其他独立企业去完成。在这种组织结构形式下，公司成为一种规模较小，可以发挥主要商业职能的核心组织——虚拟组织，依靠长期分包合同和电子信息系统同有关各方建立紧密联系。与传统的组织结构依靠各职能部门来完成公司各项工作不同，在网络制的组织结构形式下，经纪机构从组织外部寻找各种资源，来执行各项职能。

网络制组织结构形式的优点是：这种组织结构形式给予组织以高度的灵活性和适应性，特别适合科技进步快，消费时尚变化快的外部环境，组织可以集中力量从事自己具有竞争优势的那些专业化活动。

它的缺点是：将某些基本职能外包，必然会增加控制上的难度，会对外包业务缺乏强有力的控制。因此，采用这种组织结构形式的机构管理人员的大部分时间将会用于协调和控制外部关系上。

每一种组织结构形式都有它的优点和缺点，在运用中应根据企业的战略、规模、技术、环境等因素进行综合考虑，注意扬长避短，灵活运用，克服各种组织结构形式的缺陷。在组织结构设计中，要充分考虑控制跨度以及集权与分权之间的关系。从现在流行的趋势来看，即使在传统的组织结构形式中，也开始出现控制跨度加宽，结构扁平化以及分权化的趋势。这种变化趋势都是为了应付激烈竞争情况下出现的纷繁复杂的市场变化，尽可能快地做出反应，与传统的组织结构形式相比更加灵活。

2.3.2 房地产经纪机构的部门设置

不同类型的房地产经纪机构，其部门的设置会有很大的差异，但不论差异有多大，各类房地产经纪机构的部门不外乎以下四种类型：业务部门、业务支持部门、客户服务部门和其他部门。

1. 业务部门

业务部门一般由隶属于公司总部的业务部门和分支机构构成。

(1) 公司总部的业务部门

在没有连锁店的经纪机构中，业务部门是指直接从事经纪业务的部门。而在有连锁店的经纪机构中，其业务部门的主要工作是业务管理和负责规模、资金较大的业务项目。两者略有区别。在一般情况下，公司总部的业务部门可以根据需要进行不同的设置。

①根据物业类型的不同进行设置。由于不同类型的房地产在交易过程中客户对象、需求、交易手续等许多方面都具有不同的特性，所以，可以根据房地产类型来设置房地产经纪机构的业务部门，如住宅部、办公楼部、商铺部等，每一个部门都负责各自类型的房地产经纪业务。

②根据业务类型不同进行设置。例如根据业务类型不同可以划分为置换业务部、租赁部、销售部等部门。

③根据业务区域范围进行设置。例如根据业务覆盖范围的不同可以划分为东区业务部、西区业务部、南区业务部、北区业务部等。

(2) 分支机构

分支机构，主要是连锁店。连锁店必须有一名以上取得房地产经纪人执业资格的房地产经纪人。没有取得房地产经纪人执业资格或有效执业资格的房地产经纪机构的分支机构从事房地产经纪业务活动都是违规的。

2. 业务支持部门

业务支持部门主要是指为房地产经纪业务的开展提供必须支持及保障的一些部

门，包括交易管理部、评估部、网络信息部、研究拓展部、办证部等。这些部门的设置通常可以根据公司规模及其实际情况的不同做一定的调整。

(1) 交易管理

房地产经纪机构要对所属经纪人的行为承担法律责任。交易管理部主要负责对房地产经纪人与客户之间签订的合同进行管理，维护经纪机构的利益。

(2) 评估部

评估部主要是对某些需要提供价格意见的业务出具参考意见，此参考意见仅作为交易方的参考，不具有法律效力。

(3) 网络信息部

信息对于房地产经纪机构的意义十分重大，是开展房地产经纪业务的基础，没有信息，房地产经纪机构也就失去了市场立足之本，因此，信息管理也就显得更加重要。网络信息部的主要职责是负责信息系统软硬件的管理和维护。

(4) 研究拓展部

研究拓展部主要负责市场调查分析，原业务调整方案的制定，新业务品种的研究等工作。

(5) 办证部

办证部主要负责为客户到房地产交易中心办理房地产权证过户、合同登记备案，以及协助客户办理有关商业贷款、公积金贷款申请手续等。

3. 客户服务部门

客户服务部门的任务包括客户服务以及受理客户的投诉，同时也包括对经纪人业务行为的监督，因此，这里所说的客户服务部门是一个综合性的部门。该部门的设置主要是因为经纪业作为一个服务性行业，绝不是“一锤子买卖”，其售后服务是十分重要的，这直接关系到房地产经纪机构的形象。其中对经纪人行为的监督则是保障经纪人在提供服务时能够严格按照公司的要求提供规范服务。

4. 其他部门

经纪机构的其他部门主要是指一些常设部门，如行政部门、人事部门、财务部门等。其中行政部门主要负责公司的日常行政工作和事务性的工作；人事部门主要负责公司的人事考核、人员奖惩、制定员工培训方案，制定员工福利政策等事务；财务管理部门主要负责公司的账务及佣金、奖金结算等工作。

2.4 房地产经纪机构的人员管理

房地产经纪机构应当建立和健全各项内部管理制度，加强内部管理，规范自身执业行为，监督指导房地产经纪人员及相关辅助人员认真遵守房地产经纪执业规则，对房地产经纪人员的违法行为进行干预并采取必要的补救措施，依法对房地产经纪人员的业务行为承担责任。

2.4.1 房地产经纪人员与房地产经纪机构之间的关系

房地产经纪机构是房地产经纪人员进行房地产经纪执业活动的载体，是房地产经纪活动的组织者。

房地产经纪人员与房地产经纪机构之间的关系主要表现在以下三个方面：

1. 执业关系

一方面，房地产经纪人员从事房地产经纪活动必须以房地产经纪机构的名义进行，而不是以自己的名义进行；房地产经纪机构统一进行房地产经纪业务的承接，并由房地产经纪机构与委托人之间签订经纪合同，再由房地产经纪机构指定具体的房地产经纪人承办房地产经纪业务；另一方面，房地产经纪机构必须由房地产经纪人组成。根据一般规定，不论是设立房地产经纪公司、房地产经纪合伙企业、房地产经纪个人独资企业，还是设立房地产经纪机构的分支机构，都必须有规定数量的持有《中华人民共和国房地产经纪人执业资格证书》的房地产经纪人员和一定数量的持有《中华人民共和国房地产经纪人协理资格证书》的人员。由此可见，没有房地产经纪人员的加入，房地产经纪机构也是无法成立的。

2. 法律责任关系

由于房地产经纪业务一般是由房地产经纪机构统一承接的，房地产经纪合同是在委托人和房地产经纪机构之间签订的，因此，一方面房地产经纪人员在执业活动过程中由于故意或过失给委托人造成的损失，由房地产经纪机构统一承担责任，房地产经纪机构向委托人进行赔偿后，可以对承办该业务的房地产经纪人进行追偿；另一方面，由于委托人的故意或过失给房地产经纪机构或房地产经纪人员造成损失的，应由房地产经纪机构向委托人提出赔偿请求，委托人向房地产经纪机构进行赔偿后，再由房地产经纪机构对房地产经纪人员的损失进行补偿。房地产经纪业务的特点决定了房地产经纪人员执业的流动性比较大，由经纪机构统一承接经纪业务并承担法律责任有利于保护委托人、房地产经纪人员和房地产经纪机构三方的合法权益，也利于促进房地产经纪机构加强对其执业经纪人员的监督和管理。

3. 经济关系

由于房地产经纪业务是由房地产经纪机构统一承接的，房地产经纪合同是由房地产经纪机构和委托人之间签订的，因此，佣金也是由房地产经纪机构统一向委托人收取，并由房地产经纪机构出具发票。房地产经纪机构收取佣金后按照合同约定给予具体承接和执行房地产经纪业务的房地产经纪人员报酬，具体的报酬形式可以根据经纪机构和房地产经纪人员之间签订的合同来定，可以采取计件也可以根据标的提成。

2.4.2 房地产经纪机构岗位设置

1. 房地产经纪机构岗位设置的基本原则

“因事设岗，因岗设人”是房地产经纪机构内部岗位设置的基本原则。房地产经纪机构采用这一原则进行岗位设置，是以经纪机构业务流程为基础，在对业务流程进行细致分析的基础上定编定员，保证每一个岗位都有明确清晰的功能，能够充分发挥这一岗位的作用。因此，每一岗位在设立时应该阐明其主要的工作职责，主要的目标、任职条件、培训需求、执业规划等，做到详细、清晰和准确地描述这个岗位应该具体做哪些工作，而不能采用笼统描述方法，以避免职责不明带来的岗位设置重叠、工作互相推诿和效率低下等问题。

其次，工作内容的丰富化也是房地产经纪机构岗位设置时不容忽视的一条重要原则。在岗位设置中，如果过分强调岗位和工作分工的专业化，则会造成每一岗位的工作内容过于固定、呆板，这种设计往往不利于员工的成长，也不利于员工主观能动性的发挥。而工作内容的丰富化，不仅有利于提高员工工作的积极性、独立性、自由度和责任感，而且有利于员工在工作中及时发现不足，了解自己的绩效状况，并加以改进。

2. 主要岗位

(I) 销售序列

(1) 销售员岗位

销售员岗位其直接上级是：案场销售经理（房地产代理机构）或是连锁店经理（房地产居间机构）。

销售员岗位主要的工作职责是：

①全力完成公司下达的各项工作指标。

②自觉遵守公司规章制度，对同事的不良行为不包庇，不纵容。

③积极参加公司对员工的各项专业知识方面的培训并争取优良成绩。

④培养良好的团队合作精神，提高工作效率。

⑤爱护公司财产，看到他人破坏行为及时阻止。

⑥接洽客户热情、周到，保证自己的服务让客户满意，遇事不与客户争执并及时向上级汇报。

⑦妥善保管销售手册并确保其内容不外泄。

⑧主动配合公司做好针对所在销售个案的调研工作。

⑨认真做好客户登记并确保资料的准确性。

⑩认真填写各类表单，确保内容及数据的准确性。

⑪高资历销售员主动提携帮助其他浅资历的销售员，完成团队及个人指标。

⑫严格遵守公司保密制度，维护公司利益。

⑬贯彻实施部门制定的关于公司稽核发现问题的改进计划。

⑭个案销售结束后，主动、积极配合市场部做好各类市场调研工作。

（2）案场销售经理岗位

案场销售经理岗位的直接上级是销售副总经理。其主要工作职责是：

①负责整个案场的管理工作，协调与甲方及施工单位在销售过程中的关系。

②严格执行各项案场工作守则及作业流程。

③具有高尚品质，良好的职业道德及行为准则；对公司忠诚，杜绝各种不良习气及损害消费者与公司利益行为的发生。

④具有良好的沟通及协调组织能力，对内做好带头表率、上传下达，关心下属员工，为其解决工作中遇阻问题，培训案场人员团队精神。

⑤具备全面广泛的专业知识能力；熟悉房地产政策、法规、房地产市场发展趋势、本市各区房地产地域分布；积累丰富的房地产知识，能从专业的角度分析产品的特征、特性；具有敏锐的判断力及商务谈判技巧。

⑥具有一定的业务培训能力及管理能力；带领团队按时完成公司布置的业绩指标任务，在工作中协助上级领导依据实际情况调整原有的工作程序、管理制度，使各项工作更趋合理化、规范化。

⑦项目前期做好市场调查分析，配合相关部门制定合理的企划计划与销售计划；统一销售口径，组织小组人员产品培训；做好项目筹备工作。

⑧项目中建立完整的项目销售档案及客户档案；能主动积极配合领导完成各项工作；制定周、月工作计划并每周、月进行总结；协助发展商处理订金、合同、按揭等工作；反馈客户意见及市场动态。

⑨销售经理对所有案场工作人员有上岗考核、业务评定、建议停职或推荐调升的权力。

⑩完成销售任务后协助做好个案结案报告，并带领销售员做好公司交办的新任务。

（3）连锁店经理岗位

连锁店经理岗位的直接上级是销售副总经理。其主要工作职责是：

①根据公司的授权负责该连锁店业务的运营及管理。

②执行公司的有关业务部署。

③负责对连锁店人员的管理和工作评估并及时将有关情况报告公司的有关负责部门。

(4) 销售副总经理岗位

销售副总经理岗位的直接上级是总经理。其主要工作职责是：

①负责领导各个案销售经理的工作，对各个案实施宏观管理、控制。

②负责销售员及各种资源在各案场中的配置。

③负责组织各项目的前期谈判和准备工作，以及项目营销方案的审定。

④负责销售员、案场经理的佣金的发放、审核等工作。

(II) 研发序列

(1) 项目开发岗位

项目开发岗位的直接上级是所在部门的部门经理。其主要工作是捕捉商机，即针对各种渠道得来的信息进行项目跟踪，与潜在客户进行初步洽谈，形成某种意向后提交给上级。

(2) 市场调研岗位

市场调研岗位的直接上级是所在部门的部门经理。其主要工作包括：专案市调、热点楼盘市调和开发市调。其中专案市调指根据公司项目做的市场调查；热点楼盘市调指围绕市场上新项目、比较大型个案等做的市场调查工作；开发市调则是通过平时市调对未开盘个案、地块等信息的积累为开发做一定的基础工作。

(3) 信息管理岗位

信息管理岗位的直接上级是所在部门的部门经理。其主要工作是负责公司内部初期的商机信息及收集工作。

(4) 专案研究岗位

专案研究岗位的直接上级是所在部门的部门经理。其主要工作是对公司项目进行市场专案研究，并撰写研究、策划报告。

(5) 市场研究岗位

市场研究岗位的直接上级是所在部门的部门经理。其主要工作是针对房地产市场情况，包括供求情况、交易情况、政策法规等进行总体研究，并撰写研究报告。

(III) 管理序列

(1) 部门经理岗位

部门经理岗位的直接上级是分管副总经理。其主要工作是：具体负责房地产经纪机构内各部门的工作计划制定、工作安排，监控各部门的工作进度，考核本部门的工作人员。

(2) 副总经理岗位

副总经理岗位的直接上级是总经理。其主要工作是参与机构整体工作计划的制定，协助总经理分管房地产经纪机构内某一个或几个方面的工作。

(3) 总经理岗位

其主要工作是：负责房地产经纪机构的全面管理，包括组织制定和调整机构经营模式、内部组织结构、内部管理制度和任免各岗位的工作人员等。总经理对董事会或投资人负责。

(Ⅳ) 业务辅助序列

(1) 办事员岗位

办事员岗位其直接上级是所在部门的部门经理。主要工作是：经办产权登记、办理抵押贷款等与业务有关的相关事务。

(2) 咨询顾问岗位

咨询顾问岗位的直接上级是所在部门的部门经理。其主要工作：在一些规模较大的机构内，为提高服务质量，专门聘请具有专业知识和经验丰富的人员为客户提供信息、法律等方面的咨询。

(Ⅴ) 辅助序列

主要包括会计、出纳，较大规模的房地产经纪机构内通常还有秘书、接应台服务生、保安、司机、保洁员等岗位以辅助机构的运行。

2.4.3 房地产经纪机构人员管理的主要内容

1.房地产经纪机构人员管理的基本原则

房地产经纪机构的成功，其关键因素之一是拥有一支高素质的员工队伍。因此，房地产经纪机构对人员的管理尤显重要。

第一，保证每个岗位的人员都具有适当的任职资格。根据每个岗位的需要配置合适的人员，尽量做到量才施用；

第二，注重对员工在岗位中的再学习和再培训。房地产经纪机构应当加强对房地产经纪人员的职业道德教育和业务培训，鼓励和支持房地产经纪人员参加行业组织举办的继续教育等活动，促使其不断增长专业知识，提高专业胜任能力，维护良好的专业形象；

第三，不要姑息员工一些细小的违规行为。在员工的日常行为中，往往会有细小的不规范的地方，在平时管理中，有的管理者可能会不以为然，其实这是不可取的，由于经纪活动的特殊性，防微杜渐显得非常重要。只有在平时的日常行为中严格管理，才能保证服务的规范性和统一性；

第四，机构的高层管理者要以身作则。在一个企业系统中，基层理念是上层理念的反映，因此作为企业的经营管理者对于服务的理念将在很大程度上决定基层员工的行为。作为机构的领导在各方面都要注意平时的言行，因为领导言行其实是在向员工传达某些信息；

第五，控制好一些关键岗位。控制好合同管理、信息管理等关键性岗位，其实也就在很大程度上规范员工的行为。

2. 房地产经纪机构人员管理的主要内容

（1）训练

一般情况下，训练方式可以采取讲授、案例讨论、实战模拟等方式来进行。训练中通常应涵盖产品知识、市场知识、公司政策及营业方针以及营销技巧等方面的知识。

（2）评估

按照有关标准对每一位员工进行评估，衡量其是否是一名合格的房地产经纪人，是房地产经纪机构人员管理的主要内容之一。具体可以参考职业道德、心理素质、礼仪修养、知识结构、职业技能等标准来进行衡量。

（3）薪酬

薪酬直接影响到企业员工的士气和业绩，良好的薪酬制度不但能使企业员工士气旺盛，勇往直前，尽职敬业地为公司服务，而且能吸引其他公司的卓越人员进入本公司服务。研究和设计合理的薪酬制度是促使公司业务成功的关键性因素之一。

薪酬制度的制定要遵循以下原则：

①底薪与奖金分离。

②简明扼要，易于执行。

③管理方便，符合经济原则。

④公平合理，有激励作用。

⑤在同行中有竞争力。

⑥适时修正，能配合商业变动。在内部各类、各级职务的奖酬基准上，适当的拉开距离。

薪酬支付的方式具体可以分为以下几种类型：

①固定薪金制

即有保障底薪，维持最低所得，对企业员工生活有保障，人员流动率最低，与顾客的关系容易保持常态。但其最大的缺点是不具有激励性。

②佣金制

即没有底薪保障，其收入完全视业绩而定，业绩高则薪酬高，业绩低则薪酬低，甚至没有薪酬。佣金制奖励性大，刺激性强，业务员的危机意识强。但由于没有底薪，公司在管理上较为不易，人员流动大。有些业务员有时为了达到业绩，甚至不择手段，严重影响公司信誉。

③混合制

即将固定薪金制和佣金制相结合，采取工资加代理佣金、销售佣金加提成比例等。它容易结合上述两种支付方式的优点，并避免其缺点，是目前房地产经纪机构广为采用的一种薪酬支付方式。

（4）激励

奖酬可以吸引、保留、激励企业所需要的人员，激发员工良好的工作动机，鼓励他们创造优秀的绩效、调动工作的积极性。

首先，可以通过薪金的奖励来激励员工。通过灵活的底薪和业绩结合的薪金制度来调动员工的积极性，可以分别设置个人奖和团体奖。业务员的个人奖励和本人的业务挂钩，而经理和行政助理的奖励可按项目的总销售金额提成；

其次，关注员工的需求。员工的需求可以用多种方法来满足，除了金钱这种最普遍、最快捷的方式外，还可以针对员工在需求方面表现出的异质性灵活地满足员工的具体要求，体现激励的差异性；

再次，员工参与的重要性。现在越来越多的管理学者倡导员工的参与管理。员工，特别是高素质的员工对决策的过程以及自己参与决策的过程越来越有兴趣。员工参与能校正员工在福利方面对于企业的期望，避免期望与现实之间出现太大的差距。通过沟通降低违反契约的可能性，优化员工心理状态。员工有了主动性才会有更高的工作效率。

【案例】　北京市房地产经纪机构申办资质认定的程序

根据北京市房屋土地管理局（现为国土资源和房屋管理局，下同）颁发的《北京市房地产经纪机构管理规定》（京房地市字［1996］第530号），凡在本市行政区域内设立房地产经纪机构，从事房地产转让、抵押、租赁等经纪活动的，必须具备下列基本条件：

1. 有自己的名称、组织机构、章程和健全的财务制度。

2. 有固定的服务场所。

3. 有10万元以上的注册资金（现行规定改为30万元）。

4. 取得《北京市房地产经纪人资格证》和《北京市房地产经纪人助理资格证》的人员须占总人数的50%，其中具有房地产专业人员两名以上（房地产经济师、工民建工程师或房地产估价师）。

申办程序：

一、新设立的房地产经纪机构必须提交下列证明证件的正本或复印件：

1. 向北京市国土资源和房屋管理局所属市场处领取《北京市房地产经纪机构资质审查登记表》。认真、准确，字迹清楚，自行如实地填写表格内容；

2. 工商行政管理部门核发的《企业名称预先核准通知书》；

3. 会计师事务所出具的验资报告；

4. 房地产经纪机构上级主管部门批准文本（无上级主管部门不交）；

5. 房地产经纪机构企业章程；

6. 可行性研究报告；

7. 企业法人代表任职书；

8. 专业技术人员职称证书；

9. 企业主要从业人员身份证或户口簿；

10. 企业办公地址房屋权属证明；承租的房屋须提交产权人加盖印章的房产证复印件和由租赁双方签订的《房屋租赁合同》；

11. 向市国土资源和房屋管理局的申请报告。

二、已在工商行政管理部门注册，增加房地产经纪经营项目的，除提交上述证明证件外，还须提交已在工商行政管理部门注册的《营业执照》副本。

三、申请“三资”房地产经纪机构，除提交上述证明证件外，还须提交市(区)计委、外经贸委批准文件和投资批准证书。

注：1. 上述证明证件复印件要求使用B5复印纸复印；

2. 所需证明证件齐备后，报市国土资源和房屋管理局，在15个工作日内由其书面或口头答复批准与否。凡被批准的经纪机构，予以颁发《北京市房地产经纪机构资质证书》，即可从事房地产经纪服务活动。

本章小结

房地产经纪机构是在具备相应的条件下，按照法定的申请程序进行设立的。房地产经纪机构的无店铺模式和有店铺模式是房地产经纪机构承接及开展业务的渠道及其外在表现形式。一个运行良好的房地产经纪机构必须拥有合理的组织结构和良好的部门设置，同时，应加强建立和健全各项内部管理制度，加强内部管理，规范自身执业行为，监督指导房地产经纪人员及相关辅助人员认真遵守房地产经纪执业规则，对房地产经纪人员的违法违规行为进行干预，并采取必要的补救措施，依法对房地产经纪人员的业务行为承担责任。

我国房地产经纪业随着国民经济和房地产业的日益繁荣而不断地发展，房地产经纪机构作为房地产经纪人从事房地产经纪活动的载体，作为房地产经纪市场的主体，其规范高效的运作是市场发展和完善的重要保证。本章通过对房地产经纪机构的设立、经营模式、组织形式及人员管理的介绍，让读者能清晰地认识和了解房地产经纪机构特点及内容。

练习题

1. 房地产经纪机构主要有哪几种类型？
2. 房地产经纪机构的主要权利和义务有哪些？
3. 房地产经纪机构的设立程序有哪些，应符合什么样的条件？
4. 房地产经纪机构的组织结构有哪些形式？
5. 房地产经纪机构内的主要岗位有哪些？
6. 房地产经纪机构的经营模式有哪几种？
7. 房地产经纪人员与房地产经纪机构之间的关系？
8. 房地产经纪机构人员管理的主要内容？

第3章 房地产经纪行业管理

房地产经纪行业管理是房地产经纪行为有序进行及不断完善的基础，房地产经纪行业要想适应房地产市场发展的需要，必须要加快建立和完善房地产经纪行业的管理模式和发展路径。

3.1 房地产经纪行业管理概述

3.1.1 房地产经纪行业管理的含义与作用

房地产经纪行业管理是由有关政府主管部门、房地产经纪行业组织对房地产经纪活动的主体、运作方式等实施的管理，其目的在于规范房地产经纪活动，并协调房地产经纪活动中所涉及的各类当事人之间的关系。

国家、省（自治区、直辖市）以及设区的市应当建立房地产经纪行业组织，对房地产经纪行业实施自律管理。地方性房地产经纪行业组织应当接受全国性房地产经纪行业组织的指导。

房地产经纪行业管理是社会事务管理的一个组成部分，因此，它的基本作用就是维护社会整体利益，即通过管理房地产经纪活动，使其能符合社会整体规范，并能最大限度地增进社会福利。就目前的情况看，通过房地产经纪行业管理来规范房地产经纪服务活动，有助于提高房地产有效供给，提高房地产开发效益，可以进一步改善房地产特别是住宅的流通环节，以利于通过市场机制来促进房地产经济活动及其他相关经济活动的效益，从而促进房地产业的发展，提高居民住宅消费的总体质量水平。其次，房地产经纪行业管理作为一种行业管理，可以协调行业内部各主体之间以及行业与社会其他主体之间的关系，促进行业整体的高效运作和持续发展，维护和提高行业的整体利益。从发达国家和地区的实践情况来看，房地产经纪行业管理较好的地方，房地产经纪行业经济效益就较高，其从业人员的社会形象和社会地位也比较高，整个行业的发展也比较快。反之，房地产经纪行业管理水平欠佳的地方，房地产经纪行业的经济收益就比较低，其从业人员的社会形象和社会地位也较低，行业发展的障碍也较多。

3.1.2 房地产经纪行业管理的原则

1. 营造良好的环境，鼓励行业发展

房地产经纪行业是一个需要鼓励发展的行业，对房地产经纪行业的管理，应本着鼓励行业发展、促进行业进步的原则。行业管理模式的设计和管理措施的制定都应有利于营造良好的行业生存环境，有利于建立行业自我更新、不断进步的发展机制。

2. 遵循行业规律，实施专业管理

房地产经纪行业是以促成房地产交易、提高房地产交易效率、维护房地产交易安全为服务内容的行业。房地产商品的特殊性和房地产交易的复杂性都使得房地产经纪是专业性极强的经纪活动。因此，在实施房地产经纪行业管理时，应遵循行业规律，实施专业管理。

3. 严格依法办事，强化行业自律

对房地产经纪行业的管理应以国家法律为依据，避免政府在实施房地产经纪行业管理时超出法律范围，同时应注意避免不同政府部门从各自局限的角度出发，制定互不衔接的行政法规和政策。针对目前房地产经纪法律法规体系不健全，尚存在许多法律空白点的状况，国家和地方各立法机构应该加快有关的房地产经纪法律法规体系的建设，理顺房地产经纪行业管理的行政管理体系。

4. 顺应市场机制，维护有序竞争

在市场经济体制下，企业是市场中的独立主体，会根据市场供求状况、行业竞争状况和企业自身条件进行决策。市场供求机制、竞争机制会调节企业的行为，房地产经纪行业同样如此。因此，在对房地产经纪行业进行管理时，应避免采用计划经济体制下的传统思路进行行业管理，而应顺应市场机制的要求，有效维护市场的有序竞争。

3.1.3 房地产经纪行业管理的基本模式和手段

管理模式是指以管理主体、管理手段和管理内容为要素所形成的动态系统。不同管理模式之间在系统组成要素、系统结构、运作流程、机制功能上存在着差异。目前，国内外房地产经纪业的行业管理主要有三种模式：

第一种是行政主管模式。在这种模式中，政府行政主管部门承担了房地产经纪行业管理的绝大部分职能，管理手段以行政手段为主，如登记备案、年

检、收费标准制定、示范合同推荐、执业资格认证、经营活动的监督与处罚等职权的行使，都集中在行政部门。这一模式中行政干预的程度和力度最强，虽然存在着房地产经纪行业协会，但其行业自我管理职能相当薄弱，一般只在教育培训、学术交流、业绩评定等方面发挥作用。目前我国内地和香港特区主要采取这种模式。

第二种是行政管理与行业自律并行模式。在这种模式中，政府行政主管部门和房地产经纪行业协会，都是强有力的管理主体，都具有实质性的管理职能，但两者的管理职能有所分工。相对而言，政府对房地产经纪行业干预的程度和力度弱于第一种模式。美国房地产经纪业的行业管理属于这一模式。美国各州政府大多设有专门机构对房地产经纪行业进行管理，主要职能是制定管理规则、核发执业资格牌照、审定执业资格考试及教育训练内容等。房地产经纪行业协会则通过制定行业技术标准及职业道德准则，提供培训教育机会，制定合同示范文本，提供房地产信息共享平台，受理消费者投诉等一系列方式，对房地产经纪业的执业规范、信誉、行业协作等方面进行自律管理。

第三种是行业自治模式。在这种模式中，房地产经纪行业的直接管理主体是房地产经纪行业协会，政府的干预程度和力度最小，处于基本不干预状态。行业协会在法律框架内，不仅实施自律性管理职能，还受政府职能部门的委托，全面执行对房地产经纪服务业的管理职能。如我国台湾地区房地产经纪业的“同业公会”受行政主管部门委托，直接从事房地产经纪业的各项具体管理事务。又如在比利时，其法律对房地产经营没有任何约束，但其行业协会——房地产业联合会推出的一套职业规范却在实践中长期发挥指导和约束作用，通过房地产经纪行业协会，为经纪人提供教育和训练机会，提高经纪人的专业素质和道德水准。

现阶段，我国房地产经纪行业的管理模式正从第一种模式（行政主管模式）向第二种模式（行政管理与行业自律并行模式）转变，第二种模式是目前我国的合理选择。其原因是：

（1）我国现行的行政主管模式难见成效

在行政主管模式下，由于法律法规不够健全，政府管理部门除了自行实施许可以外，还承揽了行业诸多自律管理的事务，如执业守则、执业保证金、信誉记录、示范合同文本、执业行为瑕疵等事务管理，政府仍然直接地陷于很多具体的行业管理活动之中。而且政府管理部门对房地产经纪业的规范执业主要是号召引导，缺乏有力的管理措施。在行业总体素质不高，又存在过度竞争的现实环境中，不少房地产经纪企业各行其是，将规范执业搁置一旁。由于政府在行业自律管理上处于时间上（政府取得的是事后的信息）、空间上（政府距离市场交易活动较远）和专业上（政府不能集中很多专业人才掌控专业信息）的信息不对称的地位，以致管理难以到位。相反，房地产经纪行业协会具有上述的管理优势。

（2）房地产经纪行业协会的自律性管理优势

行业自律就是充分发挥行业成员自身的积极性、能动性，充分利用社会资源，实现行业的自我约束和自我管理。行业自律管理最重要的手段，就是制定行业规范。行业规范是在法律、法规的基础上，由行业内具有独立意志的成员自主协商制定的行为规范，较之法律法规的刚性而具有较强的灵活性，较之法律法规的外在强制性而具有内在自控性。它可以在法律法规所规定的框架内，为行业提供更高的行为标准，同时便于根据市场需要和行业发展水平不断的进行调整、更新，与公平竞争、优胜劣汰的市场机制相配合，起到推进行业进步，提升行业整体水平的作用。

行业自律管理规范，是以行业内成员自我认同、自愿遵守为前提而共同制定的，具有更为广泛的社会基础。较之政府的行政管理，行业自律管理规范更易于调动行业成员的主观能动性，可以在更广泛的层面上调动和利用社会资源，不仅有利于节约政府的行政资源，而且更有利于提高房地产经纪行业的管理水平。

（3）行业自治模式在我国不可行

在行业自治模式下，房地产经纪行业协会全面执行对房地产经纪服务业的管理职能，政府对房地产经纪行业很少干预或基本不干预。我国房地产经纪行业中，小规模企业数量多、比重大，且从业人员素质偏低，其行业管理工作极其繁琐、复杂、难度大，任由这些从事房地产经纪活动的企业自愿组成的房地产经纪行业协会来担负全面管理的重任，是不现实的。同时，政府管理部门通过采取各种法律、行政手段对房地产经纪业进行宏观管理是十分必要的。如果没有政府部门严格的监督，也难以使房地产经纪业向更加健全和完善的方向发展，房地产经纪行业的整体素质同样也难以提高。

综上所述，我国房地产经纪行业管理体系应由政府层次的行政管理和中介层次的行业自律管理两部分构成。随着政府职能的转变，我国行政管理体制将从“无限”政府向“有限”政府转换，行业协会等中介组织在我国房地产经纪业的行业管理中将发挥越来越重要的作用。

在具体的实施过程中应注意以下几个问题：

（1）应创立具有中国特色的房地产经纪行业协会。为此，一是要转变观念，明确行业协会的发展方向。就政府主管部门而言，应真正的把思想观念从过去计划经济管微观，转到市场经济管宏观上来，切实转变政府职能。就行业协会而言，过去总想依附在政府身上，习惯于按政府的管理职能办事，而不愿解决行业、企业存在的热点、难点问题等。行业协会应该摆正自己的位置，在党和政府的领导下，在遵纪守法的前提下，独立自主的开展活动；二是提高行业协会法人的民事行为责任能力。行业协会作为社会生活中独立法人的形式之一，应具备完全的民事行为责任和能力。其标志是应有独立的机构、专职工作人员和自有资产，依法独立自主的开展工作；三要完善行业协会的自收、自支制度，提高行业协会的自立、自养能力。提高行业协会的法人化水平，其“自养”能力是一个很重要的衡量标准，行业协会应通过宣传，与社会各部门在开展有偿服务活动方面取得共识。行业协会开展有偿服务，获得经费，活动就有生机，工作人员就会比较稳定，从而不断提高服务质量，促进行业协会的发展。

(2) 应划分政府部门与行业协会的管理职能，形成行政管理与行业自律并行配合的基本管理框架。由于现行法律对房地产经纪行业协会的地位和作用尚未作具体的规范，特别是与政府房地产管理部门之间缺乏明确的职能划分，行业协会往往在实际运作中处于尴尬境地。因此，在房地产经纪行业管理中，应当真正实行“政企分离”，房地产经纪管理部门应将房地产经纪活动中自己不该管、管不了的事项，尽快转移给房地产经纪行业协会，真正建立以协会自律平台为基础的行业管理模式。

政府部门主要应按“合法经营、规范运作、公平竞争”的基本准则监管房地产经纪活动，行业协会则在此准则之上树立更高的行业标准，并通过一系列自律管理制度来维护行业标准。在此过程中，行政管理部门既要避免对行业自律的过多干预，又要监管、监督和指导行业通过自律贯彻产业政策，促进行业进步，强化社会责任。为此，行政管理部门与行业协会之间，需要通过定期沟通联系，共同研究问题，并运用报告与指导结合等方式，及时互通信息，交流意见，协调关系，以实现行政监管和行业自律的功能互补，提高管理效能。

(3) 应充分发挥行业协会作用，健全房地产经纪行业自律管理的运行机制。政府主管部门应指导和支持行业协会加强自身建设，在逐步向行业协会转移或委托实施相应管理职能的过程中，更好地培育行业自律管理的运行机制。

房地产经纪行业管理的基本手段包括：行政手段、经济手段、法律手段和舆论手段。过去，对房地产经纪行业的管理主要以房地产行政主管部门为主，管理手段以行政手段为主。目前，随着我国宏观经济管理体制的改革与房地产经纪市场的日趋成熟，房地产经纪行业管理已经开始逐步走向由政府主管部门和行业协会共同管理，以法律手段为主，伴有行政手段和经济手段等的综合管理模式。

3.1.4 房地产经纪行业组织

1. 房地产经纪行业组织的性质与组织形式

房地产经纪行业协会是房地产经纪人的自律性组织，是社团法人。它可以制订章程来确定自己的管理职责范围，并以此约束参加协会的房地产经纪人员的执业行为。房地产经纪行业组织所制订的章程应符合法律、法规和规章制度的规定，对于明确应由政府职能部门履行的职责，在无法律法规和规章或政府职能部门授权的情况下，房地产经纪行业组织无权履行该职责。对于房地产经纪机构和经纪人员的违规行为的处理，房地产经纪行业组织可以协助政府职能部门进行。

房地产经纪行业组织不是行政机构，因此它不是按照国家的行政区域和行政级别来设立的，它的设立主要遵循按需设立的原则。各地可以建立全国性的房地产经纪行业组织，省、自治区、直辖市以及设区的市可以根据需要设立各地方的房地产经纪行业组织。其中全国性的房地产经纪行业组织和各地方的房地产经纪行业组织之间并无隶属关系，而是各自进行独立管理。

房地产经纪人员一经取得房地产经纪人协理从业资格或房地产经纪人执业资格并经申请执业，即可申请成为行业组织协会会员，享有章程赋予的权利，履行章程规定的义务。虽然房地产经纪行业组织章程对房地产经纪人并不具有强制约束力，但房地产经纪人一经加入房地产经纪组织即表示其自愿接受房地产经纪行业组织的约束，因此房地产经纪行业组织章程对参加组织的房地产经纪人员具有强制约束力。

2. 房地产经纪行业组织的管理职责

房地产经纪行业组织的职责包括：

(1) 维护房地产经纪行业合法权益，对房地产经纪人员和房地产经纪机构进行自律管理。

(2) 制定并推行房地产经纪执业规则、房地产经纪服务合同示范文本。

(3) 协助房地产管理部门建立和完善房地产经纪人员和房地产经纪机构信用档案，组织开展资信评价。

(4) 法律、法规、规章授权或者政府部门委托的其他职责。

3. 房地产经纪行业规则

制定自律性行业规则是房地产经纪行业组织实施行业管理的重要手段。

行业规则是公约，不是国家法律法规和规章条例，它是平等民事主体之间的一种约定。它与乡规民约最重要的区别是：它是依据法律、法规和规章制定的，并且行业规则的产生履行了一定的程序，即通过行业组织理事会审议而形成的自律性的规范要求和运作准则。行业规则具有约束力，违反行业规则，一要受到行政管理部门的依法处罚；二要受到行业协会的通报批评。当然，行业组织仅仅具有通报批评的约束手段是远远不够的，在一些发达国家，房地产经纪行业组织对严重违反行业规则的机构或个人，可以通过开除其会员资格的方式，使其无法继续从事房地产经纪活动。目前，我国房地产经纪行业组织的作用尚未得到充分的发挥，使房地产经纪行业规则对房地产经纪人员的约束力受到一定的限制。今后，随着行业组织地位的确定，其职责和功能得到充分的发挥，行业规则的约束力也将进一步增强。

社会各项活动需要法律和道德同时进行调节。法律调节是一种他律行为，即以国家或政府的强制力来施加影响，从而规范人们的行为；道德调节是一种自律行为，即以人们内心的良知去支配自己的行为。房地产经纪人的行为同样需要以法律和道德同时进行调节，有关房地产经纪的法律和法规主要是发挥法律调整的功能，那么行业规则除依赖法律外，主要运用道德调整的功能来规范经纪人员的执业行为。

房地产经纪职业道德是指房地产经纪行业的道德规范，它是房地产经纪行业从业人员就这一职业活动所共同认可并拥有的思想观念、情感和行为习惯的总和。对房地产经纪人提出职业道德的要求，是行业规则一个显著的特点。以职业道德为调整手段，主要是调整两个方面的关系：一是调整与职业内部人们之间的关系；二是调整职业与职业之外对象之间的关系。只有坚持执业规范，弘扬职业道德，才能确保向社会和公众提供优质高效的服务，才能使房地产经纪活动纳入规范化、法制化的轨道，并进而推动整个房地产经纪行业的健康发展。

3.2 房地产经纪行业管理的内容

3.2.1 注册登记和备案

1. 房地产经纪人执业资格注册

国家实行对房地产经纪人进行注册管理制度。取得《中华人民共和国房地产经纪人执业资格证书》的人员，应由本人提出申请，经聘用的房地产经纪机构同意后，向所在地的省、自治区、直辖市房地产管理部门递交注册申请，经省级注册管理机构初审合格后，上报中国房地产估价师与房地产经纪人学会审批。准予注册的人员，由中国房地产估价师与房地产经纪人学会颁发建设部监制的《中华人民共和国房地产经纪人注册证书》。

房地产经纪人在申请注册时必须明确执业所在的房地产经纪机构，一个房地产经纪人只能在一个房地产经纪机构执业，不得同时在两个以上机构执业。

房地产经纪人申请注册时必须同时具备以下条件：

（1）取得房地产经纪人执业资格证书。

（2）无犯罪记录。

（3）身体健康，能坚持在注册房地产经纪人岗位上工作。

（4）经所在经纪机构考核合格。

房地产经纪人执业资格注册有效期一般为3年，注册有效期届满需要继续从事房地产经纪活动的，应于有效期届满前3个月，按规定的程序换发新的注册证书。

房地产经纪人注册在下列情况下，须达到规定的继续教育标准。

(1) 房地产经纪人执业资格证书自签发之日起3年内未初始注册的，每3年至少应当参加一次由中国房地产估价师与房地产经纪人学会或者其指定机构组织的房地产经纪业务培训、达到继续教育标准，取得中国房地产估价师与房地产经纪人学会颁发的房地产经纪人继续教育合格证书，方可申请初始注册。

(2) 房地产经纪人在注册有效期内参加了中国房地产估价师与房地产经纪人学会或者其指定机构组织的房地产经纪业务培训、达到继续教育标准，方可换发新的注册证书。

有下列情形之一的，不予注册：

(1) 不具有完全民事行为能力。

(2) 因受刑事处罚，自刑事处罚执行完毕之日起至申请注册之日止不满5年的。

(3) 在房地产经纪或者相关业务中犯有严重错误受行政处罚或者撤职以上行政处分，自处罚、处分决定之日起至申请注册之日止不满5年的。

(4) 不在房地产经纪机构执业或者同时在2个或2个以上的房地产经纪机构执业的。

(5) 依照本办法被注销注册的，自被注销注册之日起至申请注册之日止不满3年的。

(6) 法律、法规规定不予注册的其他情形。

在注册有效期内，变更执业机构者，应当及时办理变更注册手续。

房地产经纪人有下列情形之一的，由中国房地产估价师与房地产经纪人学会注销注册，收回或者公告收回房地产经纪人注册证书：

(1) 死亡或者被宣告失踪的。

(2) 完全丧失民事行为能力的。

(3) 受刑事处罚的。

(4) 在房地产经纪或者相关业务中犯有严重错误受行政处罚或者撤职以上行政处分的。

(5) 连续两年以上（含两年）脱离房地产经纪工作岗位的。

(6) 同时在两个或两个以上的房地产经纪机构执业的。

(7) 严重违反房地产经纪职业道德的。

(8) 以欺骗、贿赂等不正当手段取得房地产经纪人注册资格证书的。

被注销注册的人员，达到规定的注册条件的，可以重新申请注册。

房地产经纪人协理从业资格注册由各省级注册管理机构负责。并报中国房地产估价师与房地产经纪人学会备案，并及时向社会公布注册信息，为公众提供便捷的查询渠道。

2. 房地产经纪机构注册登记及备案

房地产经纪机构是房地产经纪业的骨干力量，在房地产经纪业中发挥着举足轻重的作用。加强房地产经纪机构的管理，对促进房地产经纪活动向规范化发展有着极其重要的作用。管理房地产经纪机构最基本、最有效的方法和环节就是对申报单位的资质审查和领取营业执照的严格控制，以及实行年检和各种监督检查制度。

设立房地产经纪机构，应当首先由当地房地产行政管理部门对其人员条件进行前置审查，经审查合格后，再向当地工商行政主管部门申请办理工商登记。房地产经纪机构在领取工商营业执照后的一个月内，应当持营业执照、章程、机构人员情况的书面材料到登记机构所在地房地产行政管理部门或其委托的机构备案。

作为房地产经纪机构，它必须具备以下资质条件：

（1）必须是具有法人资格的经济实体，实行独立核算、自主经营、自负盈亏，并能独立承担经济责任。

（2）要有合法的法人代表和健全的管理机构，并有相应数量的专业技术人才。

（3）必须具有一定数量的自有资金。

（4）必须有固定的办公地点及合法的经营方式和手段。

如北京市根据房地产经纪机构注册资金和人员条件的不同，将房地产经纪机构分为三个等级，实行分级管理。

一级：注册资金 100 万元以上，持有房地产经纪人资格证书的人员不少于 70%，其中有房地产中、高级经济师资格人员不少于 5 名，坚持台账制度，报表及时、准确，合同规范，按规定合理收费，无违法违章行为。

二级：注册资金 50 万元以上，持有房地产经纪人资格证书的人员不少于 60%，其中有房地产经济师资格的人员不少于 3 名，台账、报表齐全，按规定合理收费，无违法违章行为。

三级：注册资金 10 万元以上，持有房地产经纪人资格证书的人员不少于 50%，其中有房地产经济师资格的人员不少于 2 名，有台账及统计报表，按规定合理收费，无违法违章行为。

房地产经纪机构只有在取得“房地产经营资格证书”和“营业执照”之后，方可从事房地产中介活动。

3.2.2 房地产经纪行业年检与验证管理

为规范房地产经纪市场，促进房地产经纪行业的健康发展，保障房地产经纪机构及房地产经纪人员的合法利益，根据《中华人民共和国城市房地产管理法》、《城市房地产中介服务管理规定》等法律、法规和规章，由房地产经纪主管部门会同工商行政主管部门定期对房地产经纪机构及房地产经纪人进行年检和验证工作，对不符合资质、资格条件的，逐步进行清理和整顿。

房地产行政管理部门对房地产经纪行业的年检、验证管理实行定期、集中审查式的监督管理，具有时间固定集中、检查面广、检查内容全面等特点，具有其他监督管理方式不可替代的作用。

首先，年检与验证管理有利于监督房地产经纪机构及时办理变更登记。房地产经纪机构在每年的经营活动中，一般都会有一些登记事项发生变化，但一些房地产经纪机构登记事项发生变化而没有及时地进行登记变更，一方面造成违法，另一方面也使机构实际情况与所核准的注册登记事项不符。因此，通过年检与验证，对经纪机构的登记事项的变动情况进行检查，督促房地产经纪机构及时进行变更登记，以使其实际情况和登记情况相符合，以规范房地产经纪市场的发展。

其次，年检与验证管理有利于房地产经纪机构的准确统计。在市场竞争机制的作用下，房地产经纪机构进入和退出是经济活动的一种正常现象。根据法律规定，房地产经纪机构歇业、被撤销、宣布破产或因其他原因终止经纪活动的，应当向登记部门注销登记。但许多经纪机构在终止营业后并不进行注销登记，这样不利于经纪机构的准确统计，因此，实施年检制度，可以督促这些机构按规定办理注销登记，从而使房地产经纪统计数据更加准确。

最后，年检与验证管理有利于对房地产经纪机构进行综合检查、分析和评价。对房地产经纪机构的日常监督或其他方式的管理往往只是在不确定的期间内，以个案或抽查的方式进行的，而年检与验证则是在统一的时间段内、依据统一的标准，针对所有的对象，就其整个经营状况进行全方位的检查。这种监督方式和内容具有全面性和集中性，就使得房地产管理机关能发挥对机构的综合检查、综合评价和综合分析作用，使年检机关可以掌握一个地区房地产经纪机构的总体状况。同时，通过年检资料的汇总统计、分析，从而对机构的基本情况作出客观的、综合的考察和评价，发现普遍性的问题，总结规律性的经验。

其中年检主要是检查房地产经纪组织经营业务范围、注册地点、注册资金、持证从业人员是否有变动，以及在房地产经纪活动中是否遵纪守法，是否接受注册、备案等管理。验证管理主要是由登记发证的机关，对从业人员的条件进行检查，具体包括是否参加一定量的培训并考试合格，是否完成一定的业务工作量，有无违规、违法执业情况等。

各省房地产管理部门或其授权的机构负责房地产经纪人协理从业资格注册登记管理工作。每年度房地产经纪人协理从业资格注册情况应报房地产估价师与房地产经纪人学会备案。

3.2.3 房地产经纪纠纷规避与投诉受理

我国房地产经纪业正迅速地大量参与市场经济活动，涉及面广，不确定性因素多，而现有的法律、法规尚不够完善，使得房地产经纪行业成为社会矛盾和纠纷较多的一个经济领域。从现实经济生活领域看，房地产经纪活动中常见的纠纷类型有以下几种：

(1) 缔约过失造成的纠纷

主要是由于经纪人与委托人在签订合同前未进行充分的协商，在合同中缺乏主要条款，或由于经纪人在缔约之前未充分履行告知责任或故意夸大承诺，在订立合同时又故意对自身义务条款“缩水”，从而引发纠纷。

(2) 合同不规范造成的纠纷

由于房地产交易行为与经纪行为混淆，居间行为与代理行为混淆，权力义务不等，主要条款欠缺等，给经纪人角色错位，侵害委托人权益提供条件。

(3) 服务标准与收取佣金标准差异造成的纠纷

由于目前我国房地产经纪收费标准并无对应的服务标准，加上房地产经纪机构在与委托人签订经纪合同时，因为疏忽或故意省缺服务标准条款，在合同签订后的房地产经纪活动中常常会与客户产生纠纷。

房地产经纪纠纷是房地产经纪行业运行的社会成本。大量的房地产经纪纠纷不仅会降低社会的整体福利，还会影响房地产经纪行业自身的运行效率和发展前景。因此，有效规避房地产经纪纠纷是房地产经纪行业管理的重要内容。虽然，只有提高房地产经纪人员的职业道德，加强房地产经纪机构的自身管理才是避免房地产经纪纠纷的根本途径。但是，通过行业管理部门的引导和监督来规避房地产经纪纠纷也是一个不容忽视的重要手段。目前我国房地产经纪行业主管部门主要通过以下手段来规避房地产经纪纠纷：

(1) 制定示范合同文本

房地产经纪行业目前之所以存在以上种种纠纷，首先是由于经纪人和委托人缺乏必要的法律、法规意识；其次，一些经纪人员和委托人未掌握订立和履行合同的规则也是一个重要的因素；第三，经纪人员受环境和交易陋习的影响，在职业活动中有意无意不遵守合同规则，甚至不讲信用，只谋求经济利益的不良经营作风是不容忽视的重要影响因素。为了维护合同当事人的合法权益，减少合同纠纷，除了督促房地产经纪人员在职业活动中加强自律、遵守合同规则外，政府或者行业组织应当制定符合合同规则的合同示范文本，加以推广。

(2) 制定服务标准、明确服务要求和内容

房地产经纪行业的服务标准是房地产经纪人为委托人提供劳务服务的行为准则

依据，也是房地产经纪人表现诚实信用方式的依据，又是房地产经纪人应当履行合同的义务。制定符合市场条件的行为准则、经纪人和委托人利益的服务标准，是维护经纪人与委托人的权益，维护市场交易规范的必要手段，有利于提高房地产经纪行业的服务水平，树立良好的企业和行业形象。房地产经纪机构可以根据基本标准并参照自己的条件、技能、信誉程度、经营成本等方面的能力，附加具有特色的企业服务标准作为经营的手段和方式为委托人提供服务。

(3) 加强对房地产经纪合同的监管

房地产经纪行业主管部门应加强对经纪合同的监管，以避免利用合同恶意损害当事人的情况的发生。对于为了自身利益、目的、方便而制定的合同文本，以及明显的增加交易障碍、妨碍他人实现交易，增加他人的交易或服务成本，以及恶意损害他人利益的合同条款，应当予以限制并责成重新修订。

对于已经出现的房地产经纪纠纷，房地产行政主管部门及其他相关部门还负有受理投诉、调解处理的职责。为此，房地产行政主管部门通常设置一些投诉通道，制定投诉受理程序，以便及时有效地引导当事人解决房地产经纪纠纷。

3.2.4 房地产经纪服务收费管理

房地产经纪活动的服务收费也是房地产经纪行业管理涉及的一项重要内容。根据规定，房地产经纪服务收费应实行明码标价制度，房地产经纪机构依照合同约定向委托人收取服务费用，并开具发票。因此，对房地产经纪服务费的管理主要从是否符合收费标准和是否明码标价两个方面进行管理。凡违反规定，将受到相应的处罚。

此外，在房地产经纪活动中，禁止房地产经纪机构、房地产经纪人员通过隐瞒房地产交易价格等方式，获取佣金以外的收益。

3.2.5 房地产主管部门对房地产经纪的监督和管理

1.日常监督检查

市、县房地产管理部门应当对本行政区域内的房地产经纪活动进行日常监督检查。房地产经纪人员和房地产经纪机构应当积极配合房地产管理部门的监督检查，并根据要求提供检查所需的资料。

2.建立和完善房地产市场信息系统

市、县房地产管理部门应当建立和完善房地产市场信息系统，构建统一的房地产经纪服务合同和交易网，合同网上签订、房地产交易与权属登记信息查询、房地产经纪人员注册信息和房地产经纪机构备案信息公示、房地产经纪信用档案公示等统一采取网上管理，构建网络服务平台，实施房地产经纪活动网上监督管理。

3. 建立信用档案

县级以上房地产管理部门或者行业组织应当建立房地产经纪人员和房地产经纪机构信用档案，并向社会公示。

信用档案应当包括房地产经纪人员和房地产经纪机构的基本情况、良好行为、不良行为等内容。房地产经纪人员和房地产经纪机构的违法违规行为、经查实的被投诉举报记录等情况，应当作为不良信用记录记入信用档案。对于信用较差的房地产经纪人员和房地产经纪机构，房地产管理部门应当重点监督和检查。

房地产经纪人员和房地产经纪机构应当按照房地产管理部门的要求，提供建立信用档案所需的信息，并对所提供信息的完整性、真实性负责。

3.2.6 房地产主管部门工作人员渎职的处罚

房地产管理部门的工作人员在房地产经纪监督管理工作中，玩忽职守、徇私舞弊、滥用职权的，由其所在部门或者上级主管部门依法给予行政处分；构成犯罪的，移送司法机关追究刑事责任。

3.3 房地产经纪职业规范

3.3.1 房地产经纪活动的原则

《中国房地产经纪人执业规则》第六条规定了房地产经纪活动应遵守的原则："房地产经纪机构、房地产经纪人员从事房地产经纪活动，应当遵守法律法规，遵循平等、自愿、公平和诚实信用的原则。"

房地产经纪活动是一种中介活动。房地产经纪人员以其所掌握的专业知识，为当事人提供劳务，这种劳务不同于普通的劳务，房地产经纪人员因其具有专业知识并熟悉行业情况，与委托当事人相比，具有明显的优势。因此，如果房地产经纪人员丧失职业道德，很容易在经纪活动中出现各种隐瞒、欺诈的行为，损害委托当事人的权益。而且这种行为具有一定的隐蔽性，有些是委托人不能立刻发现的，有些甚至是长期也难以被发现的。所以坚持公开、公平、公正的原则对于从事房地产中介活动的房地产经纪人员来说是必须遵循的原则。

3.3.2 房地产经纪基本执业规范

1. 告示责任

为使委托人在与房地产经纪机构签订经纪合同之前，对其主体资格有一定的了解，以初步确保经纪合同的效力，房地产经纪机构从事房地产经纪活动，应当在经营场所公开悬挂明示下列情形：

(1) 营业执照。

(2) 备案证明。

(3) 房地产经纪人员姓名、照片、注册号。

(4) 服务项目、内容、标准。

(5) 收费项目、依据、标准、对象。

(6) 信用档案查询方式。

(7) 投诉方式和途径。

(8) 政府主管部门或行业组织推荐使用的房地产经纪服务合同示范文本。

(9) 法律、法规、规章规定的其他事项。

房地产经纪机构代理销售商品房项目的，还应当在销售现场明显位置，向商品房购买人明示商品房销售委托书和批准销售商品房的有关证明文件。

2. 告知责任

房地产经纪机构签订房地产经纪合同前，应当书面告知委托人下列事项：

(1) 执行该业务的房地产经纪人员姓名、注册号以及是否与房地产交易另一方当事人有利害关系。

(2) 应由委托人协助的工作、提供的必要资料和文件。

(3) 房地产交易的一般程序。

(4) 交易过程中将会涉及的税费。

(5) 交易标的房地产的相关情况以及可能引发的风险和后果。

(6) 委托房地产的交易参考价格。

(7) 经纪服务的内容及完成标准。

(8) 服务收费标准和支付时间。

书面告知材料应当经委托人签名确认。

3. 房地产经纪的职业范围

房地产经纪人经所在房地产经纪机构授权，可以独立开展房地产经纪活动。房地产经纪协理在所在房地产经纪机构的房地产经纪人指导下，可以协助开展房地产经纪活动。

为保证经纪活动的公平、公正的性质，房地产经纪人不得同时在两个或两个以上的房地产经纪机构从事房地产经纪活动。

4. 回避制度

在房地产经纪活动中，房地产经纪人员与房地产经纪交易一方当事人有利害关系的，房地产经纪人员应当回避，但征得另一方当事人同意的除外。

5. 房地产经纪业务承接、承办

房地产经纪机构应当统一承接房地产经纪业务，并指派或者由委托人选定注册在本机构的房地产经纪人为经纪业务的承办人。承办人可以委派房地产经纪人协理为经纪业务的协办人，协助执行经纪业务。承办人委派协办人的，应当对协办人执行经纪业务进行指导和监督。

房地产经纪人员在办理承接业务时，应当要求委托人提供真实有效的身份证明。对于委托出售、出租房地产的，还应当要求委托人向房地产经纪机构提供真实有效的房地产权属证明、权利人的身份证明。委托人未能提供这些资料的，房地产经纪机构应当拒绝接受委托。如委托人向房地产经纪机构提供虚假资料，给另一方当事人或经纪机构造成损害的，应承担相应法律责任。

房地产经纪机构、房地产经纪人员不得招揽已由另一房地产经纪机构独家代理的经纪业务；不得承接、承办自己不能胜任的经纪业务；应当拒绝接受违法违规或者违背社会公德、损害社会公共利益的房地产经纪业务。

6. 房地产经纪合同

房地产经纪机构承接经纪业务，应当根据代理、居间等业务性质与当事人签订房地产经纪合同，应当尊重委托人的选择，优先采用行政主管部门制定的房地产经纪合同示范文本或者行业组织推荐的房地产经纪合同文本，并在房地产经纪合同中附有执行该项经纪业务的房地产经纪执业人员的签名。

签订房地产经纪合同，应当符合国家法律、法规、政策的规定。房地产经纪服务合同应当包含下列内容：

（1）委托人的名称或者姓名、住所。

（2）房地产经纪机构的名称、住所、法定代表人姓名和执行业务的房地产经纪人姓名、注册号。

（3）房地产经纪服务所涉及房地产的基本情况。

（4）房地产经纪服务的内容、要求以及完成的标准。

（5）合同当事人的权利和义务。

（6）合同履行的方式和期限。

（7）服务费用及其支付方式。

（8）违约责任和纠纷解决方式。

（9）当事人约定的其他事项。

房地产管理部门或房地产经纪行业组织可以制定房地产经纪服务合同示范文本，供当事人选用。

7. 重要文件署名

房地产经纪服务合同和书面告知材料等重要文书应当由执行该业务的注册房地产经纪人签名，并注明其注册号，加盖所在房地产经纪机构印章。

8. 佣金

房地产经纪机构必须与委托当事人签订经纪合同。根据合同约定方可收取佣金，并由房地产经纪机构出具发票。房地产经纪机构收取佣金不得违反国家法律法规，不得赚取差价及谋取合同约定以外的非法收益；不得利用虚假信息骗取中介费、服务费、看房费等费用。

房地产经纪机构未完成经纪合同约定事项，或者服务未达到合同约定标准的，不应当收取佣金，但可以依据合同约定要求委托人支付从事房地产经纪活动支出的必要费用。房地产经纪机构事先未与委托人就经纪活动费用达成约定的，不得要求委托人承担经纪活动费用。

9. 解除合同

有下列情形之一的，房地产经纪机构与委托人可以变更或解除合同：

（1）符合法律、法规规定或合同约定的。

（2）不可抗力致使合同不能继续履行的。

（3）协商一致的。

10. 资料申报

房地产经纪机构按照房地产管理部门的要求和规定的时间上报机构人员的变动、经营业务情况的统计资料。

3.3.3 经纪活动中的争议与处理

在履行房地产经纪合同过程中，因房地产经纪人或其所在的房地产经纪机构的故意或过失，给当事人造成经济损失的，均由房地产经纪机构承担赔偿责任。房地产经纪机构在向当事人进行赔偿后，可以向有关责任人追偿全部或部分赔偿费用。

当事人之间对房地产经纪合同的履行有争议的，可以通过以下方式处理：

（1）当事人双方本着平等自愿的原则协商解决。

（2）如双方协商不成，可以报请有关政府管理部门投诉，由其从中进行调解。

（3）如果经协调不能达成协议，双方可以按照合同中的有效仲裁条款进行处理。合同中没有仲裁条款的可以另行达成仲裁协议向所选择的仲裁委员会申请仲裁，仲裁裁决为终局裁决。

（4）合同中无仲裁条款，事后又无法达成仲裁协议的，可以向不动产所在地人民法院提请诉讼。

3.3.4 房地产经纪人执业中的禁止行为

房地产经纪人员和房地产经纪机构不得有下列行为：

（1）发布虚假信息误导消费者，或者向当事人虚构、隐瞒与委托事项有关的信息。

（2）对交易双方隐瞒真实的房地产交易价格等信息，赚取差价。

（3）索取、收受房地产经纪服务合同约定以外的报酬或财物，或者利用工作之便谋取其他不正当利益。

（4）以恶意降低服务报酬标准、诋毁其他房地产经纪人员或房地产经纪机构的声誉等不正当竞争手段承揽业务。

（5）以欺诈、胁迫、贿赂等不正当手段促成房地产交易。

（6）为法律、法规、规章禁止交易的房地产提供经纪服务。

（7）通过房地产交易结算资金专用存款账户以外的方式代收代付交易资金。

（8）与他人串通，损害委托人、第三方或公共的利益。

（9）泄露或者不当使用委托人的个人信息或商业秘密，利用委托人的个人信息或资料谋取不正当利益。

（10）法律、法规禁止的其他行为。

3.3.5 房地产经纪交易资金管理

房地产经纪机构代收代付房地产交易资金的，应当通过交易结算资金专用存款账户进行交易结算资金的存储和划转。

有条件的地区可发展交易保证机构，从事房地产交易资金托管，但交易保证机构不得从事房地产经纪业务。

3.3.6 房地产经纪业务记录制度

房地产经纪机构应当建立业务记录制度，如实记录业务执行情况及所发生的费用。房地产经纪服务合同的保存期限不得少于5年。

3.3.7 房地产经纪人和经纪机构违规执业的法律责任

房地产经纪机构和人员违规执业，按照其违反规定的性质不同及所承担法律责任和方式的不同，可以分为民事责任、行政责任和刑事责任三个方面。

1. 民事责任

民事责任是指进行了违法行为的人在民法上承担的对其不利的法律后果。根据民事违法行为所侵害的权利的不同，民事责任主要分为违约责任和侵权责任。

(1) 违约责任

违约责任是当事人因违反合同义务而应承担的民事责任。违约责任是以有效合同为前提，合同未成立或者成立后无效、被撤销的，即使有过失也无违约责任可言。违约责任的构成要件：一是必须有违约行为，二是无免责事由。

违约行为包括履行不能、履行迟延、履行不当和履行拒绝四种情况。履行不能是指因可归于债务人的事由致使合同不能履行，亦称合同不履行。履行迟延是指履行期已满而能履行的债务因可归于债务人的事由未履行发生的延迟，这是时间上的不完全履行。履行不当也称瑕疵履行，是指债务人没有完全按照合同内容所为的履行，如履行数量不足、地点不妥、方法不当等。履行拒绝是指债务人在债务成立后履行期届满前，能履行而明示不履行的意思表示。在履行拒绝中，《合同法》第108条规定的当事人一方明确表示或者以自己的行为表示不履行合同义务的情况，成为预期违约。

免责事由包括：

①不可抗力

根据《民法通则》第153条及《合同法》第117条的规定，“不可抗力”是指“不能预见、不能避免并不能克服的客观情况”。不可抗力发生后当事人不能履行合同的应当及时通知对方并提供证明。

②当事人自己有过失

违约行为发生后相对人应当采取措施防止损失扩大，如未采取措施导致扩大的损失，不得就扩大部分的损失请求赔偿。

③约定免责事由

根据合同法规定约定造成对方人身伤害，及因故意或重大过失造成的对方财产损失的免责条款为无效条款。

承担违约责任的方式主要有：

①强制实际履行

对于违约行为，采取以继续履行为主、赔偿为辅的救济原则。

②违约金

违约金是依当事人的约定或法律的直接规定，在当事人一方不履行债务时，向他方给付的金钱。违约金的数额由当事人在合同中约定，但约定的数额应当与损失大致相当。因迟延履行给付违约金后，不免除违约人的合同义务，仍应继续履行。

③损害赔偿

在违约人继续履行或采取补救措施后，相对人还有损失的，可请求损害赔偿。赔偿的范围包括实际损失和预期利益损失。在当事人违约行为侵害对方人身或财产安全的，对方有请求违约损害赔偿或侵权赔偿的选择权。

另外，在合同未成立或成立后无效、被撤销，无法请求违约责任的情况下，在合同成立以前缔约上有过失的一方应当承担缔约过失责任，缔约过失责任虽不属于违约责任，但与合同有关，属于合同责任。缔约过失责任的条件是：当事人一方违反合同义务；当事人一方有过失；另一方有损失。缔约过失责任的赔偿范围以实际损失为原则。

（2）侵权责任

侵权责任是指侵犯经纪合同所约定的债权之外的其他权利而应承担的民事责任。广义的侵权行为指对他人的财产或人身造成损害并应承担民事责任的行为，包括一般侵权行为和特殊侵权行为；狭义上的侵权行为指因过错侵害他人的财产或人身并应承担民事责任的行为，仅指一般侵权行为。本书所称侵权行为仅指狭义的侵权行为。侵权责任的构成要件：一是有侵权行为，二是无免责事由。

侵权行为的构成要件有：

①行为违法。违法行为包括作为和不作为。

②有损害事实。损害包括财产损害和人身损害。

③违法行为与损害事实之间有因果关系。

④主观过错。过错包括故意和过失。

免责事由包括：

①阻却违法性事由，包括正当防卫和紧急避险。

②不可抗力。

③受害人过错。

承担侵权责任的主要方式有：

①停止侵害。

②排除妨碍。

③消除影响、恢复名誉。

④消除危险。

⑤返还财产。

⑥恢复原状。

⑦赔偿损失。

⑧赔礼道歉。

2. 行政责任

房地产经纪机构和房地产经纪人员违反有关行政法律、法规和规章的规定，行政主管部门或其授权的部门可以在其职权范围内，对违法房地产经纪机构和房地产经纪人员处以与其违法行为相应的行政处罚。行政处罚的种类包括：警告、罚款、没收违法所得和非法财物、责令停产停业、暂扣或者吊销许可证（房地产经纪人执业资格证书、房地产经纪人协理从业资格证书、房地产经纪人注册证)、暂扣或者吊销营业执照、行政拘留和法律、行政法规规定的其他行政处罚。《房地产经纪管理规定》(草稿)第七章规定了房地产经纪机构和房地产经纪人员违规执业的行政责任。

未取得房地产经纪人员职业资格或未经注册,擅自从事房地产经纪业务的,由县级以上房地产管理部门责令停止房地产经纪活动,并处1万元以上3万元以下的罚款。

房地产经纪人员有下列情形之一的,由县级以上房地产管理部门责令改正,并处1万元以上3万元以下的罚款:

(1)伪造、涂改、转让、转借房地产经纪人员注册证书的。

(2)同时在两家以上房地产经纪机构执(从)业的。

(3)以个人名义承接房地产经纪业务和收取费用的。

房地产经纪机构违反房地产经纪管理办法的,依照下列规定予以处罚:

(1)房地产经纪机构不在经营场所公示相关事项的,由县级以上房地产管理部门责令改正,情节严重的,可以处1万元以下的罚款。

(2)房地产经纪机构不书面告知委托人相关事项的,由县级以上房地产管理部门责令改正,情节严重的,可以处1万元以下的罚款。

(3)房地产经纪机构不按规定提供建立和完善信用档案所需的信息或者提供虚假信息的,由县级以上房地产管理部门责令改正,情节严重的,可以处1万元以下的罚款。

(4)房地产经纪机构违反有关规定,擅自超出国家标准收取报酬及相关费用的,由县级以上房地产管理部门责令改正,并处1万元以上3万元以下的罚款。

房地产经纪人员和房地产经纪机构实施禁止行为的,由县级以上房地产管理部门责令改正,并处3万元以上5万元以下的罚款。

3. 刑事责任

房地产经纪机构和房地产经纪人员在经纪活动中,触犯刑法的,应当追究有关责任人的刑事责任。已经由行政机关处理的,行政机关应及时移送司法机关处理。

本章小结

房地产经纪行业管理是由有关政府主管部门、房地产经纪行业组织对房地产经纪活动的主体、运作方式等实施的管理,其目的在于规范房地产经纪活动,并协助房地产经纪活动中所涉及的各类当事人之间的关系。在进行房地产经纪行业管理时,应遵循行业管理的基本原则,采取合理的行业管理办法来规范房地产经纪活动行为，具体通过对房地产经纪机构和经纪人员的注册登记和年检验证及执业规范进行管理。

房地产经纪行业协会，是房地产经纪行业的自律性管理组织，制定自律性行业规则是房地产经纪行业组织实施行业管理的重要手段。

房地产经纪行业管理是房地产经纪行为有序进行及不断完善的基础，房地产经纪行业要想适应房地产市场发展的需要，必须加快建立和完善房地产经纪行业的管理模式和发展路径。本章重点介绍房地产经纪行业管理的含义、作用、基本原则和基本模式，分析行业组织的性质和作用，总结房地产经纪行业管理的主要内容，并从战略的角度阐述我国房地产经纪行业管理与发展的方向与对策。

练习题

1. 房地产经纪的基本执业规范有哪些？
2. 如何处理房地产经纪活动中的各种争议？
3. 房地产经纪活动中有哪些活动是禁止的？
4. 房地产经纪活动中常见的纠纷类型有哪些？

第4章 房地产经纪业务与基本流程

4.1 房地产经纪业务的类型

房地产经纪业务类型的划分不是很复杂，但各种类型之间有时也很难界定。一般的划分方法有以下几种：

1. 根据经纪人与委托人之间关系划分

根据经纪活动中经纪人与委托人之间关系的不同，房地产经纪业务一般分为：房地产居间、房地产行纪和房地产代理。

其中，房地产居间是房地产经纪活动最本质、最常见的服务行为，可分为房地产买卖居间、房地产投资居间、房地产抵押居间、房屋租赁居间等类型。目前存量房买卖中广泛存在房地产居间行为。

相对于房地产居间而言，房地产代理的经纪人与委托人之间有更加长期且较稳定的合作关系。根据服务对象的不同，代理业务又可分为卖方代理和买方代理。委托人为房地产开发商、存量房的所有者或是出租房屋的业主进行的代理行为称为卖方代理。相对应的是，受需要购买或承租房屋的机构或个人委托而进行的代理行为称为买方代理。代理人只能在委托人的授权范围内，以委托人的名义从事代理活动。

2. 根据房地产市场分级的方法划分

根据房地产市场分级的方法，房地产经纪业务又可以分为：土地交易经纪业务、商品房交易经纪业务和存量房交易经纪业务。

3. 根据房地产经纪所促成的房地产交易的方式不同划分

根据房地产经纪所促成的房地产交易的不同方式，还可以将房地产经纪业务分为：房地产买卖经纪、房地产租赁经纪、房地产抵押经纪等。

以上这些不同的房地产经纪业务涉及不同的房地产细分市场，或形成不同的业务经营模式，这就使得房地产经纪机构需要根据自身条件及行业竞争情况扬长避短地进行选择，从而促成房地产经纪行业内部的专业化分工。

4.2 房地产经纪业务的基本流程

房地产经纪活动因其较强的地域性和交易的个性特点，使每一种业务、每一个不同地区的习惯性做法，包括各个地方的政策制度都会有较大的差异，因此，房地产经纪业务进行的流程没有什么定式可言。一般来说有以下几项内容需要进行操作：物业信息的收集、整理与传播；房源与客源的开拓；信息配对与业务洽谈；物业查验、签订房地产经纪服务合同、引领买方（承租方）看房、代理（或协助）交易达成、代办产权过户与登记、物业交验、佣金结算、售后服务。

4.2.1 信息的收集、整理与传播

信息，是房地产经纪人赖以开展业务的重要资源。经纪人为了拓展业务，必须从收集、整理和传递信息开始。房地产经纪信息在特定的时间、特定的地点和特定的环境下所发挥的效益是完全不同的。各种信息有真有假，要逐一进行筛选、分析、整理，去伪存真，去粗取精。同时，信息的时间性很强，必须注意其时效性。有些经济信息还有一定的局限性和偶然性，采用时不应以偏概全，不适应实际情况的信息不能采用；最后，对经确认可以采用的经济信息，要尽快利用，以及时获得效益。

1. 房地产经纪信息的特点

从一般信息的共有特征以及房地产行业运行中所表现出的特点，房地产经纪信息的特点有：真实性、等级性、可压缩性、扩散性、传输性、时效性等（注：这部分内容在“第六章房地产经纪信息”中有详细叙述），但就房地产经纪信息对促进房地产经纪人业务以及所发挥效益的重要程度来看，房地产经纪信息突出的特点是时效性、地域性和扩散性。

（1）时效性

房地产经纪信息是一种动态资源，在某一时刻，信息能够发挥或产生资源效益，在另一时刻则可能会失去资源效益。房地产交易可能随时发生和完成，因此，房地产经纪人要及时捕捉信息，并进行有效的分析、判断和处理，对有价值的经纪信息要尽快寻找客户，完成交易。一旦信息失去时效性，那么它的效用就会降低，甚至完全丧失，同时还会带来不必要的支出。如果经纪人根据失去时效的信息做出错误的决策，不仅给买卖双方带来损失，也会给自己的利益带来损失，信誉受到影响。

（2）地域性

房地产经纪信息的地域性是因为许多信息发挥效用的空间是有限的，由于房地产的不可移动性，其信息的地域性更加突出。

（3）扩散性

房地产经纪信息的扩散性是指不管如何保密或封锁，信息总是可以扩散的，而且通过的渠道和传输的手段也是多种多样的。信息的扩散对房地产经纪人的作用具有双重性，有利的一面是经纪人能轻易获取信息，不利的一面是信息扩散导致买卖双方直接会面的可能性增大，经纪人可能失去一些获利机会。经纪人要学会趋利避害，要善于利用时间差，在信息未扩散前找到客户，完成交易。

2. 房地产经纪信息的搜集

（1）房地产经纪信息搜集的内容

房地产经纪人受理了委托业务后，主要应收集三方面的信息：标的物业信息、与标的物业相关的市场信息和委托方信息。

①标的物业信息是指标的物业的物质状况、权属状况、环境状况等方面的信息。

②与标的物业相关的市场信息是指标的物业所属的房地产分类市场（如中心城区二手住宅市场、城市边缘区别墅市场等）的供求信息、价格信息等。

③委托方信息包括委托方的类型（如个人或法人，法人的经营类型）、信誉情况等。

对以上信息辨别、分析、整理后，房地产经纪人对委托标的的成交对象、可能的成交价格就会有一定的把握。接下来就要进行信息传播，以吸引潜在的交易对象。

（2）房地产经纪信息搜集的渠道

搜集信息是房地产经纪人开始实施居间服务的起点。搜集信息要能做到主动及时，以保证信息的时效性；要真实可靠，将搜集到的信息进行严格核实、检测、筛选，去伪存真，以保证信息的准确性；要明确信息搜集的任务、目的、对象，搜集信息要有针对性，避免盲目。

房地产经纪信息搜集一般有以下几种渠道：

①通过报刊资料搜集信息。各类报刊杂志中包含有丰富的信息资源。除专业的房地产报刊杂志外，其他书刊也有房地产栏目。

②通过房地产开发企业内部搜集。经纪人应与开发企业建立良好的合作关系，以便获得第一手信息资料。

③通过定期交纳一定的费用加入信息网络组织。信息网络组织已在许多地方设立。通过网络组织成员之间的相互交流，或者通过网络成员之间提供刊物和联机服务、咨询能获得大量信息。一般情形下，房地产信息网站上的房地产信息主要有以

下一些栏目和内容，见表 4-1。

④在房地产交易市场、展销会等场所搜集信息。房地产交易必须到房地产市场办理评估、交费、纳税、登记等有关手续，汇集了买卖双方的人流。房地产市场自然能汇集大量的供求信息。

3. 房地产经纪信息的整理

房地产经纪人搜集到的信息是大量的，而真正能够实现交易、直接获利的信息只是少数。因此，经纪人必须对搜集到的信息进行加工、整理，其方法和步骤如下：

①筛选。通过归纳、分析、对比，去粗取精，去伪存真，剔除重复信息。

②分类排序。对有价值的信息按目的、要求、时间、地域、需求层次等进行分类、排列成序。

③存储。许多信息一时用不上，有些信息可能不止用一次，必须存储。

④评估和分析。对信息的含量、价值、时效等做出评估、判断，挑选出直接用于交易的信息，同时提取一批与之相关的信息，为交易谈判服务。

完成以上工作后，就可以着手寻找客户了。

4. 房地产经纪信息的传播

有效的传播手段既是房地产经纪人业务开展的重要基础，也是房地产经纪机构经营管理的重要手段。

（1）房地产经纪信息传播的内容

根据搜集到的房地产经纪信息的三个方面内容（即标的物业信息、与标的物业相关的市场信息和委托方信息），再经过整理后我们应主要选择两方面的信息进行传播——即房地产经纪信息传播的主要内容是：①委托标的物业信息；②委托方的信息。而对委托方信息的传播主要在代理业务时。值得注意的是，目前很多房产经纪机构及执业人员都非常重视运用信息高速公路及互联网技术进行信息的采集和传递，使信息成为房地产经纪人的知识财富并转化为实际经营能力。这已成为各房产经纪机构及执业人员提高其竞争能力的有效途径。

（2）房地产经纪信息传播的方式与渠道

房地产经纪信息传播的方式与渠道是多种多样的，常用的方式有：派发单张、楼盘现场展示、经纪机构店铺招贴、人员推介、邮发函件及各种媒体宣传等（包括：广播、电视、网络、报纸、杂志、通讯等）。随着网络技术的普及，房地产信息在网上的宣传力度与专业性日益增强。目前，网络信息广告及网站的内容也日趋专业化。表 4-1 是当前各类网站上介绍房地产中介经纪信息的主要栏目和相关内容。

房地产中介经济信息网站中栏目设置及其内容与作用 表 4-1

序号	项目名称	项目内容	项目的作用
1	政策法规	这一项目主要采用子网页文字的形式介绍关于房地产行业有关的最新政策、法规制度	人们可以通过此专栏更加深刻地了解房地产现在的市场走向，使房地产中介经纪人充分利用有效的政策法规来开展自己的中介业务，而广大群众客户也可以利用此专栏充分地理解有关政策法规，减少在交易中受到不该发生的蒙骗，增强中介行业交易的透明度
2	房源信息	此专栏项目包括买房、卖房、租房三个部分	作为买方，你可以通过买房专栏查询你所满意的房源，包括地段、房型、面积、价格。如果你在网上不能查到你所称心的房源，你也可以将你的房源请求信息登记在网上，一旦经纪公司有适合你的房源，经纪人会随时随地通知你，满足你的要求。如果你是卖方，你可毫无保留的将你的房源信息与你的联系方式通过网络传送到公司，公司进行信息处理后，即时地发送到网上，让你的房源在几分钟之内遍布全世界各个角落。相对来说，出租与招租也以此类推
3	房产知识	房地产常用知识	帮助委托人或客户解答房地产的常识性问题
4	装潢装饰	本项目可以向人们介绍房屋装修、装饰的基本知识。并提出一些建议供大家参考	例如：一些房屋装饰带来的环境污染对人体十分有害。如果通过网上可以了解这些知识，客户就不会为这些事而烦恼了；装潢、装饰专栏也为装饰公司提供一个广阔的宣传平台，在这里，可以利用现有的网络技术，更为具体、形象的介绍和宣传公司
5	公司简介	着重介绍本房地产经纪公司的基本状况，内容包括：公司的规模、公司的性质、公司的发展史、公司的领导班子成员、公司的坐落、公司的联系方式等等	公司通过本专栏充分地展现自己，以扩大自己知名度为最终的目标，为今后开展工作打下坚实的基础
6	房产新闻	重点介绍最近发生在各大城市值得大家关注的房地产新闻、重大变革和决策等	它的作用与中央电视台新闻联播性质类似，但它比新闻联播来的持久。房产新闻可以在网上停留比较长的时间，供大家去研究与阅读，在其中可以推荐重点新闻，每次的新闻在网上可以保留一个月之久，有的重点新闻甚至可以保持更长的时间
7	房产贷款	介绍各类购房贷款的渠道和细则	购房的顾客可以通过网上去了解贷款，选择适合自己的贷款方式

续上表

序号	项目名称	项目内容	项目的作用
8	保险专栏	重点介绍保险公司及险种	通过本专栏了解购房买保险的重要性，并提供一整套买保险的流程图，可以为了方便广大购买保险的人而设立此专栏
9	友情链接	相关网站链接	可以直接从本网页转到其他客户想登陆的网站，通过设立这样的专栏，一是更方便顾客寻找适合自己的网站；二是扩大网站的知名度。这种友情链接是现在各网站十分喜爱的广告形式，可以不用花任何成本而为自己的公司做广告宣传
10	房产评估	房产评估的方法	顾客可以通过本专栏大体来评估一下自己买卖的房源价格，做到心中有数
11	房产拍卖	预拍卖的房产和可操作程序	房地产经纪企业可以通过此专栏进行房产拍卖。但此类项目目前还不能发挥应有的水平，人们对其信任度不是很高，有待于人们进一步的认识，如果发展到期望的效果时，人们就可以足不出户地通过网络拍卖，购买自己喜爱的房屋
12	合租专栏	提供租赁信息	扩大租赁中介的服务范围，切实地解决承租人的问题

4.2.2 房源与客源的开拓

在房地产经纪业务中，房地产供需双方是形成交易的前提。我们一般将拥有房屋并想要转让的一方称之为供方，也就是房地产经纪业务展开的房源，包括业主（或委托人）以及委托（或预委托）出售或出租的房屋；将对房屋有需求的一方称之为需方，也就是在房地产经纪业务中的客源，包括一切对购买或租赁房屋有现实需求或潜在需求的客户。

房源和客源都是房地产经纪机构的资源，它们互为条件、互为目标，拥有数量越多、类型越多的房源与客源，经纪机构在市场中的竞争实力和地位也就越高。只有不断的搜集、积累和利用更多的房源信息，才能取得更好的经纪业绩；只有不断的挖掘客源，开发客户，才能创造更多的成交机会。

房源开拓的渠道主要分为大业主和小业主两种。大业主主要是指房地产开发商、房地产相关行业、大型企事业单位、资产管理公司、银行等，一般主要是通过主动接触、专人（或专门工作小组）洽谈的方式进行；对于小业主一般通过报纸广告、路牌广告、派发宣传单张、电话访问、互联网、直接接触等方式进行。

客源开拓的渠道主要是通过广告（包括报纸、电视、网络、宣传单张、广播等各种媒体）、会员俱乐部、讲座等方式，通过有效的市场营销手段，建立良好的社会形象和更多长期且较为稳定的客户关系。

4.2.3 信息配对与业务洽谈

房地产经纪人在获得有效的房源和客源信息后，除作必要的分类外，应对其进行配对处理，根据房源和客源对服务的要求进行初步的配对选择，以便提高业务洽谈的成功率。

当委托人已有初步委托意向时，房地产经纪机构就要派出专门的经纪人员与其进行业务洽谈。房地产经纪人进行业务洽谈是取得业务的关键环节，一般我们应注意以下事项：

第一，业务洽谈的首要环节是倾听客户的陈述，以充分了解委托人的意图与要求，衡量自身接受委托、完成任务的能力；

第二，应通过查验有关证件，如身份证、公司营业执照、产权证、土地使用证、新建工程规划许可证以及施工许可证等来了解委托人的主体资格、生产经营状况及信誉；

第三，要向客户告知自己及房地产经纪机构的姓名、名称、资格以及按房地产经纪执业规范必须告知的所有事项，包括：经纪方式、佣金标准、服务标准以及拟采用的经纪合同类型及文本等关键事项与客户进行协商，达成委托意向。

4.2.4 物业查验

1.物业查验的主要内容

（1）物业的实物状况

对即将交易的物业实物的现状以及历史的建筑结构等状况进行检查，包括物业所处地块的具体位置和形状、朝向、房屋建筑的结构、设备、装修情况、房屋建筑的成新度等。

（2）物业的权属情况

在商品房预售代理业务中，一般被代理的物业都有所有权，但经济适用房与普通商品房之间仍有一定的差异。在二手房居间业务中，标的物业有所有权房也有使用权房。如果是所有权房，要注意其是否为共有房产。对共有房产的转让和交易，须得到其他产权共有人的书面同意。如未经其他共有人书面同意，该房产不得转让、抵押和租赁，其委托代理的居间业务也不能成立。如果是使用权房，也要注意独用成套房与非独用成套住房的差别，而且各地的有关政策规定不尽相同，如售后公房上市的规定，各地就有一定的差异，房地产经纪人必须及时了解这方面的政策动态。对物业权属所覆盖的空间范围（面积和边界）也要予以确认。

房地产产权的真实性与可靠性，是决定交易是否能够进行的前提。对于产权有争议、或未取得房地产产权证、或房屋被司法或行政部门依法限制和查封等各种原因而造成房地产产权不完整的，都不得转让、出租或抵押，因而涉及此类物业的经纪业务不能成立。这一点也是房地产经纪活动中的主要风险之一。

另外，房地产其他权利设定情况，即是否设定抵押权、租赁权？如果有，权利人是谁？期限如何确定？这些情况都将对标的物交易的难易，以及价格、手续等方面产生很大的影响，必须在事先搞清楚。

（3）物业的环境状况

包括标的物业相邻的物业类型、周边的交通、绿地、生活设施、自然景观、污染情况等。

2. 物业查验的基本途径

房地产经纪人无论是接受委托销（预）售（租）的商品房，还是接受委托要买入（承租）的商品房，都必须应对房屋基本情况进行查验。查验途径有下列三种：

（1）对房屋“身份”的查验

房屋的身份主要是通过查阅房地产产权证、售楼说明书、项目批准文件、工程概况等文字性文件资料，了解房屋的结构、层次、面积、房型、价格、绿化面积等。但要注意具有法律效力的文件（如产权证、项目批准文件）与非法律文件（如售楼说明书）的区别，非法律文件只能作为参考，不可作为确认物业的依据。

（2）现场实地查勘

通过现场实地察看，了解房屋的成新、外形、房屋的质量（如屋顶、楼面、墙面有无渗漏水迹、裂缝，门窗开启是否灵活，上下水道及煤气管道有无渗漏情况等）、房屋的平面布置、公用部位情况、楼宇周围环境、房屋所处地段、交通环境等。

（3）对相关人员的了解

房地产经纪人员可以向已入住的业主了解房屋使用情况，业主往往是房屋质量的第一见证人。如果邻近地区有类似楼盘，还应该向邻近楼盘的开发商或代理商了解有关楼盘情况，以比较出该楼盘与邻近楼盘之间的区别和特点。

4.2.5 引领买方（承租方）看房

物业查验和引领看房是分别针对卖方和买方的两个不同方向的业务活动，对于卖方或出租方经纪人通过查验物业，确认所要接受业务；对于买方或承租方，则是将以经过初步查验的房屋予以展示。由于房地产是不动产，现场看房就是房地产交易中必不可少的环节。无论作为买方代理，还是卖方代理，抑或是从事居间业务，房地产经纪人都有义务引领买方（承租方）全面查验标的物业的结构、设备、装修等实体状况和物业的使用状况、环境状况，并充分告知与该物业有关的一切有利或不利因素。

4.2.6 签订房地产经纪服务合同

房地产经纪人接受委托人委托，应签订委托合同（或：委托协议），委托合同也称房地产经纪服务合同，具体形式应根据业务类型的不同而异，如居间业务应签订房地产居间服务合同，代理业务应签订房地产代理服务合同。委托合同的当事人双方既可以是自然人或法人，也可以一方是自然人，另一方是法人。自然人必须具有完全民事行为能力。作为委托人的自然人或法人对委托事务必须具备相应的权利能力，即只有委托人依法有权进行的事务才可委托他人办理，否则委托合同无效。

4.2.7 代理（或协助）交易达成

无论是哪一种经纪行为，最终要促成交易。因此这一环节是整个流程中的关键。房地产经纪人在这一环节中的主要工作有以下两个方面：

（1）协调交易价格

通常情况下，交易双方总是各自站在自己的立场上来判断房地产价格。因此，常常不能就成交价格达成一致意见。这就需要房地产经纪人以专业人士的身份和经验来协调双方的认识。一般而言，房地产经纪人应以标的物业的客观市场价值为基准来协调交易双方，必要时还可借助房地产评估机构的力量。

（2）代理或协助签订交易合同

签订交易合同是成交的标志。房地产经纪应代理（或）协助委托方与交易对象签订合同。由于房地产交易合同是比较复杂的经济合同，客户因受自身知识、经验的局限，常常不能把握合同的各个细节。因此房地产经纪人要特别提醒客户注意合同条款中许多容易忽视的细节。必要时，应建议客户委托律师进行协助。

4.2.8 代办产权过户与登记

房地产交易要么涉及房地产产权的转移（如买卖），要么涉及他项权利的设立（如抵押、租赁等），而房地产登记是保证这类权利变更有效性的基本手段。大多数情况下，房地产经纪人需代理客户办理各类产权登记手续。有时客户要亲自办理这类手续，房地产经纪人也应进行协助，如告知登记部门的工作地点、办公时间及必须准备的资料等。

4.2.9 协办物业交验

物业交验是房地产交易双方产权与房地产实物交换让渡的行为，也是房地产交易过程中最容易暴露问题和产生矛盾的一环。因此，房地产经纪人有责任协助履行让渡转手，并就委托服务合同约定的有关事项予以必要的协助。

1. 确认交房日期

房地产经纪人应在交易合同所约定的交房日之前，先向卖方（出租方）确认交房时间，然后书面通知买方（承租方）。

2. 确认物业功能与价值

由于房地产是权益复杂的商品，其功能和价值受多种内部及外部因素的影响。通常以房地产交易合同所述内容为物业交验功能和价值考虑的蓝本。一份周全的房地产交易合同，是界定该房地产功能和价值的法律文件。

3. 确认物业现状

物业交接时买方需要校对物业实际情况是否与合同规定相符，如设备、装修的规格、质量等。这时房地产经纪人必须充分发挥自己的专业知识和经验，协助买方客户进行校对。即使委托方是卖方，房地产经纪人也应该这样做。因为这是避免日后纠纷的重要手段。

4. 注意协调双方的不同意见

由于物业交接与签订成交合同之间常常有一个时间过程，在间隔一段时间后，难免有一些因素会发生变动，因此，如何就这些变动达成解决方案也是避免纠纷的重要环节。有时，一份不够周全的交易合同也会在物业交验时引起双方的争议。此时，房地产经纪人更应运用自己的市场经验，发挥良好的沟通、协调能力，在交易双方之间进行斡旋，促成调解方案。

4.2.10 佣金结算

交易过程完成后，房地产经纪人应及时与委托人（或交易双方）进行佣金结算，佣金金额和结算方式应按经纪合同的约定来定。房地产经纪人在按时完成委托的经纪业务之后，也应善于把握好这一环节，以保护自己的合法权益。

以上业务流程中的各个环节，在不同经纪业务（如商品房销售代理、二手房居间）的实际操作时，相互之间可能会有一些交叉，有些则不能一次完成。房地产经纪人员可根据实际情况灵活掌握。但不应遗漏任何基本环节，以保证每笔经纪业务的顺利完成。

4.2.11 售后服务

售后服务是房地产经纪机构提高服务，稳定老客户的重要环节。售后服务的内容可包括三个主要方面：第一是延伸服务，如作为买方代理时为买方进一步提供装修、家具配置、搬家等服务；第二是改进服务，即了解客户对本次交易的满意程度，对客户感到不满意的环节进行必要的补救；第三是跟踪服务，即了解客户是否有新的需求意向，并提供针对性的服务。如已购买了二室户住房的客户，一段时间后又要买更大的住房等。这样做，既能为客户提供最大的便利，也有助于今后进一步拓展业务。

4.3 房地产居间业务及其流程

4.3.1 房地产居间业务的特征

居间，顾名思义是处在双方之间。房地产居间是房地产经纪人作为中介人为委托方报告房地产成交机会或撮合委托方与他方成交，委托方给付一定报酬的商业服务活动。

1. 房地产居间与代理的区别

中介活动作为一种商业行为与通常的交易行为的最主要的区别是中介人并不占有交易对象。中介人从事的是一种商业服务行为，他以获取佣金为目的。从广义上说，代理也是一种中介服务活动，但经纪人作为代理人时其所处的地位已不再是中立的，他必须是以被代理人的名义而且是在被代理人授权范围内从事活动，代理活动所产生的法律后果也由被代理人承担。而居间活动中，居间人（中介人）是以自己的名义从事活动，而且经纪人是根据自己所掌握的信息、资料等独立地做出意思表示。居间人对自己所从事的活动承担法律后果，若委托人与相对人交易成功则提取佣金，交易不成则徒劳无益。因此，居间是最典型的一种中介活动。

2. 房地产居间与行纪的区别

居间与行纪活动的相同之处是在行纪活动中，受托人也是以自己的名义为委托人从事商业活动。行纪与居间所不同的是，在行纪活动中，受托人只能以自己的名义进行活动，而且受托人要与相对第三人发生业务关系，其产生的后果由受托人自己承担（这也是行纪与代理的主要区别）。而居间人只与委托人确立合同关系，与相对第三人有业务上的接洽，但不一定产生法律关系。当然，有时经纪人也可能同时接受相对人的委托，确立合同关系，即成为交易双方的委托人。这样，在一宗居间业务中就存在两个居间合同。但是，居间合同的标的与行纪活动中受托人与第三方业务合同，如拍卖合同等是不同的。拍卖合同中的标的是所拍卖的物品，而居间合同中的标的则是劳务，即是居间活动。从居间活动与行纪活动的主体来分析，居间活动中的居间人既可以是个体经纪人，也可以是经纪人事务所或经纪公司，而行纪活动中的受托人通常为从事信托业务的企业法人，如信托商店、拍卖行或拍卖公司等。国家对从事行纪业务的主体资格要求更为严格。

3. 房地产居间业务的其他特征

①房地产经纪人只以自己的名义替交易双方媒介交易，并不具体代表其中任何

一方。因此，居间人没有代为订立合同的权利。如果经纪人代理委托人签订合同，这时经纪人的身份就不是中介人了，而是代理人的身份了。代理人与相对人签订合同只能以被代理人的名义，而不能以代理人自己的名义签订。经纪人在居间活动中的法律地位与在代理中的法律地位是不一样的。

②房地产居间业务范围广。房地产居间业务可以包括房屋买卖居间、房屋租赁居间、房屋置换居间、土地使用权转让居间等。

③房地产经纪人介入交易双方的交易活动程度较浅。居间人只是向委托人报告成交机会或撮合双方成交，起到穿针引线、牵线搭桥的作用，其服务内容较为简单，参与双方交易过程的时间也比较短。

④房地产居间是一种有偿的商业服务行为。任何一种居间行为都是有偿的，只要经纪人完成了约定的居间活动，促成交易双方成交，经纪人就有权收取佣金。由于房地产的价值大，因此，佣金收入也较高。

⑤房地产居间活动要求经纪人具有一定的房地产专业知识。房地产是一种特殊的商品，交易双方投入的资金比较大，当事人对这种不动产的交易行为都比较慎重。正是因为当事人自己对房地产缺乏专业知识，才更需要经纪人介入交易。而且，由于房地产的不可移动性，房地产市场的地域性尤为突出，其价格的复杂性不是普通居民所能熟悉的。

4.3.2 房地产居间业务的流程

房地产居间业务主要是以二手房的买卖转让和租赁的经纪服务为主。所谓“二手楼”是泛指竞购一次或一次以上或数度买卖转手的楼宇房产，房龄有长有短。从服务过程而言，房地产居间业务与上述房地产经纪业务的一般流程没有本质区别，但关键在以下三个环节，即：信息的收集、整理与传播，寻找客户与信息配对，以及交易洽谈与撮合。

1.信息的收集、整理、传播

房地产经纪人的工作就是为买卖双方牵线，完成信息的传递，促成交易成交。因此，信息是经纪人拥有的资源和资本，经纪人拥有的信息量的多少及其重要程度，决定着经纪人业务成就的大小。因此，获取和整理信息是房地产经纪人业务活动的第一项工作。

2.寻找客户与信息配对

经纪人是买卖双方的中介，没有客户就无所谓经纪。寻找客户是经纪人达成交易的关键，经纪人必须遵循“客户至上”的原则，自己想方设法寻找客户。当然，一些信誉好的经纪人事务所、经纪公司也会有客户找上门来，但这只是来源的渠道之一，而且是被动的。经纪人必须培养主动寻找客户的技能。寻找客户和搜集信息既有相同之处，又有不同之处。搜集信息包括搜集房源信息和客源信息，这本身包括寻找客户的内容。但寻找客户针对性更强，时间更紧迫。所谓针对性更强，就是以特定的信息只能寻找相对的客户。如有些高档别墅只能适合某一层次的消费者，而且客源较少，不主动出击就会失去机会。时间更紧迫，就是说“时间就是金钱”。事实上，时间既是金钱，但时间也是风险。一桩生意可能因为耽误一天甚至几个小时，就被别人抢先了，或由买卖双方自己做了。这时，经纪人辛苦搜集到的信息就失去了价值。因此，必须考虑将以获得的信息进行必要的配对。

进行信息配对时需注意的事项：

（1）确定客户的范围

挑选出一批客户候选人，通过市场细分，选择排列出潜在客户。

（2）划分物业类型

根据委托物业的性质、用途、位置与地段、结构与户型等方面将物业进行必要的分类。例如，从物业的性质划分，是经济适用房、普通住宅、商品房还是公房；从物业的用途划分，是住宅、营业用房还是闲置厂房；从委托交易的目的划分，是投资还是自用；从物业所处的地理位置来划分是市中心、新城区还是城郊结合部，一般按行政区划划分区位；从住宅类型来划分，是别墅、多层普通住宅还是高层小高层；从物业的户型划分，是三居室、二居室还是一室户；从物业的面积大小划分，可以按照当时当地的习惯性等级划分方法进行划分，也可根据政策面规定的住房等级大小划分。

（3）从买方的经济承受能力或卖方的供楼能力来划分

如买方是外商、外企职员、工薪阶层还是打工族；卖方是开发商还是居民个人、出租方出租的是私房还是公房使用权的转让；从房屋的价格或租金水平也可以划分出一批客户候选人，如所需房屋是全装修、简单装修还是简易房屋。

经纪人在已储存的信息资料中挑选出一批可能成为客户的候选人。对客户候选人要按可能性大小，依顺序落实。

（1）与客户候选人联系，确定现实的买主或卖主

客户候选人只是潜在的客户，要使潜在的客户变成现实的客户，还要做大量的工作。这也是寻找客户的过程中最关键的一环。与客户联系的方法可以用电话、信函。如果客户候选人过去并不熟悉，一般要求经纪人登门拜访，当面会晤。开拓新客户是一门艺术，有许多技巧需要经纪人在实践中去摸索。在与客户联系的过程中，有几个原则应当遵守：一是信誉第一；二是真诚服务；三是耐心细致。信誉是经纪人得以生存和发展的根本。由于几千年来，社会对经纪人一直有偏见，加上前些年经济秩序比较乱，交易行为不规范，人们对经纪人有防范心理。因此，经纪人更应该以信誉立足社会，用真诚感动客户，靠耐心细致发现机会，把握住商机。

(2) 在竞争中争取更多的客户

在当今竞争激烈的商业社会，必须不断开发新客户才能有生存的空间。要搜集新客户的信息，可以采取以下几种方法：一是直接拜访法，先以电话或信函联系后登门拜访。二是缘故法，即通过亲戚、朋友、同学等介绍，然后再按计划去拜访。由于熟人介绍容易取得信任，此法效果颇佳。三是其他方法。通过扩大自己的交际圈，如参加各种俱乐部、社会团体、同乡会、同学会、行业协会等，以增进人际关系。在当今信息时代，广泛的社会关系，良好的人缘对经纪人而言就是一种无形资产。俗话说“多一个朋友多一条路”这句话对经纪人来说就是多一个朋友就多一个信息的来源渠道。

3. 交易洽谈与撮合成交

(1) 撮合成交

经纪人在找到买卖双方后，接着就是促成买卖双方签订成交合同。经纪人撮合成交的过程因经纪活动的情况各异而有所不同。

①经纪人作为中介人不参与成交谈判和合同的签订。经纪人完成牵线搭桥的任务，把买卖双方拉到一起后，经纪活动就已告完成。在这种情况下，经纪人促成双方成交的工作要在买卖双方见面前完成。经纪人要把买卖双方需求的详细情况分别告知对方，等到双方基本上取得一致，只剩下签合同的具体工作时，经纪人才让双方见面。这样，就增大了成交的把握，也让客户感到经纪人确实做了许多工作，认为付给经纪人佣金是应该的，从而减少被客户中途抛弃的风险。为减少被抛弃的风险，双方首次见面的时间、地点最好由经纪人协助确定。

②经纪人作为中介人参与合同签订的全过程。在这种情形下，经纪人除了要为双方签订合同提供具体的信息资料外，还要在双方有分歧时做一定的协调工作，直到双方签约成交才能提取佣金。应当指出的是经纪人在整个经纪活动中的法律地位既不是任何一方的代理人，也不是任何一方的保证人，其身份仍然是中介人。即使经纪人在合同上签字，其身份的性质也并未改变。经纪人对其签字只承担见证责任。

(2) 提取佣金

经纪人的佣金根据居间业务的不同有多种计算方式。如房屋买卖居间一般以房屋的成交价按比例提取，而房屋租赁居间也可以以年租金按比例提取，商业习惯中也有的是提取相当于一个月的租金作为佣金。

提取佣金的方法主要有以下三种：

①在成交前提取佣金。这种情况不太多。这种佣金相当于信息咨询费，每笔佣金的数量也不大。一般的做法是经纪人可以要求委托人预付部分佣金或提供保证金，其余的在成交后支付；

②在买卖双方成交后提取佣金。这是一种较普遍的方式。在这种情况下提取佣金，对经纪人来说风险较大。因此，经纪人应该与委托人事先签订书面的居间合同。

③根据口头协议在成交后提取佣金。这种方式是业余经纪人常采用的方式。这种做法虽然简便，但风险大，经纪人容易被抛弃。经纪人得到佣金后，一项经纪活动也就随之结束。

4.4 房地产代理业务

4.4.1 代理制度概述

1. 代理的概念及特征

（1）代理的概念

代理是代理人在代理权限内，以被代理人的名义独立地行使民事行为，所产生的法律后果直接归属于被代理人的制度。代理关系涉及三方当事人：被代理人、代理人、代理行为的相对人。代理制度的设立，使得公民或法人代表在不能亲自从事某些民事活动的情况下，可以通过授权或法律的直接规定，由代理人代为行使权力，而直接承担代理行为的法律后果。代理制度的作用就在于被代理人通过授权或法律的直接规定大大扩大了人们参与民事活动的范围。

（2）代理的特征

①代理人是以被代理人的名义进行代理行为。

②代理人在代理权限范围内独立进行代理行为。

③代理人进行的民事活动的法律后果归属于被代理人。

2. 代理的种类

根据代理权发生原因的不同，代理可分为委托代理、法定代理和指定代理。

（1）委托代理

委托代理是基于被代理人的授权而发生的代理。这是代理中最常见、应用最广泛的一种形式。

（2）法定代理

法定代理是指由法律规定而直接产生的代理。在法定代理中，代理关系的产生并不需要任何人的授权，代理权是基于法律的直接规定。法定代理制度的设立是为了保护特定民事主体的利益，同时也是为保证交易的安全。法定代理主要是为无行为能力人和限制行为能力人设定的。《民法通则》规定，无民事行为能力人、限制行为能力人的监护人是他们的法定代理人。

(3) 指定代理

指定代理是指由人民法院或有关机关的指定而产生的代理。在代理人不明、代理人有正当理由无法行使代理权、代理人互相争夺或推诿代理权时，适用指定代理，由人民法院或对被代理人的合法利益负有保护的法定义务的单位指定代理人。

4.4.2 房地产代理业务的形式

由于房地产的价格确定机制及交易程序都比较复杂，而且房地产又具有不可移动的特点，因此，房地产交易中采用代理这种形式较为广泛。房地产经纪人介入房地产交易的深度和广度与商业社会的发展程度成正比。在国外，房地产的买卖、租赁、税费的缴纳、权证的登记过户等都可以委托房地产经纪人办理。美国的房地产开发商其房屋的销售大都愿意委托经纪人销售，其代理方式有一般代理、总代理、独家代理、包销包租代理、保证酬金代理、联网经销代理和净代理等。下面对几种比较典型的代理形式做一些介绍。

1. 一般代理

一般代理，也叫开放性代理。该种代理形式中，业主可以同时雇佣多个经纪人，每个经纪人都有机会卖出该物业，并获得佣金，但是，该佣金只属于成功找到买主，并使买卖双方签订合同的人。这种代理往往没有明确的雇佣期限，卖方有权随时终止他和经纪人的委托关系，由自己出售该物业而不付佣金。

2. 总代理

总代理，也叫排他性代理。这种代理形式中，业主通常只与一个经纪人确定代理关系，但是，业主仍然有权在合同期满之前，自己卖出该物业而不付佣金。总代理这种形式比一般代理对经纪人更为有利，因为它可以防止新的经纪人对原来的经纪人取而代之。如果新的经纪人有有意购买该物业的顾客，新的经纪人只能与总代理人联系，经许可后与总代理人一起工作。

3. 独家代理

独家代理，在美国应用最广泛的一种代理形式。这种代理形式规定只有合同确定的经纪人才有权出售该物业，其他任何人包括业主都不能超越该经纪人的权力。若该物业被其他人包括业主自己卖出，仍然只有总代理人有权获得该佣金。也就是说，业主不能因为自己出售该物业而拒绝付佣金给总代理人。这种代理表明业主对该经纪人充满信心，放手委托经纪人全权处理该物业的销售。经纪人则会尽最大努力，在尽可能短的时间内将该物业卖掉。因此，这种代理对委托人与经纪人双方都是最好的。

4. 差额佣金代理

差额佣金代理，允许经纪人获得的佣金为该房产的实际卖价与业主期望的卖价之间的差额。与其他代理形式所不同的是，几乎所有的佣金都是按房产的实际卖价的某个百分比来提取的。这种代理形式应用并不广泛，因为业主感到不公平，认为经纪人可能会将该房产压到最低价而获取暴利。这种代理形式在委托合同签订时不能确定佣金的数量，成交后，业主都往往觉得他们得到的太少，而经纪人的佣金太多。

5. 选择性代理形式

选择性代理形式，也称包销包租代理。这种代理形式给了经纪人自己买入该物业或让顾客买入该物业的选择。经纪人可以自己先从业主手中将该物业买入，过一段时间再转卖给别的买主；也可以先由经纪人叫买主把该物业买下来，并向其保证，过一段时间再帮他转卖给别人或保证出租给别人。这种代理形式比较适合于具有投资性质的买主，对买主来说，这种投资形式风险较小，买主在一定时间内就能转手出让得到回报或得到稳定的租金收入。

6. 信息联网委托代理

信息联网委托代理，就是组织愿意委托某经纪人销售的开发商组成商品房促销群体——促销信息网，并与参与代理的经纪人进行联网，收益共享，通过网员单位与代理商的信息交流，加速促销渠道的流通。

7. 风险包销代理

所谓风险包销代理，就是保证在一定的时间内，销售一定的数量。如果在规定的时间内销不到规定的数量或有剩余，则风险包销就转化为购买。这种代理形式只规定在一定时间内包销的数量而不包底价。由于这种代理形式风险大，因此，中介费提取的比例也大些。

4.4.3 房地产代理业务的基本流程

房地产代理的形式虽然较多，但从其实质上而言，主要问题是确定经纪人作为代理商与开发商或业主的权利义务关系。而房地产代理作为一种中介经纪活动自身有其规律。目前房地产代理业务较多地集中在一手楼的代理销售方面，也是房地产代理业务中最为广泛的一种，下面即以一手楼销售代理业务为例，介绍代理业务一般的操作步骤：

1. 确定委托代理关系

房地产经纪人与开发商或业主通过签订委托合同，得到开发商的授权委托，取得代理商的身份，并在委托合同中明确代理方式、中介费用的支取方式及其比例等。经纪人在接受委托时应审查开发商有无《商品房销售许可证》，涉外销售的还应有《涉外销售许可证》。对二级市场上委托出售的房屋应审查有无《房屋所有权证》和《土地使用权证》。如果不具备这些合法权证，该房销售前景再好，中介利益多厚，都不能接受委托，以免引起纠纷。

2. 进行市场销售的可行性论证

经纪人取得代理商身份后，就应着手进行市场销售前景的分析、论证。对房地产这种特殊商品来说，其所处的地理位置是至关重要的。当然，房屋的价格及其建筑风格、品位也决定了其消费对象和消费层次。因此，对代理项目应从其所处的区域、地段、投资结构、平面布局、小区环境以及开发商或业主的报价等进行市场可行性论证，把握市场的消费层次及其特点。

3. 制定促销计划

代理商在进行了可行性论证的基础上，针对确定的消费层次设计促销广告、制作售楼书、楼盘模型，并确定房屋的基价、层次价、朝向价。

4. 与客户接洽、谈判、签约

（1）接受客户的咨询，介绍所代理物业

客户购置房产都比较慎重，又由于对房地产市场行情及房屋的建筑性质缺乏了解，因此，客户都要“货比三家”，所要咨询的内容较多。代理商应着重以下几方面介绍：首先是要了解客户所需要的性质及类型，是住宅还是商业用房，房型及层次、地段等。然后，代理商就应针对客户的需求有选择地向客户推荐自己所代理的物业。代理商的介绍除了要让客户了解物业的面积大小、平面布置、层次、朝向、价格及物业管理情况外，还应介绍该物业的建筑性质是砖混结构、砖木结构还是钢混结构或浇注式框架结构等。通常，代理商都应备有售楼说明书、房屋价目表等供客户查阅、询问。

（2）与客户签订购房意向书或购房委托书

客户如有购房意向，首先应要求其与代理商签订《购房意向书》或与经纪人确定委托代理关系，签订《购房委托书》，然后可以带客户去现场看房。《购房委托书》的签订意味着客户承认了经纪人的代理身份或者是代理商接受了客户的委托，这是代理中介活动具有实质意义的关键一步。

（3）现场看房

在客户已有明确的购房意向后，就可以带客户到现场看房。看房时，代理人可以要求客户在售楼现场进行看房登记。然后，由代理人带客户进入现场看房。客户自己也可以直接去现场看房，客户也应在售楼现场登记并支付一定的看房费或钥匙押金。进行看房登记，代理人一方面可以统计客户对各类房屋的需求情况，另一方面也可以让业主了解物业的销售情况，为以后支付代理费提供依据。

（4）签约、付款

在客户正式选中房后，就应该要求客户签订购房协议。代理人代表业主签订售房协议必须要有业主的《授权委托书》。代理商在与客户签约时也应要求客户出示本人身份证。合同签订后，在买主付清房款后双方应到房地产交易市场及产权监理处办理登记过户手续。

4.4.4 代理费的取得

1. 代理费的收取

房地产代理商的代理费应当向委托人（业主）收取而不能向交易相对人即第三方收取。目前，代理业务较难开展或者说客户不太愿意找代理商买房，其中原因之一就是客户误认为代理商收取的代理费是要由客户来承担的，找代理商实际上是多了一道收费环节。因此，代理商在与客户签约之时就应向其说明，以消除其误解。

2. 收费标准

目前，国家对房地产代理业务的收费标准的规范性文件是国家计划委员会和建设部于1995年7月17日联合发布的《关于房地产中介服务收费的通知》（计价格[1995] 971号）。该文件所规定的收费标准对各地的房地产代理商的收费具有指导作用。其中规定：

（1）房屋租赁代理收费。无论成交的租赁期限长短，均按半月至一月成交租金额标准，由双方协商议定一次性计收。

（2）房屋买卖代理业务收费，按成交价总额的0.5%～2.5%计收。由于房地产的成交金额大，在实际操作中房屋买卖代理收费可按成交价总额分档累进递减计收。

（3）实行独家代理的，收费标准由委托方与房地产代理商协商，可适当提高，但最高不超过成交价的3%。

（4）对土地使用权代理业务收费，也可按成交价格分段累进递减计收。

4.5 房地产经纪的相关业务

4.5.1 房地产咨询

1. 房地产咨询的范畴与作用

咨询是指从事咨询工作的人员运用所掌握的信息、知识、经验、技术和智能为客户提供其所需的信息和智力服务的一类活动。大致分为信息咨询、科技咨询、决策咨询、工程咨询、企管咨询、生活咨询及涉外咨询等七大类。房地产咨询业务是直接为房地产开发、经营服务的，它的服务内容涉及面广，主要集中在信息咨询、决策咨询、工程咨询等方面。具体而言，房地产咨询指在房地产开发及流通过程中，为客户提供信息、建议、策划、可行性研究等各种智能服务的活动。房地产咨询可以为房地产投资在提供包括政策咨询、决策咨询、工程咨询、管理咨询在内的各种咨询服务，也可为房地产市场交易行为中的客户提供信息咨询、技术咨询等中介服务。当然，房地产咨询业务中目前最大的工作是为客户置业提供购房指南等，因此，房地产咨询属于中介服务，是房地产经纪人重要的，而且是基础的相关性服务活动。

房地产咨询的作用主要体现在：

(1) 房地产咨询是由房地产业各方面的专家，运用专门的科学技术和方法，凭借专家头脑中所储备的知识和经验向客户提供各类信息以及各类解决问题的方案、知识和技术。咨询成果作为“软件”产品进入房地产市场，可以直接或间接地为客户创造价值，帮助房地产业主进行科学化决策，从而推动房地产业健康发展。随着房地产咨询业的发展，有利于我们研究国外先进的房地产投资决策系统，研究国际上房地产项目的管理惯例以及涉及房地产经济、金融、估价、物业管理等方面的先进经验及做法等。

(2) 房地产咨询从业人员是一支专家队伍，他们不仅有丰富的房地产开发经营管理的理论知识，而且还懂得建筑、经济、金融、保险等多方面知识。由于房地产咨询队伍的壮大，房地产咨询人员的参与，不仅给房地产业的从业人员以专业的指导，提高自身的水平，而且可以使我国的房地产业的决策水平、投资效益、管理能力上一个新的台阶。

(3) 由于房地产咨询业的运作及发展，咨询业从房地产中介服务业中分离出来，使房地产业的分工更为合理。在市场经济条件下，房地产咨询可以为房地产开发企业、经营企业、管理企业解决许多在企业求生存图发展过程中迫切需要解决的技术问题、经济问题、法律问题等等。任何一个房地产企业不可能拥有能解决各种问题的专家，也不可能花高薪去聘用不经常使用的专家。有了房地产咨询机构，房地产企业遇到什么样的问题就可以向咨询机构中的专家请教，付出较小的费用，获取较大的收益。

2. 房地产咨询业务的基本流程

房地产咨询属于房地产中介服务中的一部分。房地产中介服务涉及房地产策划广告、法律、会计、测量、咨询、估价、管理等业务，而咨询机构所能提供的咨询业务几乎涵盖了中介服务的内容，而且根据咨询机构自身的条件和能力可同时承担上述多项业务。具体咨询业务表现在：

（1）为客户提供建议

房地产咨询机构在进行信息收集和分析的基础上，根据客户的要求，为客户提供专家建议，如对一个房地产开发项目进行可行性研究，提供研究报告，供房地产企业决策。可对房地产企业的开发项目提供工程咨询意见，如对设计方案的优化，项目管理模式的确定，项目目标的确定及实施意见等。由于咨询人员是客户企业的局外人，咨询专家可凭借自身的专业知识、经验和智慧，以独到的分析洞察问题的能力，提出客观、不带偏见、没有顾忌的专业性意见。

房地产咨询机构不仅可为房地产开发企业的经营方针、经营目标、营销策划等方面提供咨询服务，也可以为业主（即购房者）提供购房指南，从市场行情、房改政策、楼盘位置、建筑质量、价格水平、房产的增值前景以及物业管理等主要方面，为房地产交易市场中的顾客或潜在顾客提供专家建议，消除购房者的后顾之忧。

（2）为客户提供信息咨询服务

目前，我国房地产经纪机构中从事咨询服务的主要工作，就是收集房地产市场的各种信息、数据，为客户提供信息服务。房地产咨询机构除了拥有“高智能”的各类专家外，一般还拥有资料齐全的数据库以及随时为数据库输送信息的采集信息的渠道。收集到的信息经过专业咨询人员的筛选、整理、加工、分析，使无序的信息变成有价值的信息资源，随时可为不同的客户服务。

房地产咨询机构同时还得具有收集反馈信息的能力。反馈是指控制系统把信息发送出去，又把其产生的作用及结果返送回来，并对信息的再发送产生影响的过程。房地产企业的决策者十分想了解他的决策执行之后所产生的效果。房地产开发企业很想了解楼盘售出后，房产业主对房地产开发企业的开发项目的设计、套型、建材、质量等的反馈意见。这类工作若由房地产开发企业的自身营销人员来承担的话，也许不经济，反馈的信息也可能不客观公正。因此，房地产开发企业可委托咨询机构去收集，并对收集到的信息进行客观科学地分析，并向客户提供反馈信息的同时提出专家建议，提供预选方案，以便辅佐企业领导决策。

（3）为客户进行市场调研与预测服务

房地产咨询活动离不开对房地产市场进行调研与预测。房地产开发企业在制订公司营销策划时，除了研究企业自身的条件与情况外，还要研究企业所处的市场情况及外部经营环境，这就离不开对市场所作的调研与预测。房地产开发企业可以委托咨询机构对某个房地产市场或对某类住房需求量进行预测，房地产咨询机构的专业人员就会运用其自身的能力及科学手段，对通过调查所获得的有关数据，如人口、职业、收入、现居住面积、户型楼层、配套设施、环境、价格等进行调查，收集信息并进行加工整理，最后提出建设性意见，为客户的决策提供咨询服务。

（4）为房地产项目提供咨询服务

为房地产项目提供咨询服务包括两方面的内容。一方面，这是对与咨询机构和客户有关的第三方提出咨询项目要求后所进行的项目咨询服务。由于房地产开发项目投入资金量大，开发周期长，往往风险比较大。开发项目立项后，当房地产开发企业要求银行等金融机构贷款时，银行为了提高贷款的安全系数，往往会要求房地产咨询机构对该开发项目进行评价咨询。中外合资或合作进行房地产开发，外方也往往要求咨询机构对项目进行评估。涉及到世界银行、亚洲开发银行、联合国开发计划署等机构贷款、援助等项目，都必须先进行项目评估，并由咨询公司完成项目咨询评估后，世界银行才同意贷款或援助才到位。

另一方面内容，指对房地产开发项目实施前期（包括可行性论证、设计咨询等）和实施阶段（工程项目管理咨询——相当于我国的监理，）以及竣工验收后的物业管理阶段（物业管理咨询，房地产销售咨询等）的咨询服务。

3.房地产咨询的服务方式

现代咨询机构的服务方式虽然比传统的咨询服务方式有了很大的进步，但基本上可分为三类：

（1）直答式服务方式

所谓直答式服务方式，指客户提出需要咨询的问题，由咨询机构中的专业咨询专家（或人员）给予口头或书面的直接答复。这也是房地产咨询机构中最常见的一种咨询服务方式。

这类客户提出的咨询问题一般都比较简单，涉及了客户想要了解的信息，如房源信息、房价、有否购买办理手续等，往往在房地产交易过程中涉及的一些具体问题。房地产经纪人基本都具备这方面的知识和经验，都能从事直答式的咨询服务工作。

（2）网络式服务方式

随着计算机的普及，咨询机构通过建立的局部的或区域性的信息和咨询服务网络向客户提供各类咨询服务。这类服务方式起源于20世纪50年代，主要在西方发达国家。目前已成为普遍运用并具有代表性的服务方式。其优点是使咨询服务更具广泛性、时效性、可靠性及实用性。如苏州市一大批房地产经营公司、经纪公司及经纪人公司在房地产经纪人协会的共同努力下，已建立了网员网络，使信息及资源在网员单位之间流通，做到信息资源共享。特别对于房产交易信息、房产租赁、置换、抵押等信息，每个经纪人公司的工作人员、咨询人员坐在自己的微机终端都能查询储存于网络中的信息，做到互惠互利。发达国家的咨询公司不仅通过自建的信息咨询网，而且还将自身的咨询网与国际网联机检索，某个咨询机构的咨询专家遇到自身解决不了的问题时，可以通过网络向其他咨询机构求援。随着计算机网络技术的飞速发展，美国已通过咨询网络建立了 4 000 多万个“家庭办公室”，用户只要用微机拨当地电话号码，与网络连接后，通过网络可随时咨询到国内和世界各地的新闻等。

(3) 项目式服务

这种服务方式一般有两种形式：一种是由客户提出项目，房地产咨询机构根据客户要求，进行调查、研究、论证、回答客户项目中提出的各种问题，如开发计划的咨询、评价开发可行性咨询、工程项目评价咨询、工程计划研究咨询、招投标咨询等。就客户提出的具体项目要求，由咨询机构提供咨询意见这类服务的运用较为普遍。另一种是由咨询机构（人员）向客户提供咨询项目，由客户自行选择。这一类型的服务突出了咨询机构（人员）的主动性，咨询人员为客户设计咨询项目，并承担咨询。咨询方主动提供咨询项目的形式，将越来越被客户所接受。

4.5.2 代办产权过户登记及产权证

民以食为天，民以居为安，安居才能乐业。然而，安居又意味着什么呢？以房地产商品所具有的特殊性质，我们可以将“安居”归结为两个方面：一方面是房屋建设数量的多少与质量的优劣；另一方面就是购房者所购买的房屋是否具有合法身份。如果说前者主要体现在房屋设计图纸与工程建设质量（包括户型、结构、空间、环境、安全、健康无污染等）以及房地产投资水平，那么后者则主要是以房地产权证形式所体现的权利的有效性与合法性。

4.5.3 协办个人住房贷款

1. 个人住房贷款的种类

目前，我国个人住房贷款根据所贷款项来源的不同主要有四种形式，即公积金贷款、住房抵押贷款、住房储蓄贷款和其他担保住房贷款。其中公积金贷款属于政策性贷款，后三种均属于商业性贷款。

(1) 公积金贷款

公积金贷款，全称为公积金个人住房委托贷款，是银行接受住房公积金管理部门的委托，以职工缴存的住房公积金存款为主要资金来源，按照国定规定的要求向能够按时足额缴存住房公积金的职工在购买、建造、大修自住住房时发放的贷款。该类贷款不以盈利为目的，实行“低进低出”的利率政策，因此政策性很强。

公积金个人住房委托贷款的特点：专项消费性贷款、政策性贷款、委托性贷款、抵押贷款。

(2) 住房抵押贷款

住房抵押贷款又称为“按揭”，是指购房者在购置房地产时，将预购置的房地产作为抵押物向银行申请贷款。这是一种抵押担保方式的贷款，是发生在售房者（或担保公司）、银行、购房者三方之间的约定，即约定购房者将其已预付部分购房款房产的全部权益作抵押，并按时按还款计划分期支付本息；约定售房者（或担保公司）为购房者按期偿清银行贷款作担保，约定银行为购房者付清预付款外的所有购房款，在购房者不能按时履行债务时，银行有权处理抵押物并优先得到偿还。

住房抵押贷款的特征：

①借款人（购房者）用购买的房地产作为抵押向银行贷款，是银行提供贷款的基本条件。

②借贷双方签订借款合同的同时，也要签订抵押和同意委托扣款合同。

③借贷双方具有双重关系，即债权债务关系和受押出押关系。贷方既是债权人，同时也是受押人或抵押权人，借方既是债务人，也是出押人或抵押人。

④债务人不按期偿还本息，称为违约。在这种情况下，银行有权取消房地产抵押赎回权，并可以对该房地产进行拍卖，拍卖房款优先抵偿未偿还的贷款本息，剩余款项仍然交还购房者。

住房抵押贷款的基本要素：

①贷款额度

贷款额度也称贷款成数，是指贷款额与楼（房）价的比率，即银行在贷款时通常要求购房者要支付一定比例的现金，即首付款，其余房款由银行提供贷款。目前在国内一般一手楼贷款额度（贷款成数）在7～8成，二手楼为6成。

②利息（贷款利率）

借款人在借贷期限内除偿还本金外，还要支付银行贷款利息。利息决定于贷款利率。住房抵押贷款利率决定于银行存款利率和政府对住房抵押贷款的金融政策。

③借贷期限

借贷期限是指住房抵押贷款分期偿还的期限。目前，国内住房抵押贷款根据贷款人申请贷款的年龄及相关条件进行评价，一般为男60周岁，女55周岁为上限，根据实际情况一手楼可以贷到20～30年不等，二手楼一般最高为15年（商业用房为10年）。贷款期限对于借款人有正负两个方面的影响，即借款期限长，借款人当前或近期所承担还款负担就轻，但所承担的利息负担也就越重；反之，若借款期限短，借款人所承担的利息负担较轻，但每期所要偿还的债务负担就较重。同时还款方式的不同也会产生上述两种影响。

2. 还贷方式

(1) 等额本息还款法

借款人每期以相等的金额（分期还款额）偿还贷款，其中每期归还的金额包括每期应还利息、本金（按约定一般为先还利息，再还本金），按还款间隔逐期偿还，在贷款截止日期前本息全部还清。

注："分期还款额"也就是"每期还款额"；"贷款余额"也称为"贷款剩余本金"。

(2) 等额本金还款法

借款人每期偿还相同的本金，同时付清本期应付的贷款利息。

本章小结

房地产经纪，是房地产中介服务中最主要和最典型的一项业务，它比较集中地反映了中介活动的本质特征。在现实生活中，房地产经纪业务与房地产中介服务体系中的其他各项业务，是相互联系，互相渗透，相辅相成的。例如一项房地产活动，如物业投资的完成，在需要居间介绍的同时，往往也需要物业估价、政策咨询等其他中介职能的介入。因此，房地产经纪人或房地产经纪机构根据自身条件和有关规定可承担多项中介业务。本章阐述了房地产经纪业务的基本内容与相关流程。

练习题

1. 房地产经纪业务一般有哪几种类型？
2. 简述房地产经纪业务的基本流程。
3. 试分析房地产经纪信息的特点？
4. 如何进行房地产经纪信息的整理？
5. 何谓房源？何谓客源？如何进行房源和客源的开拓？
6. 如何进行物业查验？如何协办物业交验？分别应注意哪些问题？
7. 什么是房地产的买方代理和房地产的卖方代理？
8. 房地产居间业务主要有哪几种？
9. 房地产居间业务主要包括哪几个过程？
10. 房地产代理业务流程主要应注意的方面是什么？
11. 何谓房地产咨询？分析房地产咨询与房地产经纪服务中信息传播的异同？
12. 在协办房地产抵押贷款中应注意哪些问题？为什么？

第 5 章
房地产经纪服务合同及相关费用

5.1 房地产经纪服务合同概述

5.1.1 房地产经纪服务合同的涵义与内容

房地产经纪服务合同是房地产交易中必备的书面文件，是房地产经纪活动中最重要的文字载体。房地产经纪机构接受委托提供房地产经纪服务的，应当与委托人签订书面合同。

根据《中华人民共和国合同法》及其立法依据和相关的解释，合同是指平等主体的自然人、法人、其他组织之间设立、变更、终止民事权利义务关系的协议。一般包括三个方面的涵义：

①合同是一种协议。协议是两个以上当事人对于某种过去或将来的事实或行为，在有关权利和责任的理解和认识上相一致，即当事人之间为实现一定的目的而进行协商的结果。

②合同是平等民事主体之间的协议。任何人之间都可能通过协商而取得认识上的一致，但只有平等民事主体之间的协议，才能称为合同。

③合同是设立、变更、终止民事权利义务关系的协议。协议的内容多种多样，涉及到政治、法律、道德等各方面内容。只有平等主体之间达成的，以设立、变更、终止民事权利义务为内容的协议才是合同。

1. 房地产经纪服务合同的概念与原则

房地产经纪服务合同是房地产经纪人为促成委托人与第三方订立房地产交易合同而进行联系、提供信息、介绍房地产性能特点等活动而达成的，具有一定权利和义务关系的协议。

房地产经纪服务合同的订立应遵循以下原则：

①平等的原则。

②自由的原则。

③公平的原则。

④诚实信用的原则。

⑤遵纪守法、不损害公共利益的原则。

2. 房地产经纪服务合同的内容与条款

房地产经纪服务合同的内容由签订合同的当事人约定，是当事人的权利和义务。合同内容一般应包含四个方面，即：

①交易标的价值。

②当事人各自的责任以及希望履行的标准。

③对经济风险及当事人对风险造成损失的分担的事先约定。

④对履约过程中发生障碍的处理办法。同时，作为约定双方行为规则的内容还包括订约、效力、履行、变更、解除、终止、责任等方面的内容。从民事关系的角度而言，合同的内容是指当事人的权利和义务；从法律文书而言，合同的内容是指合同的条款。因此，房地产经纪服务合同条款就是合同内容的具体表现和固定化。

房地产经纪服务合同的主要条款一般应当包括以下几个方面：

①委托人的名称或者姓名、住所。

②房地产经纪机构的名称、住所、法定代表人姓名和执行业务的房地产经纪人员姓名、注册号。

③房地产经纪服务所涉及房地产的基本情况。

④房地产经纪服务的内容、要求以及完成的标准。

⑤合同当事人的权利和义务。

⑥合同履行的方式和期限。

⑦服务费用及其支付方式。

⑧违约责任和纠纷解决方式。

⑨当事人约定的其他事项。

5.2 房地产居间合同

房地产居间合同也称房地产中介合同、中介服务合同，是房地产居间人（又称中介人）与委托人订立的、旨在实现委托人委托事项的权利和义务关系的协议。房地产居间合同除具有合同的一般法律特征外，还具有自身的一些特征与特点。

5.2.1 房地产居间合同的特点

这些特点主要表现在三个方面：

①居间合同的主体是居间人和委托人。居间人，是指在居间合同中为他人成交而撮合服务的一方当事人，即俗称的经纪人、中介人或介绍人等。在同一份居间合同中，委托人一般只有一个，有时也有两个。有一个委托人的居间合同称为双边居间合同，有两个委托人的居间合同则称为多边居间合同。

②居间合同的标的是实现委托人委托的事项。

③居间合同具有自身特有的权利义务关系。

5.2.2 居间合同的主要条款与格式

居间合同应具备以下基本条款：双方当事人、委托事项、酬金、合同期限、违约责任、纠纷的解决方式、双方商定的其他条款，如担保条款等七个方面。

1. 居间合同的基本格式

居间合同的格式有条文式和表格式两种，其基本格式包括以下四项内容：

（1）标题

标题有两种写法：一是写“居间合同”；二是写“委托书”、“委托协议”等。

（2）双方当事人的基本情况

包括姓名、性别、年龄、地址、法定代表人或负责人姓名、性别、年龄等。为便于在合同中叙述，也可将居间人简称为甲方或受托方，将对方简称为乙方或委托方。

（3）正文

正文是居间合同的核心，应予以特别重视。正文中主要写清合同的主要条款，同时也包括合同份数、保存方法。

（4）结尾

结尾一般包括双方的签名、盖章和签署时间。经过公证或签证的合同，还应包括公证或鉴证机关的意见等。

2. 居间合同的主要条款

（1）应明确双方当事人的名称（姓名），法人单位应写明单位地址及法定代表人姓名，公民个人应写明其身份证号码。

（2）要明确委托的居间事项。委托事项须具体约定所委托的是提供订约机会，还是媒介合同的成立，所约定的事项应明确、具体。

（3）要明确佣金的计算方式、支付的时间和支付方式。

（4）应明确违约责任。违约责任是指当事人不履行合同应承担的法律后果。违约责任的形式有违约金、赔偿金和继续履行合同。

（5）如有特殊要求，当事人可以约定保密条款等。

5.2.3 房地产居间合同的订立

1. 居间合同的形式

在我国，合同的形式种类上分，有口头形式、书面形式、公证形式、鉴证形式、批准形式、登记形式等。法律对居间合同未规定特别的形式要求。因此，居间合同的形式可以是口头的形式，也可以是书面的形式，而不必采取公证、鉴证、批准和登记形式。

2. 居间合同的订立程序

订立合同的程序，是指当事人双方就合同的主要条款经过协商达成意思表示一致的过程。一般先由当事人一方发出要约，再由另一方作出承诺的意思表示后，合同即告成立。在法律程序上，把订立合同的全过程划分为要约和承诺两个阶段。要约和承诺属于法律行为，当事人双方一旦作出相应的意思表示，就要受到法律的约束，否则必须承担一定的法律责任。

（1）要约

要约，是指当事人一方向另一方提出订立合同的意愿和合同的主要条款，并限定其在一定期限内作出承诺的意思表示。要约是一种法律行为。它表现为在要约规定的有效期限内，要约人要受到要约的约束。对方若接受要约，要约人负有与对方签订合同的义务。除有预先声明不受要约约束外，要约于送达相对人时生效，要约人要受其约束。要约被撤回、被拒绝或者要约的有效期限届满，要约则失去约束力。

要约在通常情况下都是由要约人向特定人发出，并由特定人作出承诺。因此，一般情况下，当事人一方向社会不特定人发布广告、售楼说明书等并不构成要约，而只能称之为要约之引诱或邀请要约。若当事人的广告已符合要约的构成要件，即已包含了合同的主要条款，只要有人作出承诺，合同就能成立，这种情况则应被视为要约。

（2）承诺

承诺是当事人一方对另一方发来的要约，在有效期内作出完全同意要约条款的意思表示。承诺也是一种法律行为。承诺必须是要约的相对人在要约有效期内作出，并送达要约人。承诺必须是承诺人作出完全同意要约的条款，才能有效。如果要约的相对人对要约中的某些条款提出修改、补充、部分同意或附有条件，或者另行提出新的条件，以及迟到送达的承诺，都不被视为有效的承诺，而被称为一个新要约。承诺作为一种法律行为，还表现在承诺人一旦向要约人表示承诺，当事人双方作出了共同一致的意思表示，合同即告成立，双方均负有履行该合同的义务，否则必须承担法律责任。

当事人订立合同总是要反复协商，进行讨价还价。这实质上是一个“要约→新要约→再要约→承诺”的过程。

5.2.4 房地产居间合同的法律特征

(1) 房地产居间合同为诺成合同，只要双方当事人意思表示一致，合同即告成立。

(2) 房地产居间合同是有偿合同。房地产居间活动是一种有偿的商业行为。

(3) 房地产居间合同为非要约式合同。房地产居间合同不需经过批准、登记等程序，即可成立。当事人可以采取口头形式，也可以以书面形式订立居间合同。如果当事人约定不详细，应遵循有关商业习惯及他们以前合作形成的习惯。为规范房地产居间活动，房地产中介组织行业协会可以推荐使用示范合同文本。但示范合同文本不具有法律强制力，只具有引导和一定的规范作用。

5.2.5 房地产居间合同当事人的权利义务

1. 居间人的义务

居间人在从事居间活动中应履行以下义务：

(1) 忠实义务

居间人的忠实义务包括以下几方面：一是居间人应将其所知道的有关订立合同的真实情况或信息如实告知委托人；二是不得对订立契约实施不利影响，损害委托人的利益。三是对所提供的信息、成交机会以及后来的订约情况，负有向其他人保密的义务。

(2) 尽力义务

居间人应尽力提供有关成交机会和信息，促使合同的订立。

(3) 其他义务

居间为一种商事活动，居间人除负有上述义务外，还应遵循诚实信用原则，履行其他约定义务，如遵循商事惯例和交易习惯的义务。

2. 居间人的权利

居间人有以下权利：

(1) 有权获得佣金的权利。

(2) 有权要求得到费用补偿。居间人寻找或报告订约机会，介绍委托人订立合同，从中斡旋，可能要支出一定的费用。当事人可以在居间合同中约定，即使交易不成居间人也可以要求委托人补偿一些实际支出费用。

3. 委托人的义务

委托人主要有以下义务：

(1) 明确交代委托事项，以便居间人能正确、高效地完成委托事项。

（2）给付佣金。佣金的数额、给付时间、支付方式等，由当事人约定。当事人未约定的，应视合同为有偿合同，其数额由当事人约定或依国家规定或遵循商事习惯。习惯上，佣金应于委托人与相对人成交之后支付。

4. 委托人的权利

（1）有权要求居间人按合同约定实施居间行为。居间人必须按合同约定的居间事项和要求为委托人寻找订立合同的机会。如果由于居间人不能履行其约定的义务，委托人有权拒绝支付酬金。

（2）有权要求居间人赔偿违约行为造成的损失。如果由于居间人的不实报告，或隐瞒实情，造成委托人利益损害，委托人有权就居间人的违约行为要求赔偿其损失，并终止合同。

5.3 房地产代理合同

房地产代理合同是指依照房地产交易双方当事人的约定，受托人为委托人处理房地产交易事务及相关事宜的合同（协议）。在房地产代理业务中，委托人为业主或开发商，受托人为房地产经纪人。房地产经纪人与业主订立委托合同，确立了代理关系后，房地产经纪人即成为代理商。代理商的代理资格是通过签订委托合同确立的，这是一种典型的委托代理形式。当然，代理商与业主签订委托合同后，具体的代理权限还须由业主以《授权委托书》的形式以明确具体的代理权限。如果是全权代理还须填写《特别授权委托书》。委托合同并不能代替《授权委托书》，二者不能等同。委托合同是一种双方行为，而授权委托书是单方法律行为。委托合同用以确立代理关系，而《授权委托书》用以明确具体的代理权限。

5.3.1 房地产代理合同的特征

代理合同，是指经纪人充当代理人时以代理人的名义和被代理人之间就完成代理事项而达成的权利义务关系的协议。其法律特征是：

1. 代理人只能以被代理人的名义和意志进行代理活动

代理人按代理合同从事代理行为，必须按被代理人的意志去进行，对第三方讲明其代理行为所产生的法律后果直接归属被代理人。这一点有别于经纪服务合同。经纪服务合同中，经纪人是以自己的名义进行信息中介并撮合成交的，无需打他人的旗号。

2. 代理人只能在代理权限内从事代理活动

代理的依据是被代理人委托的代理权，代理人必须在被代理人的授权范围内从事代理活动，否则超越代理权限而订立的买卖合同为无效合同。但代理人有权根据当时当地的具体情况，独立地进行代理活动，只要是在维护被代理人合法权益的前提下，代理人即可独立地决定法律行为的具体内容和具体方式。

5.3.2 房地产代理合同的内容

（1）合同名称

代理合同的种类很多，究竟是何种代理合同，应按合同的内容决定。但最好一开始就标明代理合同的具体名称，可以对合同的种类一目了然。

（2）前文

前文内容包括：

①成立日期

在合同未写有生效日期时，一般以合同成立之日为生效日。当面签署的代理合同成立日期一般都很明确，而隔地签署的应以双方当事人均签署完成之日为合同之成立日。

②当事人

合同前文应写明当事人的名称、住所、执照号码、主事务所所在地等。

③合同订立地

合同上应写明双方当事人签订合同时的签约地点。

④案由

案由是指订立合同的理由、经过、目的等，对于解释合同的争议有益。

（3）代理权的授予

委托方究竟授予代理人何种权限，是媒介代理权还是订约代理权，是急代理权还是普通代理权，均应在条款中予以明确。

（4）代理区域

该条款应明确代理人的代理区域及其扩大或缩小的条件与方法。通常代理区域可以是一个到几个特定的国家，也可以两个到几个特定的地区，甚至是某特定的几个单位。究竟是何种代理区域应在代理合同中予以明确。

（5）代理商品或代理行为

该条款中，主要包括以下四项内容：

①代理商品或代理行为的种类。

②代理商品或代理行为种类增减的条件与方法。

③新商品或委托人新增的业务是否包括在代理范围内。

④如果在代理期间内，委托人停止生产、供应代理商品或停止经营代理行为的业务时，应如何解决。

（6）次代理人的选任

次代理人是由代理人选任的代理人，按照代理人合同的惯例，次代理人的选任及其行为后果的归属应在合同中加以说明。如无说明，一般须经委托人本人同意后方可认为次代理人为该委托人的代理人。如果代理人擅自选任次代理人，次代理人以委托人名义行事而被第三方误信为次代理人有代理权时，委托人仍要对无过失的第三方负授权人之责任。

（7）最低代理量

该条款包括四项内容：

①最低代理量。

②最低代理量的计算标准。

③计算期间。

④未达到最低代理量时，委托人的权利及其行使方法。

（8）代理商品的价格

由于代理人在代理权限内的行为，其法律后果直接归属委托人，因而出卖商品所得价款或办理代理业务向第三人取得的报酬，直接归属委托人。所以代理商品的价格或代理业务的报酬一般由委托人决定。但为了适应市场供求、竞争的变化，也有赋予代理人决定价格权利的，如何决定价格应在代理合同中明确规定。

（9）订单的处理

该项条款主要包括三项内容：

①价格的决定。

②代理人与第三方订立合同后应如何通知委托人。

③以超过报价的价格与第三人订立合同时，其高出之差价应如何处理。

（10）报酬

该款包括三项内容：

①报酬计算方式。

②报酬请求权发生的日期。

③报酬支付方式。

（11）执行代理业务费用的负担

（12）知识产权的保护

（13）合同的终止

（14）合同的转让

（15）体裁

（16）合同的修正

（17）正本条款

国际性的代理合同，因当事人所属国家不同，其使用语言也往往有差异。因此，当以两种不同语言订立代理合同时，应约定以何种语言为准，避免因文字含义不同而造成争执和纠纷。

(18) 完整合同条款

为避免将来双方当事人对合同内容发生纠纷，在书面的代理合同中应明确约定，当事人之间的法律关系一概以书面合同为准，在此之前所订立的书面及口头约定均属无效。因为在当事人达成最后的合同之前，可能会有一些其他的口头或书面的合同存在，如果不订立完整的合同条款，则原合同仍然有效，由此可能会产生不必要的矛盾和纠纷。

(19) 结尾条款

该条款包括4项内容：合同的份数、签约日期、生效日、当事人签名。

5.3.3 房地产代理合同的权利与义务

1. 受托人的义务和责任

(1) 办理委托事务的义务

这是受托人的主要义务。

(2) 报告义务

受托人应将委托事务的开展情况向委托人报告。当委托事务终了，受托人应将办理委托事务的始末经过、各种账目、收支计算等向委托人报告。受托此项义务的具体内容可根据代理业务的具体形式而定，法律并无强制规定；

(3) 转移利益的义务

受托人应将因办理委托事务取得的各种利益及时转移给委托人。该项利益包括取得的房款、租金等。

受托人的责任。受托人不履行或不完全履行上述义务，即应承担相应的民事责任。受托人不办理委托事务或疏于必要的谨慎和注意，应承担过失的违约责任。如果受托人不听从委托人的指示，不及时报告有关情况，也应承担过失的违约责任。如果受托人不及时将有关权利和利益转移给委托人，应视为对委托人财产权的侵占，应承担违约责任或侵权责任。

2. 委托人的义务和责任

(1) 支付费用的义务

无论委托合同是否有偿，委托人都有义务提供和补偿委托事务必要的费用。如代为办理产权登记过户必须缴纳的税费，应由委托人承担。

(2) 付酬的义务

房地产代理业务为有偿的商业行为，委托人应向受托人支付约定的报酬。报酬的支付时间，通常在委托事务完成之后，但也可提前支付或分期支付。如委托事务非因受托人的过失而未能完成，委托人应就已完成的部分支付报酬。

（3）赔偿责任

委托人非因受托人的过错中途终止委托合同，应负赔偿责任。受托人在处理委托事务时，非因自己的过错而受到的损害，需向委托人请求赔偿。如代理商在接受委托后，即着手市场调研，进行广告宣传，而此时委托人（如开发商）却单方终止委托，决定自己销售。此种情况下，委托人应承担违约责任，赔偿代理商因从事前期工作所造成的损失。

5.3.4 委托合同的终止

委托合同的终止原因一般有以下几种情况：

（1）委托事务处理完毕。

（2）合同履行已不可能。

（3）合同期限届满。

（4）合同的解除条件成熟。

（5）当事人一方终止合同。

5.4 房地产经纪服务的相关费用

5.4.1 房地产经纪人的报酬

房地产经纪人作为独立的经济活动主体，他们所提供的中介服务必须是有偿的。房地产经纪人中介活动的有偿性是通过房地产交易委托人所支付的劳动报酬来实现的。房地产经纪人获取报酬的形式通常有两种：佣金和差价。

5.4.2 佣金

佣金是房地产经纪人获取报酬的一种普遍形式，也是一种既合理又合法的报酬形式。

1. 佣金的概念

经纪人在为委托人提供订约机会或充当订约介绍人、完成委托的中介服务后，由委托人支付的劳动报酬，在法律上叫佣金。佣金是经纪人获取的合法而又合理的劳务报酬，与回扣、酬金、介绍费、交际费、好处费是截然不同的，具有不同的法律性质。

房地产经纪人所提供的中介服务，实质上是一种劳务商品，因而佣金实际上就是这种劳务商品的价格。

房地产经纪人在提供中介服务这一劳务商品时，必然要支付广告宣传、房地产商品展示等经纪成本、房租、办公设备、员工工资等办公费用，以及资格申请、注册、员工培训等开办费用。所有这些费用均应在佣金中得到补偿。除此之外，经纪人还需获得一定的营业利润。因此，房地产经纪人的佣金就必须包含成本支出和利润两大部分，即：佣金＝成本支出＋利润。

2.佣金的形式与比例

在实际的操作中，佣金的支付形式通常有几种类型。

一种类型是：将所有费用都包含在佣金中，此时，佣金的比例比较高，按现时的行情一般占交易总额的3%～5%。

另一种类型是：佣金中不包括经纪费用，委托者除支付佣金外，还要支付经纪人提议且委托人同意的广告、策划、展销会等费用，此时佣金比例下降至1%～3%。

佣金可由经纪人为其提供服务的双方当事人共同承担，也可由其中一方独自支付。在代理房屋销售时，佣金一般由售房者、发展商承担，也有经纪人同时向购房者收取佣金的，但这种现象在房屋供需状况缓解时将会自动消失。房地产经纪人也可在接受委托后预收部分的佣金，在经纪成功后再一次收齐全额，当然，经纪业务未完成的，经纪人应将预收款退回给当事人。无论经纪人采取何种收取佣金的方式，都最好能与当事人签约以明示。

为加强对房地产经纪人佣金的管理，防止经纪人为追求高额收益而提高佣金标准，各地房地产经纪管理部门都以立法手段等对经纪人的经纪收入进行管理。

3.佣金费率的确定

房地产经纪人获取佣金是按一定比率进行计算的，佣金费率一般是由政府有关部门确定的一个比率限度或区间。例如互换房产一般规定每笔业务的最高佣金额度；买卖、租赁一般以成交额为基数，再与一定的佣金率相乘而得，佣金率一般要在一定的范围内浮动。不同的国家房地产交易的佣金率是不同的。例如美国，佣金率的百分比随所销的房地产种类而不同，单栋独楼佣金率通常为3%～8%，未开发的土地为6%～10%等。而日本则根据买卖金额的由小到大确定佣金率，佣金率分为3%以内，4%以内和5%以内三个档次。另外，日本对租赁交易一般规定，根据佣金率计算的佣金一般不超过一个月的租金。

目前，我国房地产经纪人的收费标准和收费办法还五花八门，没有统一的收费标准和收费办法。现实经纪活动中，房地产经纪人收取佣金通常是以房地产成交金额的大小为依据，再适当考虑中介活动的繁简情况以及经纪人所承担义务的多少来确定。虽然国家没有规定佣金率的上浮度，但在房地产交易领域里基本上形成了一个惯例性的比率范围，即房地产交易佣金率一般在3%～10%之内。经纪人收取报酬的方式，有房地产交易委托人单方支付的，也有交易完成后由交易双方共同支付的。

4.影响佣金数量的因素

房地产经纪人的佣金数量主要受4个方面因素影响：

(1) 地方政府的房地产管理部门会公布一个供参考的佣金率表。

(2) 在房地产经纪业市场上，不同时期因供求关系，也会形成一个佣金率水平。

(3) 不同房地产的销售难度不同，是确立佣金的重要因素。

(4) 佣金数量还要视经纪人提供的服务数量而定。

另外，佣金支付的形式与条件通常是在雇佣合同中规定的。大多数情况下，是在房地产产权转让后支付佣金。因此，经纪人很可能在许多未成交的交易中虽然花了大量的时间和费用，但得不到佣金。

综上所述，无论是佣金获取的方法，还是佣金比率的计算，在很大程度上带有随意性和不科学性，这就难以衡量经纪人对社会的贡献和所付劳动的多少以及效率的高低，因而还应该采取更有效的办法使之趋于科学、合理。例如，健全和完善财务制度，允许委托方把支付给经纪人的报酬与广告费一道列入成本开支，并在账目上建立专门的科目，使佣金的开支合法化。同时，经纪人收取的佣金应作为其正常的营业收入记录在册并办理相应的手续，出具发票，既保护了经纪人收入的合法性，也为经纪人纳税提供依据。

此外，我国有关部门也应尽快制定统一的房地产经纪人佣金的比率，并且要根据不同的房地产交易确定不同的佣金比率范围，如实地转让交易的佣金率、售楼花的佣金率以及租赁房屋的佣金率都应根据交易数量的不同而有不同的佣金比率上浮度。

国际上通用计算佣金的一种方法又叫做净值协定——由于佣金是按售价的百分比提取的，净值协定的佣金是加在卖主和经纪人之间商定的合理的最低售价上，即买主同意按与经纪人商定的价格出售他的房地产，超过此价格的收入即归经纪人所有，成为经纪人的佣金和成交费用。所以实际售价比卖主同意出售的价格要高。净值协定可用在公开协定、独家代理权和独家销售权合同中。按规定，经纪人应在交易成交前或成交时，向业主公开他所得到的佣金数，即超过与卖主商定价格的款额。否则经纪人将受到处罚，或吊销执照，或停止营业。所以，在使用净值协定时，经纪人应该是公正的，符合职业道德的。这种计算方法又叫做“差价”。

5.4.3 差价

房地产经纪人受房地产卖主的委托销售房地产，而卖主不提前支付任何报酬和费用，只以底价告之经纪人，若经纪人以高出底价的卖价出售，则高于底价的差价就作为房地产经纪人的中介服务报酬。由于房地产交易的数额都比较大，以这种形式获得报酬的房地产经纪人赚取的数额一般也比较大，但收入缺乏固定性，不利于国家有关部门对经纪人的管理和控制。

本章小结

房地产经纪服务合同是房地产经纪人与委托人之间的约定，是合同当事人双方权利和义务的体现。当事人订立合同，在条款内容的表达、服务事项的约定、佣金的取得等方面，不仅应当遵循一般合同约定的法律要求，同时，也应符合房地产经纪行业管理的有关约定和惯例。

房地产经纪人获取的报酬一般而言通常有佣金和差价两种形式，但就差价而言，根据我国当前房地产业，尤其是房地产经纪行业的发展现状，是目前国家相关法律规定所不允许的。

练习题

1. 房地产经纪服务合同的含义是什么？
2. 房地产经纪服务合同的主要条款包括哪些？
3. 房地产居间合同的主要特点是什么？
4. 房地产居间合同的订立程序是怎样的？
5. 试述房地产代理合同的特征。
6. 佣金费率是怎样确定的？
7. 分析影响佣金数量取得的主要因素。

第6章 房地产经纪信息管理

目前，我国的大、中城市流动人口数量众多，对房屋及各种中介服务的需求较大。各种房源信息、客户信息成为各个房地产经纪企业争夺的重点，传统以文本形式进行的房地产信息管理手段远远无法满足要求，使用信息化的手段进行信息管理、提供经纪服务是市场的需求。一批房地产中介企业纷纷建立各种房屋租赁网、房屋置换网、物业管理网等，利用网络手段，客户可以省时省力的寻找合适的信息，进而进入相关的服务体系，这些手段取得了较好的效果。如何使用信息化的手段为企业带来新的利润增长点，是各个房地产经纪企业必须重视的课题。

6.1 房地产经纪信息的含义和作用

6.1.1 房地产经纪信息的含义

房地产经纪服务是基于信息提供服务的行业，可以说信息是房地产经纪最大的资源优势，那么究竟什么是信息呢？在对信息的概念进行理解时我们需要对数据的定义加以区分。“信息”、“数据”这两个词在我们日常生活中常常不加以区分，但在信息管理科学中这两个概念却是有区别的。

信息是加工后的数据，它对接收者的行为能产生影响，它对接收者的决策具有价值。根据这种定义，一个待租的房产面积、位置、地段等数据不是信息，只有当经纪公司把它纳入自己的数据库中，进行管理并安排进自己的经营活动后才能称其为信息。

数据则是一组表示数量、行动和目标的非随机性的可鉴别的符号。它可以是字母、数字或其他符号，也可以是图像、声音等。数据可以根据使用的目的组织成数据结构。

可以把数据比喻为原料，而信息则是加工后的产品。一份客户填写的求租、求购或出租、出售房源资料是数据，把数据放进经纪活动中供另一些客户挑选则是信息。

房地产经纪信息指由经纪人利用传统的及新兴的信息收集手段收集，根据专业知识技能对信息进行二次加工并存储，支持房地产经纪企业战略发展决策、运作经营决策以及经纪服务活动开展的信息内容。

6.1.2 房地产经纪信息的特点

在对房地产经纪信息进行管理时，应当认识到房地产经纪信息作为信息的共性以及行业运作方法带来的特性。

1. 真实性

真实性是信息的中心价值，不真实的信息不但没有价值，反而可能带来损害，给企业的经营活动带来损失。对于房地产经纪这种信息服务企业来说，各种房源信息、客户信息等的真实性，尤为重要。一方面，虚假的房源或客户信息会给经纪公司或者经纪人的决策造成错误，本身造成大量的损失。另一方面，虚假的经纪信息会使客户对经纪公司产生不信任感，从而降低经纪服务成功的机会。

2. 等级性

管理按等级分为战略级、策略级和执行级，相应的信息也分为战略级、策略级以及执行级信息。战略级信息是关系到企业长远命运和全局的信息，企业的长远计划（5～10 年）的信息，如国家的政策变动等。策略级信息是关系到企业运营管理的信息，如月度计划、成本信息等。执行级的信息则是关系到企业业务运作的信息，例如：房源信息、职工的考勤信息等。房地产经纪信息不仅包括各种房源信息及客源信息这种执行级信息，对房地产企业发展战略及经营模式影响的信息内容也包含在内。

从信息的来源上讲，战略级信息多来源于外部，执行级信息多来源于内部，而策略信息则是内外兼有。从信息的寿命上讲，战略级信息的寿命较长，如国家的各种调控政策会在一个较长的时间内对企业造成影响；执行级信息寿命较短，如各种房源信息一旦经纪交易活动完成后，就失去了保存的价值；而策略级信息则介于两者之间。从使用频率上讲，战略级的信息使用的频率最低，一般只有在制订企业的发展战略及计划时使用，执行级信息使用频率最高，在房地产经纪公司中，每天的业务都属于执行级的信息。

3. 可压缩性

信息可以进行浓缩、集中、概括以及综合，而不至于丢失信息的本质。信息中可以被压缩和概括的包括两类：一是无用的信息，二是冗余的信息。无用的信息类似于广播中的杂音，在进行信息存储、传播时，会占用不必要的资源，甚至掩盖有用的信息，影响使用信息进行判断的准确性，对于这种信息清除的越彻底越好；冗余信息在本质上是多余的，仅能起到补充说明的作用。在我们生活和生产活动中冗余信息是大量存在的，对于冗余信息应当根据使用场合和要求区别对待。例如对于一条房源信息来说，需要包括房屋的面积、位置、内部环境、使用时间等，但关于房屋曾经的使用者信息则是冗余信息。

4. 扩散性

信息的扩散性是其本性，信息总是通过各种渠道和手段向各个方向传递，信息的浓度越大，信息源和接收者之间的差距越大，信息的扩散力度越强。俗话说“没有不透风的墙”，正是这个道理。信息的扩散存在两面性：一方面它有利于知识的传播；另一方面它不利于保密，危害信息所有者的利益。因此，我们在进行房地产经纪信息管理的过程中，一方面要注意利用信息的扩散性，加快公司的宣传信息、各种广告信息的传播；另一个方面要加强保密和安保工作，对各种商业机密信息进行保密。

5. 传输性

信息是可以传输的，它的传输成本远远低于运送实体物质。信息的传输手段也是多种多样的，可以利用电话、电报、电视、广播等各种媒体进行传播；传输的形式也越来越完善，包括数字、文字、图形、图像、声音等等。因而我们在传播信息时，应当选择合适的媒体，合适的形式进行。

6. 时效性

信息的时效性指信息的价值和时间是密切相关的，随着时间的推移，信息的价值可能消耗殆尽，有用的信息会变成无用的信息。例如天气预报的信息，提前的播报有预告的作用，而过时的天气信息则不再有预告的作用。但是否过时的天气信息就是毫无价值的呢？不是这样。长期的天气信息累计起来，可以总结天气变化规律，成为历史资料进行气候分析，这就是所谓的信息的增值性。即我们可以从废旧的信息中进行提炼，总结出有用的信息。

6.1.3 房地产经纪信息的作用

房地产经纪服务是房地产经纪机构为委托人有偿提供房地产开发、转让、抵押、买卖、租赁、交换等信息咨询、代理服务的一种经纪行为。房地产信息之所以具有很大的价值，一方面是由于房地产的独特性及信息在房地产市场中的作用决定的；另一方面是传统的房地产市场经纪服务的高额利润主要来源于客户与经纪人之间的信息不对称。房地产由于具有很强的专业性和不同的地域性，（客户和房地产经纪）在房地产信息量的占有上具有严重的差异性，因此房地产信息传播的中介性更加明显。通过信息加上专业技能，房地产经纪人就可以在房地产信息传播中起到举足轻重的作用。房地产经纪人的各种经纪服务，例如：房地产政策咨询、房地产中介服务、房地产代办服务、投资代理服务，以及其他服务方式和政策咨询都依赖于大量信息的占有、加工和再加工，可以说房地产经纪信息是经纪人和经纪公司赖以生存的根本和立足点。

信息在房地产经纪中介服务中的作用大致有以下几类：

1.信息查询

各个房地产经纪公司、房地产经纪人收集和储存了大量的信息资源，这些信息可以以数据库的形式存储起来，供客户查询。随着信息化进程的推进，互联网逐渐深入人们生活的方方面面，网络平台安全性的提高、数据更新速度的加快和信息检索方式的改变，使信息的查询更加完备快捷。互联网的便捷性，使得原本必须通过房地产中介完成的信息查询可以通过其他渠道完成。要使信息中介服务更加有吸引力，房地产经纪人必须在信息来源、覆盖面方面下更大的功夫。

2.信息咨询

房地产信息咨询是指专门以房地产信息、知识、技术为基础，通过对特定的信息进行加工，有针对性地为客户解决各种复杂问题。如房地产法律法规咨询、房地产交易手续咨询等。房地产经纪需要给予客户的并不仅仅是简单的信息资料，而是针对客户需要的各种解决方案以及专业的意见。

3.代理业务

房地产经纪人利用收集和存储的房地产信息，根据客户的代理要求进行计划的制订和实施，如房地产估价、买卖、租赁、抵押、典当、信托等，充分发挥房地产经纪人在房地产专业知识上的优势。

在我国，房地产中介机构的规模差距较大，从业人员素质也是良莠不齐，一些私人开设的小型的房地产中介机构，只能利用掌握的房源信息和客户信息做最简单的信息查询及牵线搭桥服务。而对房地产专业知识能力要求较高的房地产信息咨询及代理服务无法开展。

6.2 房地产经纪信息管理

房地产经纪信息管理大致包括以下几个方面的内容：

1.房产档案信息管理

各种待租、待售房源资料，包括客户填写的各种房屋相关资料信息，客户出具的各种说明房屋情况的资料等。

2. 客户档案信息管理

各个与房地产经纪人或经纪公司有业务接触的客户资料，包括通过房地产经纪公司进行房屋租赁的客户，通过房地产经纪公司进行各种房产交易的客户。

6.2.1 房地产经纪信息管理的原则

信息和其他物质一样是有一定生命周期的。例如植物的生长周期是发芽、生长、结果、衰亡。信息在各个阶段有不同的特点，在进行房地产经纪信息管理时，我们应该根据信息所处的阶段选择合适的管理方法。信息的生长周期是要求、获得、服务及退出。

要求是信息的构思阶段，人们根据所发生的问题、希望达到的目标和考虑可能采取的手段去获取需要获得的信息类型。

获得是得到信息的阶段，包括信息的收集、传输以及把数据转换，合成有用的信息形式，达到使用的要求。

服务是人们利用获得的信息支持决策的阶段。在这个阶段中，需要使信息保持在最新的状态，随时准备给用户使用。

当信息超出了使用时限，即进入了老化阶段，失去价值。可考虑销毁，或者留于进行信息的二次开发。

信息的生命周期的阶段，包括信息的收集、信息的传输、信息的加工、信息的存储、信息的维护以及信息的使用六个过程。各个阶段可能有相同的过程，如信息获得阶段包括信息收集、传输、加工等环节，信息服务阶段同样包括信息收集、传输、加工等环节。

房地产经纪信息管理应基于科学、经济、便利、安全的原则进行。

1. 科学性原则

房地产经纪信息管理工作中应根据房地产经纪工作自身的特点及工作方法，选择科学的信息收集内容、方法以及收集和传输渠道。对房源信息及客户信息这些关键信息需要有标准化和规范化的收集及传输手段，以确保信息的真实性及安全性。

2. 经济性原则

房地产企业是一个营利性企业，从事的各种工作都应从经济性的角度进行考虑。一方面，在进行房地产经纪信息管理时，采用的管理方法、管理手段、管理工具，以及参与管理的人员都应纳入考察范围，以使得管理成本最少。另一方面，对房地产经纪信息进行管理的目标就是，减少管理成本，并通过对信息的管理理清思路创造更大的经济利益。

3. 便利性原则

房地产经纪信息的管理应尽量简化信息管理程序，使信息有清晰的流程，并使信息的使用人员，无论是房地产经纪人或客户都可以方便快捷的搜索、使用信息。因此，我们在进行房地产经纪信息管理时，除了利用数据库技术，还应充分考虑到行业自身的特点，编制适当的查询方法及接口，使信息的使用更加方便。

4. 安全性原则

房地产经纪信息有两面性：既要让经纪信息扩散吸引更多的客户，又要保守经纪信息，因为对信息的掌握是经纪人工作的基础，要获得更大的利润，就应当保持和客户之间的信息的不对称。因此，一方面，经纪信息必须传播出去，让客户认识经纪公司，对房源情况等产生兴趣，主动上门要求经纪服务。另一方面，对于客户资料、房源情况资料等核心信息，必须保密。此外，各种各样的房源及客户信息都是宝贵的资源，无论信息被窃取或是被损毁造成的损失都将是巨大的。因此，寻找合适的安全度，建立合适的安全等级，选择安全的存储方法，在房地产信息管理中非常重要。

6.2.2 房地产经纪信息的收集

信息收集是房地产经纪信息管理的第一步，直观的讲就是收集对经纪工作有用的信息。信息收集工作遇见的第一个问题就是，确定信息的需求或者说信息的识别，即确定哪些信息是需要收集的，而哪些是对经纪工作多余的。例如，对于房地产经纪工作来说，一个房源的房屋面积、位置、价位信息是重点信息，而相对的房龄、屋主情况等则是次要信息，过多的信息不仅无益，反而会导致对重点信息的忽略。对于出售或者出租的房屋或者屋主来说，价格是最重要的信息，其次是付款方式等等，至于房屋是出售或者出租给什么人，并不在他们主要关心的范围之内。对于求购或者求租房屋的人来说，各有不同，有些最看重价格，有些最看重位置，有些最看重房子的装修及设施情况。在信息收集的时候应对每条信息进行识别，确定最关键信息。

房地产经纪信息的收集方法大致有三种：

1. 由客户申述进行识别

客户是房地产经纪信息使用的最终决策者，他最清楚自己的目标，也最清楚自己对房屋租售的要求。由客户申述进行识别可以采用经纪人交谈以及让客户填写表格两种形式。交谈这种方法，便于客户阐明意图，容易抓住客户的主要需求。缺点是费时较多，且对经纪人本身的经验要求较高，需要经纪人掌握和客户交流，识别客户需求的能力，对刚从事经纪工作的人员难度较大。这种缺点可以通过经纪公司确定统一的经纪人操作模式进行改善。填写表格的方式较为正式，能节省经纪人的工作时间，且有规范的模式，对信息的质量有一定的保证。缺点是有时客户对房屋租售要求不能充分表达。

2. 由经纪人进行识别

房地产经纪人员可以自己前往住宅小区、各种租售网站以及可能的租售人群（例如外来务工人员）了解房屋出租以及需求情况。对于一个大型的房地产经纪公司，对服务范围内每个楼盘的卖点、租售价格情况、居住对象人群等应有一个全面资料。这些就需要由经纪人员亲自前往识别。

3. 两种方法结合

结合上述两种方法先进行经纪人识别，对各个楼盘的大致情况进行掌握，成为背景信息存储在公司。在吸引客户进行房地产经纪服务申述等过程中，有针对性地引导客户准确快速的提出自己对房屋的要求。

6.2.3 房地产经纪信息的加工和整理

无论是一张客户的经纪服务单还是经纪人自己走访来的调查，都不是严格意义上的信息，而是数据。数据需要进行加工才可以变为信息，过程如下：数据→预信息（统计信息）→信息→决策→结果。

数据加工以后成为预信息或统计信息，统计信息再经过加工才成为信息。信息使用才能成为决策。从数据到决策的每个过程均需要时间，因而不可避免的产生时间延误，也就是我们前面提到的信息的滞后性。

所谓数据处理是指通过各种渠道获得的原始数据，用一定的设备和手段，按照一定的使用要求，加工成另一种形式的数据。

对数据的处理方法有批处理方式和实时处理方式两种。对于数据采集后马上处理，这种方式的延迟最短，称为实时处理。对于采集到的数据，并不马上处理而是等到一个固定时间或积累到一批数据后再进行处理，称为批处理。实时处理要求较高，但在保证信息的时效性方面效果较好。在房地产经纪信息管理活动中，各企业可以根据自身的实际情况选择合适的处理方式。

数据处理目的大致包括三个方面：

（1）把数据转换为便于观察分析、传送或进一步处理的形式。例如：通过调制解调器对模拟信道网络数据与计算机系统通信而进行的数据处理。

（2）从大量的原始数据中抽取出部分数据，推导出有价值的信息作为行动和决策的依据。例如：通过大量产品质量数据的检查推断质量情况。

（3）利用计算机保存和管理这些经过处理的大量数据，作为进一步决策的依据。

为了使数据成为有的信息，并递交给需求者，大量的数据需要以一定的形式存放在各种存储介质中，数据的组织方式及内在的联系、表示方式决定着数据处理的效率，因此，规划数据的组织层次是数据处理工作的主要内容之一。数据的逻辑组织一般有四个基本的逻辑单元组成：数据项、记录、文件和数据库，并由此组成了以数据库为最高的层次结构。如图 6-1 所示。

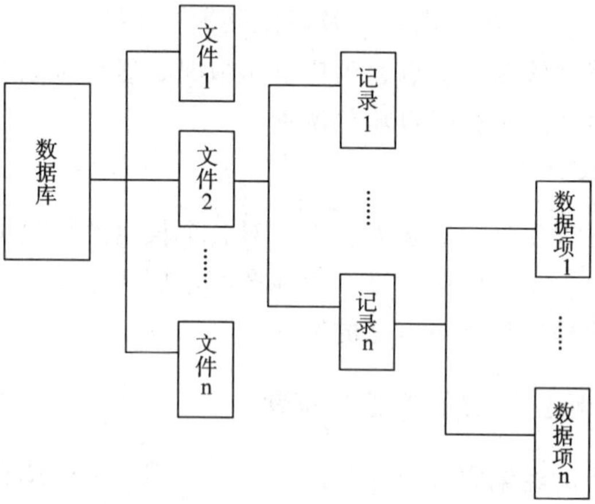

图 6-1　数据的组织层次图

1. 数据项

数据项用于描述一个数据处理对象的某些属性，是组成数据系统的有意义的最小基本单元。在进行房地产经纪信息管理时，应根据数据内容及使用情况设置数据项，例如：对于一条房源的数据，属性包括面积、位置、楼层、房龄等等，则设置一个数据项描述面积属性、一个数据项描述位置属性等等。

2. 记录

与某个数据处理对象相关的所有数据项称为一条记录。例如：面积、位置、楼层等数据项构成一条房源记录。在记录中需要确定一个关键数据项作为标识，用于指向一条确定的记录。这个关键数据项需要满足唯一的要求，即各条记录的关键数据项是不同的。对于我们的房源记录来说，无论是面积、位置、楼层等房屋本身的属性都无法构成关键数据项，可以给房屋编号作为主记录项。

3. 文件

同类或相关的记录的集合构成文件。经纪公司可根据公司业务组成情况及数据的用途进行记录的划分，例如：一份和工酬相关的工作量计算文件，可按照每个经纪人经手的记录情况进行文件划分。经纪公司的业务量较大时可选择按区域划分组成文件或按时间划分组成文件。

4. 数据库

按一定方式组织起来的逻辑相关的文件集合形成数据库。运用数据库方式管理数据，可以把存储在不同文件中的逻辑相关的数据提取存在一个文件中，可以提高数据处理的效率，也可以消除冗余数据，即每个应用程序不必有各自独立的数据文件，可以共享数据库。例如：同样一个房源信息的数据库，无论是各地区房源情况汇总还是经纪人业绩考评都可以从中抽取到数据。

在信息数据管理系统中，文件是数据库组织的基础，任何对数据库的操作都是从对文件的操作开始的，因此，选择合适的文件数据组织形式是非常重要的。所谓文件组织方式，主要指数据记录在存储设备上的组织。主要包括顺序文件组织方式、索引文件组织方式、链表文件组织方式以及倒排文件组织方式。

顺序文件组织指文件中的数据记录的物理顺序与逻辑顺序一致，按照文件记录的关键字的递增或递减次序排列；索引文件组织方式指具有索引表的文件，此时文件由索引与主文件两部分构成；链表文件组织是信息系统中一种常用的逻辑组织形式，着重于利用指针建立多个不同逻辑的联系。即利用指针将具有某一属性值的数据记录链接起来；倒排文件组织方式指并不针对文件本身建立索引，而对各个辅关键字（即非主关键项）建立索引项，并把这些索引存储在索引文件当中。在进行数据查询时，是根据数据项进行，只查询有关内容的索引，而不查询文件本身，可缩短查询的响应时间，但数据量过大的时候会造成索引过大而占用存储空间。

6.2.4 数据的物理存储与维护

1. 数据的存储

数据的存储指将数据保存起来，以备将来使用。

数据的存储设备主要有三种：纸、胶卷以及计算机的存储器。纸是应用历史最长、应用范围最广的存储工具，纸张具有价格便宜、耐贮存、不易修改、存储方便的优点。在经纪工作中，各种数据的收集和汇总往往都是从纸面开始的，包括客户填写的各种单据，这些也是最原始的数据资料。胶卷作为纸的补充，适用于存储图像文件，但存在使用不方便、价格昂贵的缺点。在房地产经纪工作中只能作为补充说明房屋情况的作用。计算机存储器是新兴的存储工具，随着技术的进步，单位成本在不断的下降。结合数据库存储技术，计算机存储器具有格式标准、存储量大、价格低廉、易维护、易查询的优点，在各行各业得到了越来越广泛的应用，它也是房地产经纪信息化管理的必要基础。计算机存储器分为内存和外存。内存是电脑内部临时存放数据的地方，供 CPU 直接读取，存放其中的数据要靠电来维持，一旦断电就会丢失。因此，在操作电脑时，应及时地将需要保存的信息进行保存。内存的特点是：容量小，速度极快，可临时存放数据；外存包括软盘、硬盘和光盘，存放在其中的数据靠磁来维持，因此可永久保存数据。外存的特点：容量很大，速度较慢，可永久保存数据。一般说的用计算机存储器进行数据存储指计算机外存。

在对房地产经纪信息数据存储时，需要考虑的几个问题是：哪些数据需要存储；存储的时间多久；以什么样的方式存储这些数据；存储在什么样的介质上以及将来对决策能产生的作用是什么。

存储何种数据应根据数据管理的目标而定，对于房地产经纪信息管理来说，主要是各种房源信息的资料。由于房产经纪活动的时效性，一条房源信息在一段时间以后就没有太大的价值了，继续保存只会占用存储空间，因此需要针对不同的信息情况合理的选择存储时间。信息存储的方法和介质选择同样应根据存储内容决定，各种业务数据应用计算机建立数据库文件存储，方便查询和比较，而各类凭证文件，如发票、收据等则应以纸张或图片形式存储为主。

2. 数据的维护

房地产经纪信息有很强的时效性，需要经常的更新维护，这种维持信息处于应用的状态的工作就称为信息的维护。狭义的数据维护是指经常的更新存储器中的数据，使数据保持应用状态。广义的数据维护包括了所有的房地产经纪信息的管理工作。依据房地产经纪工作对信息有准确、及时、安全和保密的要求，保持数据的最新状态，维持信息管理系统的良好运行、保证经纪信息数据的安全备份以及应对快速的信息查询要求，都是房地产经纪信息系统数据维护的重要内容。

保证信息的准确性包括两个方面：一是保证数据在最新状态；二是把数据的错误控制在合理的范围内。保证数据的最新状态需要根据公司的业务情况及时的更新房源、客户源数据库。安排专门的信息录入员可以较好的解决这个问题。而在保证数据在合理的误差范围内，则需要依靠增强数据收集人员的责任心和采用合适的格式，数据材料避免多次转手，采用合理的数据格式保证数据的唯一性。应用数据库系统比文件系统效果好，在数据库系统中各个数据以链表的形式连接容易保证数据的唯一性，而文件系统一个数据存储于几个文件中，一个文件内的数据修改了，其余的几个并没有修改，使用时难以判断正确的数据。

数据存储另一个需要重视的问题是数据的保密性。房地产经纪信息可以说是经纪公司的资源，一旦信息外泄，带来的损失是非常大的。信息外泄的原因很多，可能是因为有意的窃取也可能是因为无意的泄漏。目前，在保护信息资料安全方面最常见的是设置密码方式。房地产经纪信息相比其他信息有其特殊性，一方面需要保密，另一方面又需要能快速的传播出去吸引更多的客户源，因此，在对这类信息进行安全管理时不能一刀切的设置密码限制查询，而应设置查询信息完整度及相应的查询级别权限，这样既能让对经纪服务有需求的客户方便的进行信息查询又能对经纪服务的关键信息进行保密。

6.2.5 房地产经纪信息的利用

房地产经纪信息的使用问题包括两个方面：一个是信息取用的便利性；一个是信息的有效利用。

信息取用的便利性属于技术问题，主要目的是要使信息的使用者能快速准确的获得想要的信息。基于信息技术的改进，对信息的改进由过去的报表及定期报告形式变为实时检索。提供的信息也由原来的定期报告，变为现在的图形、甚至声音、录影。提高信息利用的便利性主要目的是提高效率，及时的收集、加工信息。信息的价值与时效是紧密相关的，信息的价值也是要通过加工才得以实现，因此，对信息的转化必须及时。特别对于房地产经纪信息来说，租售房屋的信息寿命有限，进行数据的收集传播更要及时。信息技术的普及使原本需要专业操作人员的信息查询工作变成可由非专业的管理人员完成，房地产经纪公司可以根据自身的实际情况，如数据量的多少和人员情况选择专人处理信息和各经纪人分别处理的方式。为了进一步提高信息取用的便利性，需要在数据库组织形式和数据流程上下功夫。

信息的有效利用是指在信息使用的深度上着手，包括三方面内容：提高信息的利用效率、促进信息转化为价值、利用信息寻找机会。

提高房地产经纪信息的利用效率指合理安排数据收集和处理工作，对数据进行规范化处理，缩短信息处理的时间，减少信息的滞后性，增长信息的可用时间。

促进房地产经纪信息转化为价值指选择适当的信息传播级别，充分利用各种渠道增加房地产经纪信息的传播范围，吸引有房地产经纪服务需求的客户，从而把信息转化为价值。由于房地产经纪信息的时效性较强，这种转化需要及时进行。

利用信息寻找机会，主要针对战略及战术级的决策信息，这些信息对企业的计划和发展有重大的影响。抓住好的机会对企业来说犹如一个革命性的变革。

6.3 房地产经纪信息计算机管理系统

6.3.1 系统的定义

系统的观点最早可以追溯到 20 世纪 30 年代，人们在进行生物学、心理学研究时，发现一些相关的联系与共性存在，并使得按照传统的学科分类进行的研究无法进行。在二战前不久，路德维希·冯·倍塔朗菲提出了一般系统的概念和一般系统的理论，此时才逐步建立起系统这门综合学科的概念。1957 年美国人古德写的

《系统工程》一书的广泛出版，使得系统工程这个概念广泛的流传开来。

系统是一个涉及面十分广泛、内涵十分丰富的概念。不同的学科和领域所研究的系统的侧重面也有所不同。正因为如此，人们根据研究的出发点不同、目的不同、角度不同、思考方式不同，给系统确定了各种不同的界说，下了各种不同的定义。

前苏联学者瓦·尼·萨多夫斯基在《一般系统论原理》一书中，研究了近四十种系统定义，最终把这些定义分为三个类型。第一类是把系统看作数学模型的某一类，如系统是用来表述动态现象模型的数学抽象。第二类是通过“元素”、“关系”、“联系”、“整体”、“整体性”这些概念给系统下定义，如A·霍尔和R·费舍的定义：系统是“诸客体连同它们之间的关系和它们属性之间的关系的集合”。第三类是借助“输入”、“输出”、“信息加工”、“管理”这类概念给系统下的定义，如：“系统是本质或实物、有生命或无生命物体的集合体，它接受某种输入并按照输入而产生某些输出，而其目的则在于使特定的输入和输出功能得到最佳的发挥”。萨多夫斯基着重分析了第二类定义，并从这些定义所包括的组成成分的类型及其关系中，说明这类定义在结构和功能上的特点以及它们的实际作用。关于系统定义的叙述方法很多。总结起来，系统指具有统一目标的组合在一起的多个单位形成的整体。在这个定义中包括几个方面的含义：①系统由部件构成，部件处于运动状态。②各个部件间存在联系。③构成系统的各个单位对系统目标的贡献之和小于系统的各个单位之和对目标的贡献。

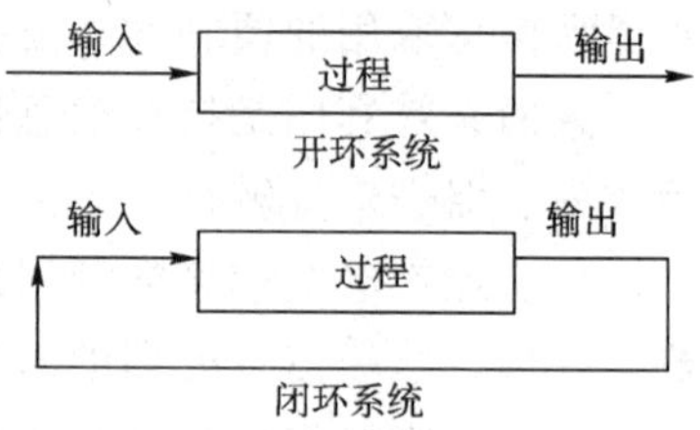

图 6-2　开环系统和闭环系统

系统从概念上由三个部分组成：输入、输出和过程。按照系统输入输出的关系，分为闭环系统和开环系统，如图 6-2 所示。闭环系统指系统运行的过程中根据输出对输入及过程进行调整，从而不断提高系统目标的效果，最终系统的输出往往已不再是当初估计的那样了。开环系统指系统的输入和输出及过程是系统预设好的，不会根据输出改变输入及过程。

在对系统进行规划时需要注意四个方面的问题：

①为系统确定明确的目标：每个系统均有各自的运行目标，这个目标可能由若干个目标共同组成，系统运行对目标的达成情况可以用于衡量系统的好坏。

②为系统规划合理的结构：系统是一个由各个部分组成的整体，各个部分又可以继续细分，规划合理的结构使系统的各个组成部分之间的联系通畅，提高系统运作效率。

③为系统的各个部分规划清晰接口：各个部分的交流都通过接口进行，以达到对系统的良好控制的作用。

④为系统设置观测和控制接口：通过观测和控制接口，了解系统的运行情况，

并可以对系统进行控制和调整。

6.3.2 房地产经纪信息计算机管理信息系统的主要类型

20世纪80年代以来，随着各种信息技术的发展及各种信息设施的普及，计算机管理信息系统得到了越来越广泛的应用。对于房地产经纪这个利用获取的信息提供服务的行业，使用计算机信息系统帮助进行数据管理，对提高工作效率有很大的帮助。关于房地产经纪信息管理系统的定义暂时没有一个确定的说法，比较流行的说法是：房地产经纪信息管理信息系统是一个以人为主导的，利用计算机硬件、软件、网络通信设备及其他办公设备，对房地产经纪信息进行收集、传输、存储、加工、维护和使用，能够实测并记录房地产经纪企业的各种运行情况，以提高企业战略制订的准确性、工作效率、经营效益为目的，支持企业高层决策、中层控制、基层运作的集成人机系统。房地产经纪信息系统支持信息的快速、准确存取，为业务开展提供强大支持；帮助实现房地产经纪企业建立有关的各种数据库；支持在各种房地产经纪数据的基础上对企业的业务进行预测和分析，编制计划。

按照信息系统对数据处理的深度区别可以分为以下几类：

1. 统计系统

统计系统是最简单的管理信息系统，通常只完成基础数据的运算，而不考虑系统内各种数据间的联系和比较。统计的结果把数据转化为预信息，不能进行控制和预测，是一种低级的管理信息系统。

2. 数据更新系统

数据更新系统是一种可以对信息系统内数据实时更新查询的系统。此类信息系统最典型的代表是20世纪50年代建立美国航空公司的SABRE预约订票系统。这个系统能分配美国任一航空线上任一航班的飞机座位，设有1 008个预约点，分配76 000个座位，能存取600 000个旅客记录和27 000个飞行段记录。数据更新系统可以是个大型的、操作复杂的系统，但从管理信息系统的分类上来讲，仍然是一种简单的信息系统，既不能完成预测，也不能给出辅助的决策帮助。

3. 知识工作和办公自动化系统

知识工作系统（Knowledge Worksy Systems，KWS）和办公自动化系统（Office Automation Systems，OAS）是支持知识工作者工作的系统。包括秘书、办事员、设计工作者等，在此类系统上进行的文件处理、通信处理。

4. 数据处理系统

数据处理系统可以称为电子数据处理系统（Electronic Data Processing Systems，EDPS），也可以称为业务处理系统（Transaction Processing Systems，

TPS）。此类系统用于支持企业运行层的日常操作，主要负责日常业务的记录、汇总、综合、分类。在此类系统中，输入的是原始单据，经过系统处理后，输出的是分类的、汇总过的数据。此类系统处理企业操作层的业务，多数为结构化问题，即处理步骤比较固定。主要操作是排序、列表、更新和生成，主要使用的是加、减、乘、除运算。数据处理系统能帮助完成企业日常运营中大量的数据运算工作，如企业的财务系统。

5. 决策支持系统

决策支持系统（Decision Support Systems，DSS）是管理信息系统的深层应用。区别与低级管理信息系统的是，此类系统不仅协助完成数据的汇总、运算，更进一步的利用信息系统的数据，结合针对问题设计模型库，对待解决的问题提供对策、建议。

6.3.3 数据管理信息系统

数据管理信息系统是一种较为低级的信息系统，但在房地产经纪工作中应用的却是最为广泛的。此类系统不具备分析信息、提供决策的功能，但能提供强大的数据录入、存储、汇总及查询功能，为进一步的分析和决策提供信息支持。信息系统的数据管理功能主要采用数据库技术与计算机网络技术。

1. 数据库技术

传统的文件系统存在各个用户数据存储互相独立的问题，各个经纪人获得的信息互相独立存放，关于房源、客户等信息重复记录在各个文件中。一方面，产生冗余的重复数据；另一方面，在更新数据时，需要分别使用独立设计的应用程序，如果出现更新疏漏则会造成各个部分数据不一致。这些情况都会较大的影响工作效率。数据库技术和数据库管理系统就是为了解决上述问题而发展起来的。

所谓数据库是指以一定的组织方式存储在一起的相关数据的集合，能支持多种需求的数据查询、调用，数据本身独立于使用数据的程序。通过使用数据库技术，可以使得房地产经纪信息不必局限于文件系统而可以在各个使用信息的程序间灵活的调用。它可以提前把存放于各个独立文件中的记录合并于一个数据库中，以便于不同的应用程序存储和查询。图 6-3 是一个简单的房地产经纪管理信息系统的模型图。

2. 计算机网络技术

计算机网络是现代计算机技术与通信技术紧密结合的产物，是随着社会对信息共享和信息的传递要求发展起来的。所谓计算机网络技术是利用通信设备将地理位置不同，功能独立的多个计算机系统互联起来，按照一定的通信协议，实现网络中

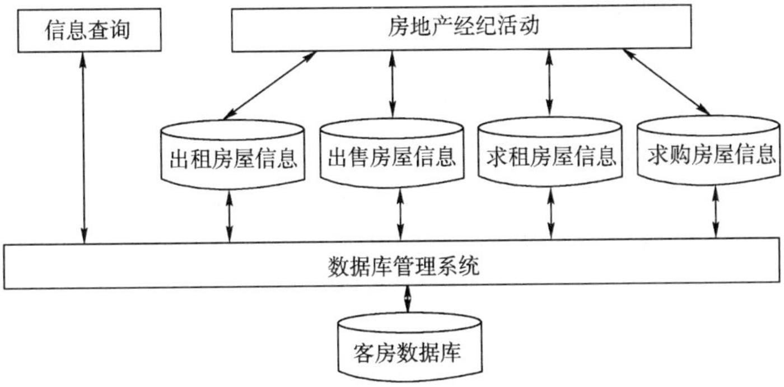

图 6-3 房地产经纪数据管理信息系统模型

信息资源的共享和传递的系统。

一个简单的计算机通信网络通常包括五个基本元素：

（1）终端：任何一个输入/输出设备都可以作为终端使用远程通信网发送和接收数据，包括计算机、电话、传真等办公设备或者是其他用户的工作站。

（2）远程通信处理器：支持终端与计算机之间的数据传送与接收。例如调制解调器、路由器等。

（3）通信信道和介质：供数据信息传输的媒介。例如双绞线、光缆、电缆等。

（4）计算机：不同类型和规格的计算机通过通信信道连接在一起完成指定的信息处理。

（5）网络通信控制软件：由远程通信活动和管理远程通信功能的程序组成。包括网络通信协议等。

随着近年计算机网络的普及，在房地产经纪信息管理工作中计算机网络的应用也越来越广泛。包括建立房地产经纪信息公司门户网站树立企业的形象，通过计算机网络进行信息的收集和发布等等。随着大型的连锁房地产经纪信息公司的出现，各个连锁公司之间的数据信息共享也是由计算机信息网络技术支持完成的。

6.3.4 类似具有辅助决策功能的管理信息系统

随着信息技术应用的深入，房地产经纪管理信息系统不再仅仅支持信息的处理，而且向上发展，支持管理决策。具有辅助决策功能的管理信息系统与普通管理信息系统区别之处在于，除了有一个规范的数据库支持外还有一个模型库。此类系统是针对用户管理决策问题建立一个模型以考察一些变量变化对决策结果的影响，利用计算机强大的分析和运算能力考察模型中不同变量的不同变化对决策的影响。

此类辅助决策功能的系统的特点是：

（1）帮助决策从定性决策向定量决策转化。

(2) 此类系统特别注意让不熟悉计算机的用户方便地使用，并采取交互的方式。

(3) 此类系统强调灵活性和适应性，系统的设计应根据使用者的需要设计，应遵从用户的决策环节、方式和过程。

(4) 此类系统的决策只能作为辅助而不能完全的取代人的决策过程。

建立辅助决策功能的管理信息系统的难点在于建立一个合适规范的模型库。目前在房地产经纪信息管理中，此类系统已应用于各种费、率、税变化对房地产价格的影响，以及各个地段房屋价格的变化，方便客户和经纪人进行房屋的选择。

6.3.5 房地产经纪信息计算机管理系统实例

目前市面上各类房地产经纪信息管理软件品种繁多，功能大致类似，本书介绍一款喜年科技（北京）有限公司（Sinear）开发的房博士住宅业务——房客源管理（中介）软件。本款软件将房地产经纪业务的核心部分——房源和客源的管理按业务类型分为住宅业务和商业房地产业务两大模块。住宅业务房客源管理指的是对房地产经纪（中介）业务中的住宅类房源和相关客源进行统一科学的管理。主要特色为租售一体，更加方便查询和管理，便于录入房源及客户信息，快速分类查询、过滤查询和组合式查询，以及房客速配式查询，帮助业务员快速找到所需要的客源或房源。住宅房源管理中还包括了网上询价，帮助业务员查询到市场上同类房源的报价情况，以便跟业主交流商议更合理的租售价格。

本软件由五个功能模块构成：

1. 商业业务模块

(1) 房、客源管理

针对商业房地产的特点，为专门的商业房地产经纪公司设计。该功能模块完成对房源和客户信息的添加、删除、查询及管理工作，具备网上询价功能。

(2) 房客源跟进管理

房客源跟进模块，不仅能方便地帮助业务员记录做业务过程中的各种电话内容、带客户看房、接待等日常业务工作，并提供定时提醒功能。本软件具有双向互动的跟进和自动意向房客源生成功能，符合房地产经纪人在做业务过程中的业务习惯，经纪人不用再记录和记忆大量的房客源之间的关联关系，进而促进了团队协作，提高签单率。

(3) 房客源任务管理

本软件具备围绕房客源的任务分配机制，为业务管理人员包括店长对下属分配相关任务，经纪人可填写任务进度情况，店长可对任务的执行情况加以点评，并在任务完成后进行任务验收工作。

(4) 房客源意向管理

本软件具备对房客源快速产生关联意向或在跟进后自动生成的意向后进行统一管理，方便了经纪人和业务管理人员进行意向房客源的查询等操作。

2. 业务督导模块

业务督导功能模块是本款软件的特色之一，该功能的原理是将经纪人、店长等的工作量乃至工作质量进行量化，然后通过建立智能的督导规则对经纪人的工作进行督促，最终业务管理人员可以通过统计报表分析出经纪人工作的实际状况，形成经纪人——店长——业务督导（区域总监、经理）之间一层一层、环环相扣的业务管理模式，从而极大地降低了传统模式下人为的业务督导工作量，提高了业务管理的工作效率，降低管理成本，解放了业务管理人员，使得业务管理人员的主要精力可以放在如何帮助经纪人提高业务水平和提升业绩方面，更有助于管理好经纪人，最终随着智能量化督导模式的顺利实施，进而大幅提升销售业绩。

3. 合同成交及权证管理

房博士——房地产经纪（中介）软件的合同成交和权证过户以及财务收付管理，在设计上考虑到不同地域房地产经纪（中介）公司的该部分业务流程上的细微区别后进行开发的，比较符合各地房地产经纪（中介）公司需求的合同成交、业绩佣金计算和权证过户、财务收付管理模块。帮助公司内部的相关管理人员之间的实时协同工作，同时也方便了经纪人随时查看和自己有关的房源的权证过户状态，进而为客户提供更周到细致的服务。

4. 决策分析及智能统计报表

本软件提供 Web 报表引擎功能，即能给房地产经纪（中介）公司的经营管理人员提供各种统计分析数据报表和直观的多种图表，可以随时动态地对公司的房客源增长情况、经纪人日常跟进情况、各部门业绩及增长情况（对比）、一段时间内的房源价格趋势等进行全面的统计和分析，支持报表打印和导出，可导出 Word、Excel、PDF 等多种文件。并可提供房源招贴单及公司其他管理文档和表格的套打功能。

5. 基础信息维护模块

房博士——房地产经纪（中介）软件具备基础业务参数设置和维护，楼盘字典维护功能模块，实现了业务中绝大部分通用参数的自定义，做到了适应不同业务种类和地域的差别。增强型楼盘字典结构更趋合理，独家提供别名处理机制；提供强大的地图定位功能。

6. 办公辅助模块

(1) 组织机构及权限管理

此功能辅助房地产经纪信息公司进行组织机构和权限管理，采用多级树状结构管理公司组织架构，权限设置和管理采用二维矩阵模型，并根据公司管理模式的需要，自由组合不同类型的权限模型。

（2）地图搜索

帮助房地产经纪业务员在地图上通过拉框方式查询到想要的房源。

（3）集成即时消息及短信功能

本款软件的IM（即时消息）组件和短信组件，帮助信息在公司内部流通，提高团队实时协同能力，并可节省大量的时间和电话费用，有效提升了业务沟通的效率。

（4）内部信息公告栏及论坛

本款软件设计公告栏功能，主要用于发布公司内部的各种新闻、通知、制度、业务协作信息乃至业务问答知识信息，作为内部沟通的一种有效方式。

（5）各种实用工具

本款软件内置各种方便的辅助计算工具，提供诸如：贷款计算器、税费计算器等便于进行房地产经纪工作的开展。

7. 登陆与账号密码管理模块

为各级房地产经纪人员创建不同权限登记的账号，信息系统的内部数据及软件功能根据账号的不同等级分别开放。

8. 数据安全与数据管理

本软件对房客源及财务信息等敏感数据采用高强度的3DES算法加密，保证数据的安全性。并为了防止意外情况带来的信息资源的损失，提供完整的数据备份和数据恢复功能。

9. 管理参数设置

本软件管理参数设置模块辅助用户在不同的管理模式下的使用需求，一个管理软件设计得是否合理，要看它是否能适应不同用户在不同管理模式下的需求，“房博士软件”在对众多房地产经纪企业客户做了深入调查后，将不同模式和管理需求转化为管理参数，然后不同管理需求的房地产经纪企业，在不同阶段仅需设置和调整管理参数，即可适应其管理需要。

本章小结

房地产经纪信息工作是一项围绕信息开展的工作，高效、安全的信息管理能使得经纪工作开展得更加顺利。本章介绍了房地产经纪信息的各种收集、加工、存储和利用的方法。介绍了几种常见的房地产经纪信息管理信息系统，结合一个商用的房地产经纪信息管理信息系统软件，帮助读者建立直观的理解。

练习题

1. 房地产经纪信息的含义是什么？它由哪几个方面的信息构成？
2. 简述房地产经纪信息的管理原则。
3. 房地产经纪信息的收集途径有哪些？
4. 简述房地产经纪信息加工整理的程序？
5. 房地产经纪信息计算机管理系统有哪些主要类型？
6. 结合自己的实际情况，谈谈你所接触到的房地产经纪信息计算机管理系统。

第7章 房地产经纪业务的促成

一笔居间业务的完成要涉及到很多方面，同时要求房地产经纪人熟悉各个环节并具备相应的技巧。

7.1 影响房地产经纪业务成交的因素

7.1.1 房屋本身及周边配套

房屋本身的好坏及周边配套的成熟完善与否是客观存在的，而客户对这些的印象却是主观的，因此房屋展示过程就成为影响成交的重要因素之一。

1.尽量创造有利于成交的条件

主要是化解房屋缺陷，表现房屋优点，让客户容易接受，为业主卖个好价钱，具体的做法有：

①建议修复缺陷，如打扫、油漆、修补裂缝渗漏、电灯更新、暗处使用玻璃补光、歪斜处摆放饰品家具等。

②留意通风采光，空屋应常开窗通风，避免客户看房时呼吸不适。

③建议花费适当的成本加以整修，甚至装潢，提升房屋的格调。

④清理家具，破败的杂物全部抛弃，体现家的温馨和人的精神。

⑤列出预备赠送的家具、电器清单，贵重家具如不想赠送，则宜提前搬出，免生异议。

⑥通知业主准备好房产证、室内平面图、物业管理公约及其他文件。

2.引导客户看房时须强调房屋的周边配套

除了房屋本身的好坏，房屋的周边配套也是客户考虑的重要因素之一，因而在房屋展示过程中，房地产经纪人应注意以下两点：

①当引领客户进入房屋后，除介绍房屋本身的特点外，还应全面介绍房屋的周边配套，如小区环境、学校、公园、超市、交通情况等。

②注意了解客户购买动机，对自用的客户，可强调明星学校、购物中心；对投资的客户，可强调增值前景、当前房屋价值高于价格等等。

7.1.2 房屋产权

房屋交易的实质是房屋产权的交易，因此产权清晰是成交的前提条件。

1. 有房屋未必就有产权

单位自建的房屋，农村宅基地上建造的房屋，社区或项目配套用房，未经规划或报建批准的房屋等，都有可能不是完全产权，容易导致成交困难。

2. 有房产证未必就有产权

房产证遗失补办后发生过转让的情形，原房产证显然没有产权。有房产证而遭遇查封甚至强制拍卖的情形，原房产证也就没有了产权。当然还有伪造房产证的情形。

3. 产权是否登记

预售商品房未登记、抵押商品房未登记是比较常见的情形，仅凭购买合同或抵押合同是不能完全界定产权归属的。

4. 产权是否完整

已抵押的房屋未解除抵押前，业主不得擅自处置。公房上市也需补交地价或其他款项，符合已购公房上市条件的，才能出售。

5. 产权有无纠纷

在拍卖市场竞得的房屋可能存在纠纷，这是因为债务人有意逃避债务导致的。而涉及婚姻或财产继承的情况也会让产权转移变得复杂。租赁业务中比较多的情形是，产权人将依法确定为拆迁范围内的房屋出租。

7.1.3 卖主与房主

房地产居间业务是在交易双方之间斡旋促成的。在卖方的确认和说服工作中，应重点把握下列因素：

1. 资格甄别

房地产经纪人每天会接到很多电话和上门咨询的客户，口头报盘后就联系买家是徒劳之举，核实身份与产权状况甚至现场查勘是重要的一环。在现实生活中，弟弟把姐姐的房子卖掉，回头姐姐来起诉房地产经纪公司的情况是发生过的。

2. 真实意愿

是否出售或出租，不能仅根据客户的口头陈述；填写委托书才是检验真实意愿的手段。有些房地产经纪公司在接触的初期阶段就将委托书制成严格的合同文本，这是不合适的，在此阶段委托书宜简明、扼要。

3. 需求内涵

卖主出售房屋往往要个好价钱，有的卖主关心单价，或跟买价比较，或跟行情比较；有的卖主关心总价，想买新房，或用于别的投资，甚至还债；有的卖主在乎成交速度或付款方式。而出租房屋时，更多房主会关注押金、租期、续租事宜；也有人对租客特别挑剔，如是否有正当职业等等。

4. 判断决策人

夫妻俩的房子、单位的房子究竟谁能决定，如果房地产经纪人连这点敏感都没有，那么即使学了再多的房地产知识，成交概率也不可能高。

5. 尊重和利用顾问

卖方为了使交易对自己有利，或鉴于自己经验的局限，会请一些亲朋好友、业界帮手，这是完全可以理解的；房地产经纪人万万不可有对立情绪，要耐心听——以示尊重，要谨慎问——增进沟通，要热情说——施加影响，使顾问成为促进成交的帮手。

7.1.4 买主与租客

让客户成为真正的买主或租客，下列工作能够缩短进程：

1. 需求引导

有些业务人员，简单理解“客户就是上帝”，跟着客户的思路走，最终也帮不了客户。有的客户表述不清自己的需求，也有的客户生性就会模棱两可。因此，房地产经纪人必须进行需求引导，说出客户心中想表达的，建立起共识，减少误会，使成交变得快捷。

2. 能力判断

买主或租客愿意付多少，能够付多少，将决定向其推荐相关房屋的方向；当然，也不可简单依据收入或存款来推算，因为还有家庭其他支出、其他生意支出等综合因素要考虑。

3. 了解出资人

父母给子女买房，子女给父母买房，都是可以遇见的。在多数情况下，出资人的意见是至关重要的。

4. 了解受益人

受益人的喜好也会决定买主或租客的选择方向，如受益人喜欢出租房屋内的一架钢琴，成交就会变得容易一些，价格也会高一些。受益人可能是买主或租客的家人，也可能是公司的高级雇员。

5. 与律师友好沟通

买方选择律师做参谋的情况会越来越多，律师通常是严谨细致的，房地产经纪人应学会与律师沟通，解决了律师提出的问题，离成功就不远了。当然，解决不了的问题，不妨直言相告，也没必要兜圈子。

7.1.5 房地产经纪企业

经纪行业过去长期形成的“掮客”、“房串子”印象虽然一时不易抹去，但房地产经纪企业应努力改变行为方式，与不良行为形成对照和反差，消除误解，赢得客户信任，使交易容易达成。

1. 规范管理

就现时情况而言，将下列文件在经营场所公开是最简洁的做法：

①合法经营文件，如工商营业执照、税务登记证。

②房地产经纪资质证书，包括企业的和房地产经纪人个人的。

③业务规章流程，重点是房地产经纪服务流程图。

④服务收费标准，特别说明什么时候和什么条件下收取，哪种情况不收取。

2. 形象管理

房地产经纪公司视自身的规模，适当开展形象建设工作，增强客户的信赖。

(1) 稳健经营的形象

①公司建制。投诉可以找到负责人，交了佣金可以拿到发票，事后有了纠纷可以找到办公室，这是客户最起码的要求。

②运营中心。由于房地产交易复杂，如果由一个业务人员包办一切，会让客户感觉不踏实，而公司内部的适当分工，既有利于提高效率，也可消除这种顾虑。公司拥有若干个门店后，可尝试将办证、档案、查询等服务功能集中到运营中心。

③公共关系。当前房地产经纪行业尚不成熟，无论是因为经纪机构自身管理疏漏，还是外界的不理解，任何不利于公司形象的事件发生，都要通过事前或事后的公共关系去消除其负面影响。

(2) 店面展示的形象

①通过个性化的 LOGO 和招贴来吸引人。居间业务的主要形式之一就是店铺经营，店面的展示起到吸引路人，积聚人气的作用。

②保持室内整洁、舒适。店面空间有限，主要分办公和接待两个功能区，办公区需要布置严谨，而接待空间需要宽敞、热情。

③钥匙牌体现客户信赖。在营业场所的适当位置，将业主委托出售和出租房屋的钥匙挂起来可以体现客户对经纪公司的信赖。

（3）制服的魅力

①统一的美感、统一化的服务。制服虽然会掩盖一个人的美丽和个性，但在提供服务时，制服可以发挥统一的美感，赋予公司的个性化，彰显统一化的服务，留给客户统一的印象。

②烘托团队的魅力和服务面貌。制服有助于约束外表和姿态，如能将接待客户的职业用语及服务态度一并统一化，则该公司具备了统一的个性化特征。

③要理解穿制服的目的。年轻雇员有时会在制服上加一条腰带，截短裙子，佩戴俏丽的蝴蝶结、纱巾、项链、戒指等，以期表现自己的个性，这些做法实际上与穿制服的目的背道而驰，而个性化特征则应在服务客户的过程中表现和确立。

3. 协作精神

房地产居间事务繁杂，需要同行合作。合作能增加成功机会，合作能增进友谊，改善行业风气。合作首先要真诚，努力付出并尊重同行的工作价值。不得以减佣金或免佣金方式来争取客户，而损害合作方的正常利益。

4. 自我防范

房地产经纪企业之间应友好协作，并善待客户。但作为企业，面对竞争和不成熟的市场环境，也需要对非善意的行为予以防范和还击。典型的是防范同业“撬盘”和业主“跳盘”：优质房源往往成为同行追逐的对象，防止被撬的手段只有独家委托和快速成交；而业主“跳盘”通常跟口头委托和过早安排双方见面有关，订立书面委托书有助于追讨佣金。

7.1.6 房地产经纪人

事在人为，房地产居间业务的最终促成还是要靠房地产经纪人的主观努力。但在现实生活中，不少房地产经纪人存在明显的认识偏差，有的人短视捞钱，认为居间不是一个可以长期从事的行业；有的人自己腰杆儿不硬，认为做居间业务的人没有什么价值。态度决定行为，为了服务成功，我们不能暧昧含糊。

1. 房地产居间的职业含义

（1）房地产居间是交易双方的桥梁

这也是房地产居间与房地产代理的区别所在，房地产代理通常是代理卖方售楼或代理业主招租，而房地产居间则同时向交易双方负责。

（2）房地产居间能够节省交易费用

房地产交易是一种复杂的产权交易，交易双方通常都有知识和经验局限。通过房地产居间的专业协助和沟通，交易双方可以节省时间和金钱，快速达成公平交易。

（3）房地产居间应努力促成交易双方达成目标

其目标当然是合适的房子和合适的价格，也包括房地产经纪人提供的贴切服务和可供参考的市场情报。房地产经纪人不是房地产估价师，须尊重交易双方的要价和应价。

（4）房地产经纪人是房地产经纪公司的代表

客户往往从某房地产经纪人的某一次服务态度和水平来评价其所代表的房地产经纪公司。

2. 房地产居间的服务意识

（1）质价相称才是服务，减价并非服务。

（2）房地产居间服务以满足客户希望为宗旨。客户的希望包括希望的房子、希望的价格，在希望的时候以希望的数量和希望的服务方式达成交易。

（3）纠正服务收费的误区。居间服务收费不宜纳入房屋价款中，否则有违公开原则。同时，为亲友提供的居间服务也不能免费，正如银行职员家属不能随意索取钞票一样。

（4）亲切的态度与和蔼的笑容。前者是积极主动地接待，后者是善解人意的沟通。房地产居间主要面对个人和家庭客户，又关涉民生中“住”的要素，此种服务表现形式怎么强调都不过分。持之以恒，生意和声誉都将获益匪浅。

3. 房地产居间服务的原则

（1）平等化原则

房地产经纪人在服务客户时，不可因年龄、外表、服装、职业、消费能力等因素而对客户有差别的待遇，尽力提供满足客户要求或希望的服务品质；同时注意维护自尊，在服务过程中经纪人与客户也是平等的互利关系。

（2）珍惜老客户原则

经常惠顾的客户与其他客户同时在场时，可以在招呼语中添些寒暄之类的应酬话，等其他客户离去后再施以特别待遇。并可尝试将已服务客户登记在档，跟踪服务，形成客户网络资源。

（3）体察客户愿望的原则

房地产交易双方通常由于知识和经验缺乏，并不能确切描述或表达他们的期望。房地产经纪人要善于从电话问询、当面倾谈、看房等服务过程中注意体察客户的希望。

4. 如何修饰外表

（1）修饰外表即是尊重客户，也有益于自身客户对房地产经纪人的评价通常取决于第一印象。如果外表、态度、说话等方面让客户失望，那就没有进一步展示自己服务能力的机会。

（2）修饰外表的重点是清洁、品位和保守

身体的清洁、服装的整洁、办公用品的整齐摆放均能给客户清爽可亲的印象，要保持整齐、清洁，必须勤加检点。穿着或化妆如果欠缺品位，连带地会使客户对提供的服务和房屋产生平庸感，房地产经纪人需要不断学习，努力提升自己的品味。有品位的服装和化妆最忌争奇斗艳，房地产经纪人的外表应打扮得和工作性质相称，保守、稳重、职业。

5. 重视资讯的收集和积累

不少房地产经纪是从租售信息做起，很多人却忽略了对资讯的收集和积累，从而未能充分发挥资讯的作用和价值。如客户经常抱怨房地产经纪人带错路，按揭计算错误，相关税费不清楚等等，其实这些做起来并不难，关键是看房地产经纪人是否用心，在平时的工作中重视对日常资讯和行业资讯的收集和积累。

（1）日常资讯

例如：城市建设发展日新月异，收集不同版本的城市地图；政府部门、服务机构常用电话一览表；公共大巴、小巴路线图及过路站点清单；按揭供款速查表；地产交易税费表等。

（2）行业资讯

例如：时刻关注新楼盘的推出，收集相关的楼书、平面图和户型图；每日阅读当地的报刊杂志，仔细研读地产版的分析介绍和楼盘广告；浏览互联网，特别是本地房地产资讯网；参加各种专业沙龙及讲座，了解市场动态，提高专业认识；参加房地产展销会和楼盘展销会，了解客户需求走向；参观政府城市规划建设成果展，了解城市变迁及前瞻；参观设计院、模型公司等专业单位，提前获得项目信息等。

7.2 处理房地产经纪业务的技巧

7.2.1 客户接待技巧

1. 房地产居间服务的5S技巧

房地产居间业务的5S技巧是指速度、微笑、真诚、机敏和研究。由于其英文第一个字母都是“S”，所以统称为5S技巧。

（1）速度（Speed）

物理的速度，如成交快捷、行步如飞；演出的速度，如程序化安排和沟通技巧。

快速接听电话、及时通知变化事项、预约及准时赴会、交款等待与倾谈的配合等。

(2) 微笑 (Smile)

职业的微笑是健康的、体贴的，表现出心灵上的理解和宽容。不是做作的、讨好的、游移的、虚伪的或奸诈的。

(3) 真诚 (Sincerity)

真诚是为人和做事之本，是事务处理和人际沟通的润滑剂。真诚的努力是一方面，让客户感受到你的真诚则是另一方面。房地产经纪人要树立形象必须从真诚开始。

(4) 机敏 (Smart)

敏捷、漂亮的接待方式源自充分的准备及认识。否则以小聪明、小技巧应付客户，却没有实质性地解决客户问题，将给公司和本人带来纠纷和损失。

(5) 研究 (Study)

房地产经纪人需要研究客户心理、接待技巧、房地产知识和市场资讯。

2. 顾问式服务法

(1) 符合客户心理的应对法

客户服务是帮助客户做出选择和达成交易。最重要的一点就是要迅速判断每个客户的心理，并用适合他们的方式为其服务。最忌千篇一律呆板的言语应对和接待方式。如对犹豫不决类型的客户，应快刀斩乱麻，不必推荐过多的物业供其选择，而是坚决果断地以专业的理性论据说服对方购买待定物业，放弃其他的选择，即帮助客户尽快做出决策，使客户依赖并心服口服；对于风水迷信类型的客户，最好尽量用现代思想观念破除其迷信，改变其风水观念，并尽可能举出反例来解除其疑惑。如果对方迷信心太重，不妨投其所好，将一些所谓好的坐向、楼号推荐给这些客户；而对于谨慎小心类型的客户，除了详细地介绍物业外，还应以亲切、诚恳的态度，沟通感情，通过家常闲话，慢慢了解客户的家庭情况、经济收入状况和购房愿望及偏好，争取客户的信任和依赖感，然后再切入主题。

(2) 增加自身的可信度

可信度是指客户对你的信任程度。房地产经纪人首先一定要保持良好的外表形象，一般要穿西装、打领带、擦亮皮鞋。其次要把自己优秀的一面展示给客户，比如可以告诉客户自己的高学历、高职称、以往的骄人业绩等。

(3) 信心十足地推荐

信心十足的前提是对推荐房屋的充分了解，带客户看房之前自己一定先看过并对房屋的优缺点做到心中有数。否则既是对客户不负责，也容易使自己陷于被动。自己心虚难免招致欺骗印象，更何谈得到客户的信赖。

(4) 实际性的商品知识

在强调房地产理论知识的同时，万不可忽略产权交易中的程序性知识和日常生活中房屋使用的知识。程序性知识可通过操作来训练，这是客户借助居间完成交易的直接理由。房屋使用知识可以向客户学习，厨房应怎样合理布置，餐厅该如何处理，掌握这些实际性的知识可以为客户做更切合实际的建议。

(5) 以体验性的知识来说服客户

一旦具有体验性的知识，不但可以清楚地了解该房屋的优点和缺点，更能与客户默契沟通，为客户提供确切的情报，从而更易说服客户。体验性的知识可以通过调查和客户访谈获得，如访问该房屋周边学校、学生及家长的感受和评价。

3.提高推销技巧

(1) 消除误会，获得信任

顾客对推销员一般有戒备心理，或对商品房有一些看法，甚至有些错误成见，因此应避免满口推销行话，自吹自擂，而应在与顾客热情交谈时，尽量搞清楚他们感兴趣的话题，尽量谈一些顾客认为有价值的东西，鼓励对方自我展示，同时表现出诚实、坦率。

(2) 积极、正确地提问

通过提问从顾客回答中获取需要的信息，巧妙的问一些顾客感兴趣的问题，还能取得顾客的好感。有时提问也是一种手段，将顾客从偏离的话题中拉回正题。但接连不断的单方面询问甚至质问会使客户反感而不肯说实话。询问应与推荐房屋及介绍房地产知识交互进行，循序渐进地探寻客户需求，并试图逐渐集中到客户买房或卖房的焦点上。

(3) 善于提示和说服

提示不是要操纵顾客，而是引导他们认识到所推销的商品房正是他们所需要的。可运用以下方法：

①与竞争对手对比。推销员将自己的楼盘与竞争对手的相对比，突出自身优势和特色，打动顾客。

②出示证明。在与顾客交谈时可提供参考资料、相关证书、资质证明、专业鉴定等或举例购买该商品房的有名望的人或讲述另一消费者如何开始心存疑虑到后来决定购买的例子等。

③推销员自身表现。作为出售商品房的代表，要表现出自信、权威，具有丰富专业知识，对楼盘熟悉了解；对顾客表现出礼貌、尊重、对他们的福利关心；对所作的声明、承诺始终如一。

④正确面对反对意见。提出反对意见的原因有许多，如顾客暂时无力购买等。销售人员要礼貌地请求顾客对反对意见做出解释，探求真实原因，解决顾客问题，尽量满足其需要。

(4) 把握客户的心理动态，因势利导

客户购物时的心理动态大体经历以下几个阶段：注目、兴趣、联想、欲望、比较检讨、信赖、行动、满足。房地产买卖或租赁行为也不例外，房地产经纪人应针对这八个阶段施以相应对策和行动。如店面招贴吸引路人注目，彩色图片引发兴趣，动听描述激发联想，服务到位令客户感到满足。

(5) 正确接听电话

有些客户喜欢先打电话询问一下情况再来现场参观，他们对电话的接听感觉往往是决定是否前来的一个主要因素。电话铃声响过要及时接听，首先问好，报公司的名称，不妨加一句："对不起，让您久等了。"让客户感受到你的细心和周到，产生好感；可充分发挥电话的想象和知觉作用，通过声音、语调和内容让客户作出良好想象，感受到真诚；通话时间适中，一般接近但不超过3分钟；通话完毕，应等对方挂机自己再挂机，不要仓促挂断，以免遗漏客户要补充的内容。

(6) 正确推荐房屋

客户进入门店后不能七嘴八舌，简单的套话之后，应注意观察客户的神态。在不知道客户的购买预算时，应从低档房屋开始推荐。此种方法可以照顾客户的面子，较易获得客户反馈；反之则容易伤害客户的自尊，客户可能会以一句"太贵了"而结束访问。此外，配合客户的需求及时说出合适的参考意见，往往收到较好的效果。比如：两房的小单位非常好卖，今年流行这种复式结构，框架结构可以改动，这种弧形阳台您孩子一定喜欢，物业管理真让人省心，这个学校的老师特别认真等。要说得自信、够专业、有水平，并且要设身处地从客户的角度来说。

(7) 把握成交契机

密切留意客户的成交信号，及时给予确认和巩固。如：客户询问完毕时；客户开始默默地思考，不自觉地点头时；客户专注价格问题时；客户反复询问相同问题时；客户关注售后手续的办理时。

4. 引领客户看房的技巧

(1) 建立信心

"人不自信，谁能信之?"经纪人要相信没有卖不掉的房子，并相信自己所推荐的房子是最适合客户的。同时，要向客户客观地展示房屋，将房屋的优缺点尽量列在表上，至少要能列举房屋的5项优点，并针对优点款款道来；如客户提出缺点，也能做到胸有成竹，立即作答。

(2) 合理安排看房时间

尽量安排客户在某一集中的时段看房，如周末看房者较多，可以烘托购房气氛，加快成交速度及提高成交价。要尽早了解客户能有多少时间看房，以便安排看房的顺序及时间。另外，最好在约定时间前半小时与客户再联系一次予以确认。

(3) 要一次性准备 2 至 3 套房源

在看房路线的安排上，应先看稍差的房子，再看较好的房子，就同一房源而言，应先看房屋的缺点再看优点。经纪人事先要对自己所推荐的房源特点有充分的了解，以备客户的随时询问。

(4) 树立专业形象

每次看房前应准备一个专业文件夹，避免携带私人手袋，给客户一个专业形象。文件夹应常备多套空白看楼书、小型计算器、记事本、圆珠笔、指南针、地图和名片等，而在夜间看房则应多准备一小电筒，以防急用。同时要注意保持手机始终处于开机状态，并充足电源，或带备用电池。

(5) 了解客户背景

要在看房过程中有意识地提起客户的背景话题，如从事职业、家庭人口、教育程度、性格特征等，从而可以判断对方是否确为本物业的目标客户。如果不是要尽快进行调整，以免浪费客户的时间。

(6) 事先做好看房前准备工作

带领客户去看二手房的时候，要事先通知房主将家里打扫干净，收拾整齐，特别是厨房和卫生间的死角。如果有可能的话，将房子粉刷一遍，让房子看起来更新一点。客户来看的时候，把灯光全部打开，显得房屋很亮堂。房主尽量少讲话，不要热情过度，不能让客户感受到急于出售的急迫心理。看房时要注意双向沟通，言行要得体。适度渲染是技巧，但要说到点子上，如“转角可摆设简约雕塑”之类，让客户产生美好联想，并接受小小遗憾。

(7) 着重回馈信息

看房后应在第一时间回馈房主，如有客户还价，则应友好地与房主进行商量，在回馈过程中，跟房主积累良好的关系。

5. 促使客户落订的技巧

房地产交易金额巨大，客户的选择很多，因此应努力促成交易快速成交。

(1) 时时警觉，准备落订

经纪人千万不要夸夸其谈，忘乎所以，错过落订时机。一般情况下，在客户已明确对某房屋表示兴趣后，业务员就可以提醒客户是不是可以下订了，并准备好相关的书面合同，简单解释合同的条款。如果有些客户会借口没有带足订金而不愿下订，此时，业务员应“急客户所急”，告诉客户，可先支付部分订金，余款在第二天打清。在诱导客户下订的过程中，业务员应注意和团队之间的配合，这样才可以提高成功的概率。

(2) 议价有节，谨慎从事

首先不必有底价观念，对开价有十足信心并为价格找到支撑。客户满意时，及时要求落订，引导开出价格。对客户开出的价格却不能轻易答应，目的是在让客户在心理上感觉通过努力争取到了合情合理的价格甚至低价买入了。客户不愿开价是常见的，通常要求房地产经纪人或业主开出合理的价格。这时可小额降价再次引导客户开出价位，还可提示附近的最新行情价格，客户若能合理出价，房地产经纪人也不必马上答应，以征询业主意见为由尝试加价，视客户反应再作定夺。拿到订金时，切不可喜形于色。

(3) 建立客户对你的信心

让客户时刻感受到你良好的职业形象以及诚实的品格。通过独具匠心的包装和介绍，将房屋产权明晰、屋况良好、交通便利等优点清晰地展示在客户面前，并由此赢得客户的信任。

(4) 了解客户性格特点

对客户的爱好、需求、弱点等了然于胸，比如：客户是否因为孩子上学而选择该房，它离客户上班的地方是否方便，房屋本身的格局及厨房设计是否为客户的太太所喜欢等。在了解的基础上反复强调房屋的优点，用动听的言辞、不同的表达方式反复敲打，让客户更加心动，毅然落订。

(5) 果断把握成交时机

成交机会瞬间即逝，掌握气氛立即决定“卖”，否则等到客户出门后，便回天无力了。遇到性格犹豫不决的客户，可适当采取一些措施制造抢购气氛，比如：在与客户洽谈时，售楼人员可互相配合，假装成顾客，要的也是客户想要的那套房，正准备交钱，或是把房子同时介绍给另外的购房者，以造成热销气氛。如客户对某套房有了初步意向后，可告诉他：“此套房有人要购买，你要的话马上付订金。”如果客户带的钱不多，那么可以让其先交几百元的“小订”或“封房金”，承诺可以不再把这套房子介绍给其他顾客，让消费者有了“归属感”。但切记不可强卖，只是帮客户早做决断。

(6) 巩固签约成果

收订签约时务必明确主楼款、尾款的数额及支付时间，对贷款利率、税费等其他方面也要交代清楚。客户交订金后的2～3天，容易产生种种的怀疑和后悔，这个时候，告诉他一些对他有利的消息，坚定他的信心，巩固落订成果。再过几天，还可以像朋友一样，发个信息问候一下。

7.2.2 居间业务程序与技巧

1. 接盘要点

(1) 收集房屋情况资料

房地产经纪人接到业主的电话、传真或当面委托，售卖或出租房屋时，可根据拟定好的房屋情况资料清单，尽力向业主收集房屋情况资料。收集房屋情况资料可通过向业主询问了解，或直接索取房地产证等权利文件，并及时填妥资料表格让业主签名确认。

（2）委托关系

房地产经纪人接受放盘委托时，应与业主签订书面委托协议（如附录7-1）或直接以房屋资料表格向业主索取其委托的书面确认，并明确服务范围、委托条件及佣金标准。同时应对业主提交的房屋相关证件及资料进行签收，填写文件签收单。

（3）提供个案资料

当业主征询售价或租金建议时，应提供近期可比案例或其他放盘资料供客户参考。但不可声称自己是专业估价师，应尊重客户自行决定房屋叫价或征询专业估价师。

【附录7-1】房屋出售、出租委托合约示范文本

房屋出售、出租委托合约

（合同编号：　　）

委托方（业主）名称：　　　　　　　　受托方（经纪方）：

身份证/护照号码：　　　　　　　　　　地址：

联系地址：

电话：　　　　　　　　　　　　　　　电话：

双方本着诚实守信的原则，依照现行有效的法律规定，就委托出售/出租楼宇事宜，经协商一致，达成如下协议，并共同严格遵守执行。

一、经纪方接受业主的委托代为推广销售/出租以下该物业，委托方按约定向经纪方支付佣金。

二、物业情况

1. 本物业坐落于　　市　　区　　路　　（物业名称）　　栋/座　　号房。

2. 该物业为委托方的合法物业，产权完整、清晰、可转让/出租，并无已被查封、拍卖、出售/出租等情况。

3. 若本物业存在产权共有人，则委托方的委托行为已取得所有产权共有人的书面同意。

三、放盘价及委托期限

1. 上述物业放盘价为：______币______元，此价格为：☐实收价；☐包自己税价；☐税费全包价。

2. 租金为______币______元/月至______币______元/月；租期为______年至

______年。

3. 房价的具体数额和收取的时间、方式由买卖/租赁双方在《房屋转让合约》或《房屋租赁合约》中确定。

4. 本委托期限为6个月。委托期届满，委托方未书面提出终止本合约的，视本合约自然顺延。

四、佣金

1. 如此楼出售，委托方应支付成交金额1.5%的佣金给经纪方。佣金在买卖双方签署《房屋转让合约》时支付；

2. 如此楼出租，委托方应支付起租月租金50%的佣金给经纪方。该佣金在租赁双方签署《物业租赁合约》时支付。

五、委托方的义务

1. 委托方应清理物业，物业内不应有垃圾脏物等，可将本物业的钥匙交由经纪人妥为保管，以供查勘、拍照及准买家/准租客视察之用；

2. 此委托为独家委托，委托方在本合约有效期内不得委托其他中介机构或个人；

3. 委托方在收取买方/租客订金后，不得悔约，否则除双倍返还订金给买家/租客外，还应支付相当于经纪方应得佣金总和的违约金给经纪方；

4. 委托方应提供有关资料：

(1) 房地产证或其他权利证书复印件；

(2) 个人身份证或公司营业执照复印件。

六、经纪方的义务

1. 根据实际情况采取合法方式推销物业；例如对物业查勘、拍照，发出关于本物业的传单、报纸等广告，安排客户视察物业；

2. 与买卖/租赁双方进行商议，协助其订立相关合约；

3. 委托方不在场时，经纪方可根据房屋委托条件和产权核查情况，先与买方/承租方签署《房屋转让合约》/《房屋租赁合约》并收取订金，委托方应予承认。代收的订金在委托方补签合约时转付给委托方。

七、双方认为必须约定的其他事项

八、因本合约引起的任何争议，双方应友好协商。协商不成的，提交市仲裁委员会。仲裁裁决是终局的，对双方均有约束力。

九、本委托合约自双方签字或盖章之日起生效，一式二份，双方各执一份。

委托方（业主）：　　　　受托方（经纪方）：

授权代理人：　　　　置业顾问：

签约日期：　　年　　月　　日

2. 房屋调查

（1）核实产权

接受委托后，应在第一时间核实产权，既避免可能发生的诈骗行为，又能防止债务陷阱或他项权利限制，保障客户及企业自身利益。核实产权最直接的方式是去房地产权属登记部门查册，但各地的政府部门未必都能做到。这样只好通过其他渠道，如档案馆、房地产开发商、物业管理公司等，或通过房产证、国土证辨识产权的真伪。

（2）现场查勘

在业主或其代表人带领下，仔细勘查房屋状况，是否与房屋情况资料表格一致，遇有疑问应及时向业主了解清楚，不可含糊，勘查越仔细越能做到心中有数，信心十足地向客户推介。除房屋现状外，还可向业主或邻里住户打听真切感受及配套情况，更有必要针对该房屋作个案市场调查及收罗市场资料。

3. 广告宣传

（1）广告形式多样

通常选择报纸广告和店面展示，前者成本昂贵，后者局限性大。此外，可在网站发帖、放置招牌、贴海报、散播传单等。

（2）广告内容真实

时下房地产广告繁多，一些人想尽花招和言辞。其实内容真实最紧要，否则吸引了众多客户查询，都未必是你的目标客户；即使看了房，一旦发现房屋现状与广告内容有差距，不买不说，反而引起客户反感；结果是交易成功机会小，接待负担重。广告刊登应征得业主同意，并不得提供失实资料或误导性陈述。

（3）广告要有个性

个性表现要与宣传房屋的特质相关，尽可能在有限的文字里概括地表述，并力争一举打动准客户的购买欲。例如：阔窗才有靓景、名校有助育才、路远自能宁静、繁华适合投资等。

4. 客户查询

（1）殷勤接待查询

广告发生效力后，客户会电话查询或登门造访，经纪人应持殷勤、专业、耐心、有礼有节的态度。

（2）了解客户需求

在接待过程中，及时把握机会，了解客户租购需求和资金预算，以便推荐合适的房屋，提供真实、准确的资料，提示展示房地产经纪人的专业知识。

（3）索取客户资料

房地产经纪人应以合适的方式留下客户的姓名、地址和联络电话，方便跟进服务，但切记不可强留。在欠缺客户资料情况下不便透露委托房屋的详细资料，以保障业主隐私及经纪人利益。

（4）尽早告知佣金标准

房地产居间的佣金是提供服务及赖以生存的基础，免佣及减佣均可能影响自尊及服务质量，甚至人为制造差价，损失客户利益且败坏行业声誉。

5. 接受委托及检视房屋

（1）签订委托协议

客户对房地产经纪人建立信心并关注某具体房屋时，会要求带领检视房屋。在检视房屋前，应向客户出示解释委托协议书条款，并安排客户签订。协议书应包含客户委托事项，如租购需求、资金预算等，并特别注明推荐房屋以免任何事后纠纷。同时可以发送客户确认书给业主，告知有客户对其委托物业感兴趣，并着手准备安排客户检视房屋。

在接受客户委托前应全面声明在此交易中所得的利益，包括佣金以及从交易中将会收受的其他利益；应向客户透露同一房屋存在的其他洽商或出价委托，可能在价格及条件方面出现竞争。洽商过程中应提醒客户促成临时买卖或租赁合同后即有支付佣金的责任。

（2）口说无凭，以合同为准

任何关于房屋买卖或租赁的口头协议并无约束力，直至双方签订有约束力的临时买卖合同或临时租约。房屋买卖交易由于比较复杂，因此在洽商议价阶段，可分别先与业主签订卖家确认书及与客户签订买家确认书，保证接下来交易的顺利进行。

（3）尽可能提供参考数据

在洽商议价过程中，可应业主或客户要求，提供相关房屋的租售价格资料和对比数据，不可盲目压低业主的开价或抬高客户的出价。

6. 签约成交

（1）临时合同

通过居间成功洽商，业主和客户在各项条件及价款方面均达成一致意见，便需要将各重要条款落实到临时买卖合同中。房地产经纪人通常提供临时合同样本并向客户解释每一条款的含义，不应误导客户或隐瞒任何重要资料。临时合同中应包含支付佣金条款及违约方的佣金支付责任。应填妥全部合同内容，不留空白，然后才让客户签名。合同上的修改条款均应由双方加注签名。如果该房屋连租约一起出售，应在临时买卖合同上附上一份租约复印件；出售和出租的房屋均需附上房地产证复印件。处理附带家具或电器的房屋时，应准备一份详细的盘点清单，甚至需要拍照以作识别。除非客户有特别要求，经纪人可以安排合同双方同时或分别在临时买卖合同或临时租约上签订。立约一方预先签订的合同若不能在有效期内安排另一方签订，应及时将合同及已付订金全数退还立约人，把此交易作废。临时合同的所有文本上均需取得双方的原本签名并交双方各一份。

（2）正式合同

进入产权过户手续之前，双方必须签订正式买卖合同。正式合同通常由政府管理部门提供。租赁合同因为事项相对简单，基本臻于完善；买卖合同则由于房地产的个案性差异须作补充约定，如现有条款中并未考虑分期付款或按揭付款方式，附送设备及装修条款只能在临时买卖合同中约定。正式买卖合同甚至被用作逃避税款的工具，房地产经纪人务必声明此等做法之风险及法律责任。最大风险在于卖方以较低价格成交，损失金钱，买方和房地产经纪人会涉嫌欺诈牵连官司。

7.订金及付款

（1）订金

签订买卖合同时，需支付订金，订金不得超过法定标准。收到客户订金时，应取得客户一份书面指示，用以发放订金给业主。或建议客户直接将订金交给业主，此时应持有业主房地产证原件并代为保管。也需提醒客户在业主权利状况不明确时订金宜交房地产经纪人代为保管，惟保管期不会过长及无利息支付。签订正式买卖合同时业主可能要求支付首期房款或称之“大订”。在业权不明确的情况下务必慎重。

（2）付款

①一次性付款：是过去最为常见的付款方式，目前一般多用于那些低价位小单元的楼盘销售。

利：一次性付款一般都能从销售商处得到房价款的5%左右的优惠，如是现房则能很快获得房屋的产权，如果是期房则这种付款方式价格最低。

弊：一次性付款需要筹集大笔资金，且损失此项资金的利息，对经济能力有限的购房者压力较大。如果是期房的一次性付款，开发商有可能不按期交房，购房风险大。

②分期付款：又分为免息分期付款和低息分期付款，是目前比较吸引人的付款方式。

利：缓解一次性付款的经济压力，也可用房款督促开发商履行合同中的承诺。

弊：分期付款随着付款期限的延长，利率会越高，房款额比一次性付款的房款额高。

③按揭付款：即购房抵押贷款，是购房者以所购房屋之产权作抵押，由银行先行支付房款给开发商，以后购房者按月向银行分期支付本息的付款方式，因为它能使市场潜在需求迅速转化为有效需求，所以成为促进房地产市场活跃的最有效手段。

利：可以筹集到所需资金，实现购房愿望，花明天的钱圆今天的梦。

弊：目前手续繁琐、限制较多。

④公积金贷款：个人住房公积金贷款属政策性的个人住房贷款，具有一定的政策补贴性质，只要个人所在单位建立过住房公积金且按期缴交了公积金的均有权申请贷款，它最大的优点是利率低，不仅低于现行同期银行个人住房按揭贷款利率（一般比银行个人住房按揭贷款利率低 1 个百分点左右），而且要低于现行同期的银行存款利率。也就是说，在公积金贷款利率和银行存款利率之间存在一个利差。而且，贷款金额越大、期限越长，利差就越可观。

7.3 房地产居间业务的房源管理

所谓“三军未动，粮草先行”，房源即房地产居间业务的“粮草”，是经纪公司的重要资源，如何对这个重要资源进行有效的管理就显得非常重要。本章的主要内容就是围绕这个主题进行，包括房源的概述、房源的开拓和获取以及房源的管理和利用。

7.3.1 房源概念

1. 房源是经纪公司的重要资源

首先，它的重要性是由房地产居间业务的特征决定的。买家（或租客）找经纪公司，目的是希望在经纪人的帮助下，在市场上找到符合自己需求的物业。经纪公司如果没有房源，就不可能为买家（或租客）提供服务，也不可能开展其居间业务。

其次，一个经纪公司所拥有的房源数量越多、类型越丰富，其市场地位一般也就越高。在我国，买家（或租客）在寻求经纪公司的服务时，往往是采取“货比三家”的形式，他们会同时到几个不同的经纪公司里获取所需的信息，经过层层比较，最后才与他们认为最合适的一家公司成交。房源越丰富的经纪公司，因为能够为他们提供越多的选择，就越有可能满足他们的各种需求，从而也越容易获得成交。这就为该经纪公司市场地位的积累提供了一个重要基础。

因此，房源可以说是经纪公司不可或缺的资源，从某种程度上来讲，它决定了一个经纪公司生存、发展的空间与潜力，其重要性不容忽视。

2. 何谓房源

一般人认为，在房地产居间业务中，房源就是委托经纪人出售或出租的物业。这一定义有其合理性，顾名思义，“房源”是指物体，即物业。但是，从房源所包括的各项指标来看，它不仅有物理属性、法律属性，还有非常关键的“心理属性”。

（1）房源的物理属性

房源的物理属性，是指物业自身及其周边环境的物理状态。如物业的区位（地段）、建筑外观、面积、朝向、间隔、新旧程度等。一般情况下，它们在交易过程中是固定不变的。

房源的物理属性决定了房源的使用价值，所以也在一定程度上决定了房源的市场价格。一套位于市区公园旁的全新公寓，其使用价值当然比位处郊区偏僻之地的陈旧洋房要高，因而前者的市场价格可以是后者的数倍。

不过，虽然房源的物理属性具有固定、明晰等特点，受它制约的房源的市场价格却不容易确定。这就要从房屋价格的特殊性说起。

房屋价格的特殊性是由房地产产品的个别性决定的。与其他商品不同的是，房地产商品具有显著的个别性。世界上不存在两套完全相同的房屋。就算在一个按同一建筑设计方案建造的住宅小区里，其每一幢楼都有与其他楼不同的具体位置，因而它们在出入方便程度、景观、受噪声影响程度等方面都各不相同；在同一幢楼中，不同楼层之间的单位也存在差别；而在同一楼层中每套单位又有朝向等方面的差别。这些差别决定了每一套房屋都具有自己独特的内在价值，因而其市场价格也就不尽相同。

对二手房屋来说，其价格的特殊性则表现得更加突出。因为除了上文提到的各种差别之外，二手房屋在保养、装修状况等方面存在的差别，也会影响其内在价值，进而影响其市场价格。在同一幢楼内朝向相同、楼层相邻的二手房屋，往往也会存在很大的价差。而且，正因为房地产产品存在着明显的个别性，令市场上很难有一个权威的、明确的“定价标准”，这又为房屋价格特殊性的存在提供了辅助条件。

（2）房源的法律属性

房源的法律属性主要包括物业的用途及其权属状态等。在我国，物业的用途通常分为商用与居住两种。物业的用途并不是固定不变的，在某些情况下，它们可以进行变更。

物业的权属状态一般由特定的法律性文件反映，如《房地产证》等，其范围主要包括产权性质（如商品房、房改房、宅基地等）、业主姓名、土地使用年限、法定用途等。物业的权属状态也是可以进行变更的。

（3）房源的“心理属性”

房源心理属性中的“心理”指的是业主（委托方）在委托过程中的心理状态。随着时间的推移，这种心理状态往往会发生变化，从而也对房源中的某些因素产生影响。其中，价格因素最容易受到影响。在交易过程中，房源的价格经常不断波动，其原因正是业主（委托方）的心理在不断变化。

房源价格是由业主（委托方）决定的，他们对市场信息的了解程度，以及其出售或出租的心态，是他们决定房源价格的重要依据。在现实中，这两个依据都容易发生变化。

①市场信息了解程度的变化。一般来说，业主（委托方）所能了解到的市场信息有限，容易导致他们对市场产生比较片面的理解。在目前，媒体的宣传、经纪人的讲解是他们了解市场信息的两大渠道。但是，因为目前这两个渠道的信息都缺乏权威性，有些业主（委托方）会另外去寻找其认为可信赖的信息来源，如朋友的意见、客户看房时的直接反应等。这些信息皆具有不确定性，容易发生变化。它们的变化往往会引起业主（委托方）的心理变化。如张先生上个月将自己的一套住宅以45万元的价格委托给经纪公司出售。这个月，他看到媒体在报道房价在上涨的现象，他的一位朋友也跟他说他定的售价太低。于是，他就将那套住宅的售价更改为48万元了。

②出售或出租心态的变化。随着时间的推移，业主（委托方）的出售或出租心态也会发生变化，从而最终引起房源价格的变化。这种情况在现实中经常发生。仍以张先生为例，一开始，他想将该套住宅出售的原因是他买了另一套新房，在他搬到新房住之后，该套住宅就空着没用了。他没有急于出手的心理，只是希望能以较高的价钱卖出。但是，后来他在生意上急需一笔资金，他就希望尽快将该套住宅卖出以便“套现”。看过房的买家都嫌48万元的售价太高，所以迟迟不能成交，令他很是着急。最后有个买家还价43万元，他也只好同意成交。

(4) 房源的定义

综上所述，房源不仅包括委托出售或出租的物业，还包括该物业的业主（委托方）。因此，房源应当是指业主（委托方）及其委托出售或出租的物业。

3. 房源的特征

(1) 公共性

在美国，房地产销售中占主流的是房地产经纪人的“独家代理制度”，即业主（委托方）只将自己的物业委托给一位房地产经纪人出售或出租。在这种代理制度下，无论谁实现了房屋销售，该签约经纪人都可以获得相应的佣金。这里的房源具有“独家性”。可以说，在受到业主（委托方）委托之后，房源就是该签约经纪人所拥有的“商品”了。

但是，在现阶段，我国还没有形成类似于美国的“独家代理制”这一模式。大多数情况下，业主（委托方）为了能尽快卖出或租出自己的物业，会希望在同一时间里接触尽可能多的客户，因此他们就会委托多家经纪公司为其服务。房源在我国具有显而易见的“公共性”。对我国的经纪公司来说，房源并不是其拥有的商品，而只是可利用的信息。

（2）变动性

房源的变动性主要包括两个方面，一是其价格因素的变动，一是其使用状态的变动。价格的变动是经常发生的，因为它可以随着市场的变化、业主（委托方）心态的变化而不断波动。房源使用状态的变动较少发生，它是指在委托期间，物业的使用状态（如闲置、居住或办公等）发生变化，如原本闲置的待出售的物业，业主（委托方）决定先租给人居住等，但并没有因此拒绝有兴趣的买家去看楼、购买等。因为房源存在变动性这一特征，所以经纪人要不间断地与业主（委托方）联系，以便在房源的某些指标发生变动时，及时进行更新。

（3）可替代性

虽然每一套房屋都是唯一的，具有明显的个别性，但是在现实生活中，人们对房屋的需求却并不是非某一套不可。具有相似地段、相似建筑类型、相似房型的房屋，在效用上就具有相似性，对于特定的需求者而言，它们是可以相互替代的。这就令房源具有可替代性这一特征。

买家（或租客）在寻找房屋时，往往不止考察一套房源，这正是房源具有的可替代性特征所致。同时，房源的可替代性特征也为经纪人的居间业务提供了更广阔的操作空间。如一位原本看上甲房的买家，因为价格问题无法成交，这时经纪人就可向这位买家提供与甲房相似的乙房资料，买家看过乙房后，发现其各方面的品质与甲房相似，而且其价格较便宜，因此最终决定购买乙房。

7.3.2 房源的开拓与获取

1. 房源的开拓渠道

充足的房源信息是居间业务的关键资源。房地产经纪人应当深入了解收集房源信息的渠道，并由此获取丰富、有效的房源资料，促进房地产居间业务的开展。在我国，房源的开拓渠道目前主要有小业主和大业主两种。

（1）小业主

这里的小业主指的是普通的消费者，他们单个拥有的房屋数量不多，一般为一套或几套。目前，小业主这部分的房源是房地产居间业务中最重要的房源来源。针对小业主房源的开拓渠道主要有以下几个：

①报纸广告

由于报纸信息传递迅速，传播面广，报纸广告是经纪公司最常用的宣传方式。

一般来说，经纪公司除了在广告中刊登“放盘热线电话”及“放盘地点”（一般为经纪公司及其分支机构的办公地点）等“求盘”信息之外，还会发布一些被该公司所掌握的房源信息，尽可能充分地利用广告资源，吸引各类目标客户。

经纪公司一般应选择在当地发行量最大、消费者最爱阅读的报纸刊登广告，以保证广告效果。较理想的做法是定期刊登，如每周刊登一次或两次等，从而不间断地对消费者进行信息轰炸，令他们在有房地产交易的需求时，立即就会想起该经纪公司。在广州、深圳等市场已发展得较为成熟的地区，有一定影响力的经纪公司都会定期在当地最具影响力的报纸上发布广告，一般为每周一次或两次，有些规模较小的公司则是两周一次。

②路牌广告

在某些街边、路口发布路牌广告，或在大厦和住宅小区出入口的宣传栏上张贴经纪公司的宣传海报，吸引过路者观看，也是经纪公司宣传公司形象，从而开拓房源的一个较好方式。不过，路牌广告的信息传播面较窄，总体影响力不及报纸广告。其优势则是目标性强，会给周边居民留下深刻印象。

③派发宣传单

选择一些目标客户，通过寄发（直邮）、当面派发经纪公司的宣传单，以引起客户关注，获取房源信息。这种方式比路牌广告的目标性更强，成本也较低，被许多经纪公司所采用。但此类信息若过多过滥，会引起信息接收者的反感，起不到应有的宣传效果。因此，采用这一方式的经纪公司，应努力在宣传单的设计及派发方式上进行创新，以保证宣传效果。

④电话访问

在获知目标客户的电话号码后，对其进行电话访问，咨询其物业资料，这是可以立即见效的一种开拓房源的渠道。通过这种渠道开拓房源的经纪公司应当注意两点：一是电话访问目标客户的有效率必须保持在一定水平线上，否则投入的成本可能会过高；二是要对负责电话访问工作的员工进行到位的培训，以令他们掌握高水准的业务操作技巧，保证电话访问的效果，就算被访问的客户一时之间不能提供可以利用的房源信息，也能给客户留下较好印象，树立公司的良好形象。

⑤互联网

随着电子科技的发展，互联网已成为人们传播、获取各类资讯的新兴渠道。因此，在网上刊登广告也成为地产经纪公司的一种重要选择。尤其是在购房者年龄越来越趋年轻的形势下，这一渠道被不少经纪公司看好。有条件的经纪公司还建立自己的网站，以便更集中地宣传自己的优势，同时也更及时地发布房源的供求信息。更重要的一点是，拥有自己网站的经纪公司，可以在网站上实现与客户的“现场互动”，通过技术支持，令客户可以随时将自己的房源信息传输到该网站上。

⑥直接接触

房地产经纪人直接与目标客户接触，从而获取有关的房源资料，这也是目前较为常用的一种开拓房源的渠道。在这里，可以将与目标客户的直接接触分成两种：一种是对于一些可能要出租、出售的物业，经纪人上门找到其业主去了解洽谈；一种是在某些公共场合，如物业拍卖会、房地产展销会、楼盘的售楼部等，经纪人主动与现场的买家（或潜在买家）接触，以获得房源信息。

另外，还有一些其他的开拓房源的渠道，如有的经纪公司对于一些能够提供有效信息的个人（或机构），给予信息费，以此获得房源信息；也有的经纪公司会去收集广告媒介发布的其他供需者的信息，为自己所用；还有些经纪人会依靠自己的人际关系网去收集信息，等等。

（2）大业主

“大业主”是相对于小业主的概念而言的，它通常指的是一些拥有批量物业的单位，如发展商、资产处理公司等。对于这些大业主，经纪公司一般采用“主动出击”的方式去获得其房源资料，即根据这些大业主的具体情况，制定有关处理方案，并派专人（或工作小组）去洽谈、跟进。就目前来讲，大业主主要有以下几种类型：

①发展商

发展商的楼盘销售了一段时期后，会剩下一些“货尾”单位。在这时，从成本等角度考虑，发展商会将这些“货尾”单位委托经纪公司进行销售或出租。有些经纪公司为了争取到这些“货尾”单位的独家代理权，会主动联系该发展商，精心提供处理方案。

②地产相关行业单位

某些情况下，楼盘的发展商会利用物业去抵工程款、材料款甚至广告费等，从而使地产相关行业的某些单位，如建筑商、材料商甚至广告商等拥有批量物业。这些单位通常也会将所得到的物业委托经纪公司进行销售。

③大型企事业单位

有些大型企事业单位会拥有数量可观的待处理的物业，如与房地产发展商合作开发楼盘后“分得”的物业、单位员工集资开发的物业等。因为这些单位往往不具备销售或出租这些物业的专业资源，所以他们会将这些物业委托给经纪公司处理。

④资产处理公司

资产处理公司往往会拥有一些作为抵押物或不良资产的物业，经纪公司若能为之提供合适的销售或租赁方案，资产处理公司一般愿意将这些物业委托给经纪公司销售或出租。

⑤银行

与资产处理公司相类似，银行有时也会拥有一些作为抵押物或不良资产的物业。经纪公司也可主动开拓这一渠道获取房源。

2. 房源的开拓原则

在了解了房源的开拓渠道之后，还要掌握房源的开拓原则，从而才能有效地利用开拓渠道，获取真实、有用的房源信息。房源的开拓原则主要有三点：

(1) 及时性

在获知目标房源的资料后，房地产经纪人必须及时对之进行核实、了解，力争在最短的时间内使之成为有效房源。而且，因为房源具有变动性等特点，其有关资料会随时变化，地产经纪人还应及时对房源的有关信息进行更新，以保证房源的有效性。

以经纪人小王为例，他在工作中一直非常注意对房源信息的收集与更新。一次，他无意中在一位客户口中了解到某楼盘解除了与原物业管理公司的合作关系，转而聘请了一间大型的品牌物业管理公司。通过公司内部网络的房源管理系统，他立即将这一信息发布出去。在公司另一个分支机构工作的同事小陈，看到这一信息之后，则马上打电话告诉了一位客户。该客户一直对该楼盘的其中一套物业感兴趣，但因为物业管理存在某些问题，一直没决定购买。在获知这个信息后，该客户到楼盘管理处核实了一番，最后终于决定购买了。

(2) 持续性

在居间业务中，房源是动态的。经常会存在这样一种情况：上周获取的这一套房源资料在当时还是有用的，但是到了这周，因为该套物业已被人购买，该房源资料就变成无用的了（或者是暂时无用）。因此，经纪公司对房源的开拓必须遵循“持续性”的原则，持之以恒地进行，这样才能保证在进行居间业务时，有充足的房源可利用。

(3) 集中性

所谓集中性原则，是指经纪公司所收集的房源要具备相对集中的特点，即有针对性地在某一区域收集某一类型的房源，从而令自己较齐全地拥有该类型的房源资料。这样，该经纪公司就能够为对该类房源有需求的客户提供较多的选择，从而就容易促成交易。举例来说，广州的 A 公司共拥有 3 000 套房源的资料，其中的 2 000 套房源位处天河区。B 公司则共拥有 5 000 套房源的资料，但分散于广州市的八个区，其中仅有 800 套房源是位处天河区。这样，对一个想在天河区置业的消费者来说，A 公司就能够提供比 B 公司更多的房源供其选择，该消费者在 A 公司成交的机会也就大得多。

7.3.3 房源的管理与利用

1. 房源分类

房源分类有很多不同的标准。按交易类型可分为出售与出租房源；按新旧程度可分为新建商品房、二手房和期房房源；按地理区域，可分为不同城市和同一城市不同区的房源；按数量的多少，可分为集中房源和单个房源。

按使用性质的不同可分成：

(1) 居住房地产（住宅）

住宅按产权性质的不同又可分成以下几类：

①商品房

商品房是指在市场经济条件下，通过出让方式取得土地使用权后开发建设的房屋，按市场价出售。目前市场上的一手房基本上是商品房，在二手房市场中，商品房也占有最大的比重，而且这种趋势会越来越明显。

②限价房

限价房，就是政府限制地价和房价的商品房。这类产品主要针对两部分人群：一是具备一定房产消费能力的人群；二是定向购买的拆迁户。限价商品房拥有和商品房同等的产权。

③经济适用房

经济适用房是指以微利价出售给广大中低收入家庭的商品房。它是具有社会保障性质的商品住宅，具有经济性和适用性的特点。经济性是指住宅价格相对于市场价格而言，是适中的，能够适应中低收入家庭的承受能力；适用性是指在住房设计及其建筑标准上强调住房的实用效果，而不是降低建筑标准。

④廉租房

廉租房类似于香港的“廉租屋”。我国的廉租房只租不售，出租给城镇居民中最低收入者。廉租房的主要来源是腾退的旧公房，还有少部分是政府用划拨的土地兴建的。

⑤城镇居民自建房

它是指城镇居民私人建设的住房。

⑥未售公房

公房是指由国家行政机关，国有企、事业单位投资兴建、销售的住宅，在住宅未出售之前，住宅的产权（拥有权、占有权、处分权、收益权）归国家或单位所有。

⑦已购公房

已购公房就是国家行政机关，国有企、事业单位的职工按房改政策购买的单位住房。通常以标准价和成本价购买。在满足某些条件的情况下，它可以在市场上进行流通。

⑧拆迁安置房

拆迁安置房，是指在政府实施土地储备地块、非经营性公益项目建设、城市基础设施建设和军事设施建设等行政划拨用地的拆迁过程中，以确定的价格、套型面积向具有市区户籍（含从事农业职业）的被拆迁人定向销售的住房。被拆迁人在取得拆迁安置房房产证的一定时间内（通常为五年）无法将该房过户给其他人。

⑨集资房

集资房一般情况下是由政府、单位、个人三方面共同承担，通过筹集资金建造的房屋，在税费等方面享受部分减免。集资所建住房的权属，按出资比例确定。个人按房价全额出资的，拥有全部产权，个人部分出资的，拥有部分产权。

⑩小产权房

“小产权房”是指在城市郊区的一些村集体经济组织在本村集体土地上建设的农民住宅楼，常以较低的价格向本集体经济组织以外成员销售。此类房屋，将无法办理房屋产权登记，合法权益难以得到保护。

⑪农民住房

在农村，农民的住房基本上是自建私有住宅。此类房屋，只能卖给本村的其他村民。

（2）商业房地产（商铺）

商铺是经营者为顾客提供商品交易、服务及感受体验的场所。商铺首先是商品交易的场所，而且包含了服务功能和感受体验的功能。如果按照所在地点来划分，商铺又可以分为铺面房和铺位。

铺面房，是指临街有门面，可开设商店的房屋，俗称店铺或街铺。铺位，一般只是指大型综合百货商场、大卖场、专业特色街、购物中心等整体商用物业中的某一独立单元或某些独立的售货亭、角等，俗称店中店。

（3）办公房地产

办公房地产一般分两种：纯写字楼和商住楼。商住楼与居住楼的不同在于商住楼更倾向于商务活动，而非家庭居住。纯写字楼完全不具备居住的配套设施，并且是不允许居住的建筑。

按国际上通用的划分方法，纯写字楼又可分为甲级写字楼、乙级写字楼、5A写字楼。5A写字楼指写字楼具备智能化系统中的5个方面，包括BA（楼宇智能化）、CA（通信智能化）、FA（消防智能化）、OA（办公智能化）、SA（安保智能化）。

除了以上三种常见类型以外，房源还包括工业房地产，旅馆房地产、餐饮房地产、体育和娱乐房地产、农业房地产等，不过数量和交易量一般都比较少。

2. 房源信息的处理

在房地产居间业务当中，房地产经纪人所需要的房源信息不是零星的、孤立的、个别的，而必须是大量的、系统的、连续的。因此，在收集到大量的房源信息后，还必须对它进行到位的处理，才能真正让其在居间业务当中发挥效用。

(1) 房源信息的要素

①基本要素

一个有效的房源信息，应包括业主资料、物业状况、放盘要求等基本要素。业主资料主要包括业主（委托人）姓名、联系电话等，在签独家代理合同的时候还需要留下身份证复印件和房产证复印件，以保证其资料的真实性。

物业状况指物业位置、物业权源（如房改房、商品房等）、使用情况、物业类型、面积、楼层、装修、朝向、家具电器、户型、物业管理收费标准及是否按揭等。对于物业状况的信息应尽可能详细地提供，以方便居间业务的开展。

放盘要求则主要是指业主（委托人）所定的出售或出租价格，以及交楼日期、税费支付方式等。放盘要求是个动态的概念，即当时的放盘要求可能随着时间的推移，市场和供求关系的变化而发生变化。

另外，对于房源的其他信息，如信息来源、业主（委托方）是否愿意独家代理等，也应当尽量在房源信息库里备注清楚。

②常用查询要素

房地产经纪人在居间业务的开展当中，常常会利用某些“索引条件”在房源信息库中查找合适的房源信息。较常用的查询要素（即“索引条件”）主要有物业名称、物业地址（或物业所处行政区域）、面积、户型、出售或出租价格以及是否有电梯等。在录入或更新房源信息时，要特别注意这些常用的查询要素，保证其真实性、有效性。

(2) 房源信息处理的发展进程

中介行业从某种程度上来讲，就是一个信息行业。大量的信息，如房源信息、买家和卖家信息、价格信息、政策信息、金融信息等交织在一起。每个经纪公司就像是一个信息工厂，而房源信息就是存货。如何最大化收集存货，如何最快速卖出存货是经纪公司成功与否的关键。

房源信息的处理经历了以下几个过程：

①纸张载体

将房源的有关信息记录在纸张上，按照一定的标准装订成册，这是以“纸张”作为载体的房源信息处理方式。因为在对房源资料进行查询、更新时效率较低，这种方式已逐渐被淘汰。目前，仍旧采用这种方式管理房源信息的一般是一些规模有限的经纪公司。

②计算机

利用计算机记录、更新房源的有关信息，比“纸张载体”的效率要高，但相对于更先进的计算机联机系统而言，它在信息共享等方面仍存在较大不足，因此具备足够经济实力的经纪公司，往往宁愿投入更大的成本，建立计算机联机系统。

③计算机联机系统

计算机网络技术的发展，使房源信息的处理更为便捷，信息的传递也更为快速。这是目前许多大型的经纪公司所采用的房源信息处理方式。它具有的超大容量的信息存储、自动化的信息处理和快速传输等功能，大大提高了房源信息处理的效率。

计算机联机系统也大大提高了经纪公司内的从业人员协同办公的意识，比如某个经纪人跟业主沟通之后，把最新的情况写在了备注里，通过联机系统，其他的同事很快就可以了解到该信息。

另外，随着互联网的普及，越来越多的人开始在网络上寻找相关的信息，其中包括房源信息。比如有一些网站允许用户在上面发布供求信息，也就是说不通过经纪公司，买家和卖家有可能达成交易。所以许多大型经纪公司顺势而为，建立了自己的网站作为联机系统的外延，把相关的房源信息在第一时间发布到了网络上。

（3）房源信息的共享形式

房源信息的共享形式，主要依据市场现状以及经纪公司自身的特点进行设定。在这里介绍的私盘制、公盘制和分区公盘制，各有优劣之处，适合不同规模、不同发展阶段的经纪公司。

①私盘制

房源信息由接受业主（委托人）委托的经纪人录入，其他经纪人只能看到房源的基本情况，业主的联络方式只有该接受委托的经纪人拥有。其他经纪人要联系该物业的业主（委托人），只有通过该经纪人。当其他经纪人促成交易后，该经纪人可分得部分佣金。

优点：保障了收集房源信息的经纪人的利益，有利于提高其收集房源信息的积极性。因为经纪人收集的房源信息越多，促成交易的机会就越大，他所分到的佣金也就会越多。而且，这种制度下，经纪人一般不会存在“留盘”行为（即将收集到的房源信息“据为己有”，不与其他同事分享）。

缺点：多数情况下，每宗交易需要两个经纪人跟进（一个是收集了房源信息的经纪人，一个是接触需求方的经纪人），工作效率较低。如果两个经纪人配合不当，还可能导致交易的失败。

②公盘制

公盘制，是指将所有房源信息完全共享。目前，我国大部分的经纪公司采用的是这种公盘制。

优点：令每位经纪人的“生意面”达致最广，工作效率也较高，一般情况下，一宗交易只需要一位经纪人跟进。

缺点：不利于激发经纪人收集房源信息的积极性，部分经纪人为了个人的利益，会出现“留盘”行为。而且，房源信息较容易外泄。因为经纪人开展居间业务时存在着明显的区域性，如在 A 区工作的经纪人甲一般不会去做 B 区的业务，这时，甲就有可能将自己在公司里获知的 B 区的房源信息，透露给在 B 区为其他经纪公司工作的经纪人乙。

③分区公盘制

在同一区域工作的经纪人可共享该区域的所有房源信息。如果需要跨区去开展业务，则要与其他区域的经纪人合作，从而拆分佣金。

优点：在一定程度上，综合了公盘制与私盘制的优点，既保证了经纪人收集房源信息的积极性，又令每位经纪人的“生意面”都比较广，工作效率也较高。这主要是因为房地产的地域性很强，经纪人主要在自己所在店铺附近拓展业务，“跨区”的个案较为少见。

缺点：经纪公司对于分区的处理较为复杂。一些处于分区边缘的店铺，较难界定其业务拓展范围。

在美国，流行的 MLS（Multiple Listing Service）其实质是私盘制。MLS 即多重房源上市服务系统，经纪人凭密码进入该系统查询房源，带领客户看房，最终实现交易。而提供房源信息的经纪人，则一般可以分得交易佣金的 50%。在香港地区，一般经纪公司采用的是公盘制，部分大型经纪公司则采用分区公盘制。

（4）房源信息的更新

房源的时效性非常强，因此必须不断对房源信息进行更新，以保证其有效性。一般来说，对房源信息的更新要注意以下三点：

①周期性访问

对房源的业主（委托方）进行周期性访问，这是保证房源信息时效性的重要手段。对于一些较为“冷门”的房源，也应该组织定期访问，不应被遗忘。

②访问信息的累积

对房源的每一次访问，都应将有关信息记录下来，它可以反映业主（委托方）的心态变化，为以后的再次访问提供参考，提高工作效率。

③房源的循环利用

处在可售或可租状态的房源被称之“活跃房源”，它们在居间业务中的作用不言而喻。已完成交易的房源属“不活跃房源”，它们的作用有时则会被经纪人忽略，因而也就将它们“打入冷宫”，不再注意对它们进行更新。这种做法是不科学的。因为随着时间的推移，这种“不活跃房源”也有可能再次变为“活跃房源”，从而再次实现交易。

如房源 A 在去年 1 月份完成了买卖交易，但其新业主在住了一段时间后，想将其卖出，换一套更大的房子住。某经纪人在对该“不活跃房源”进行访问时，发现了这一情况，从而获得了一个“活跃房源”的信息。至于一些租赁的成交个案，其房源更是经常在“活跃”与“不活跃”之间变换，因为其每一次的租期往往有限，而当上一次租期到期时，它就会从原来的“不活跃”状态转换成“活跃”状态。

7.4 房地产居间业务的客源管理

在房地产经纪业务中，房屋的供方和需方是房屋交易达成的不可或缺的前提。房屋的供方即房源，已在前面有所阐述，房屋的需方亦即客源，如何对它进行有效的管理也同样重要。

7.4.1 客源概述

1.客源的概述

客源是对买进或租赁房屋有现时需求和潜在需求的客户，是指人及其需求意向或信息。

(1) 客源的构成要素

①个人信息

包括姓名、性别、年龄、职业和联系方式等；公司或其他单位组织，包括公司名称、性质、法定代表人、法人授权委托人及联系方式等。

②需求意向

包括需求类型（买或租）、房屋的地段、户型、面积、朝向、价格、产权和购买方式等信息。

(2) 客源的特征

①指向性

即客户的需求意向是清楚的，是买或租，是哪个区域，哪类房屋，能承受的价格范围或希望的价格范围，有无特殊需要等，客户均有明确的指示。即便不是唯一的，也是有明确的选择范围。一个需求不清的客户是需要进行引导和分析的，使之需求明确，方能成为客源。

②时效性

客户的需求是有时间要求的，客户在表达购买或租房的需要时，均会有时间选择，是半月或是几个月。没有时间限定的需求需要确认是否有效，即便一个持币待购的投资者，在提供信息时都需沟通和确认现在是否仍然需要。

③潜在性

客源严格意义上是潜在客户，是具有成交可能的意向买房或租房的人，他们的需求只是一种意向，而不是像订单客户那样肯定，而能否成为真正的买方或租家，这不仅取决于我们提供的房源服务，还取决于客户本身。

2. 客源和房源的关系

一项交易的成功取决于有需要的买方，一个愿意以适当价格接受的卖方，再加上经纪人的撮合。客源为交易解决了需求的前提，房屋为交易提供了供应方的资料，房源和客源存在如下关系：

(1) 互为条件，缺一不可

房源和客源都是一项交易促成的不可或缺的条件。有客无房或有房无客均不可能达成交易。一个经纪机构的竞争力表现在其房源和客源的充裕度及经纪人撮合的能力。一个经纪人的能力也表现在获取和利用房、客源及撮合的能力。在成熟的市场环境下，一个经纪机构或经纪人可以只有房源或只有客源，但必须在另一经纪机构或经纪人处获取相对应的房源或客源，大家合作完成交易，因而从整个交易的完成来看两者亦缺一不可。

(2) 互相兼顾，相得益彰

房源开拓和客源开拓有共同的手段，也有不同的做法。有些营销行动既增加客源，也增加房源，侧重点可以不同，但两个目标均可兼顾。房源广告可以吸引很多客户，客源广告也可吸引众多盘源信息。从某一个客户而言，他既可成为客源，同时也可能成为房源的提供者，在同一时间或不同时间角色可互换或重叠。因而房源客源都是客户信息的不同方面，管理得当往往可达到“一石二鸟”、相得益彰的效果。

(3) 互为目标，不断循环

在经纪人的活动中，某些时候是有了房源需要去找客户，这时起点为具体的房源信息；另外一些时候则是有了客户需求，需要去寻找合适的房源，这时的起点为客户，目标对象为房源。正是在这种不断的目标对象转换中沟通供应与需求信息，达成交易。一个客户有效需求可能要提供几个乃至几十个可选择的房源，一间房若要出手也可能要找几个甚至几十个客户去看房和洽谈。无论起点是什么，经纪人必须以一方为确定的信息，否则便无从下手，无法推进。

7.4.2 客源的开拓和获取

1. 客源的开拓方法

经纪人只有不断挖掘潜在的客源，才能不断创造经纪成果。一个成功的经纪人必须确保潜在客户的数量。为了开拓充分的客源，经纪人必须非常努力；同时也必须熟练运用各种开拓客源的方法。这里列举几种主要方法：

（1）门店揽客法

门店揽客法就是利用经纪机构的店铺或办公场所争取上门客户的一种方法，这是目前经纪机构特别是开设地铺经营网络的一种主要争取客源的方法。这种方法简便易行，成本低，而且上门客户通常意向较强，信息较有效。经纪人对上门客户应积极主动，从询问需求介绍自己，进而提供信息和置业咨询，最终达成购房或租房意向，留下姓名、电话和所需房屋的地段、面积和特别的要求。

（2）广告揽客法

广告揽客法是指以报纸、宣传栏或广播电视、宣传单为主的广告方式吸引客户的揽客方式。揽客广告可以单独出，更多地和房源销售广告一起出，从盘源和客源两个角度来做宣传。广告形式的选择取决于宣传对象的范围、广告成本和广告效果。随着媒体的发展，广告越来越多样化，除了传统的报纸、广播电视和张贴路牌广告外，现在又增加了网络广告、直邮广告，这就是经纪人可以利用的方式。相比其他揽客方式，广告揽客时效性强、效果直接，但成本相对高。经纪机构和经纪人要探索适合特定地域市场、特定客户的有效广告方式，提升效果。

（3）人际网络揽客法

以自己的亲朋好友为基础，形成人际网络揽客。这种揽客法不受时间、场地的限制，是经纪人个人可以操作的方法。经纪人必须培养自己的交际能力，不断结识新朋友，维护老朋友，以自己的人格魅力争取他们的支持，介绍客户。这种揽客法无需成本，简便易行，介绍来的客户效率高，成交可能性大。作为一个经纪人，能否利用自己的人际网络争取客户是其成功的基本保障。

（4）客户介绍揽客法

利用服务过的客户建立良好的顾客关系来介绍客源的方法就是客户介绍揽客法，即所谓的“客带客”。过往服务的客户是对经纪人服务的最佳证人，在服务中通过直面的接触所建立的信赖是经纪人宝贵的资源，一项交易的过程就是关系的建立过程，依托这种信赖和客户关系，请求客户的帮助发展客源，使其成为自己的信息源、客户源和宣传员。这样经纪人做得时间越长，资源积累就越多，客源信息就源源不断。客户能够介绍潜在客户的前提是对自己过往服务的满意，因而经纪人在服务客户过程中应以争取客户满意为目标，将服务与拓展融为一体。当客户满意你的服务时，他就愿意为你介绍客户。同时，要以一定的方式向客户发出介绍客户的需要和请求，如“如果您有朋友想买房或卖房，或者咨询，请介绍给我，我一定不会让您失望。”或者以提供某种优惠服务或附加服务为条件来吸引客户为你介绍客户。客户介绍揽客法是一种非常有效的开拓客源的方法，而且成本低，效果好。

（5）讲座揽客法

这是通过向社区或团体或特定人群举办讲座来发展客源的方法。讲座可以是房地产知识介绍，也可以是房地产市场分析或房地产投资信息的提供，或房地产交易流程、产权办证问题的介绍。通过讲座发掘潜在客户，启发购房愿望，促成需求实现。在讲座时可以发放介绍你自己、公司和服务的免费资料，创造客户接触机会，增加客源。通过讲座可以培养客户对我们服务的信赖和专业的信任，同时也传播房地产信息和知识，减少未来客户在交易过程中的难度。在做社区业务时，此种方法适用。但讲座的组织准备工作尤为关键，主题、时间、场地和邀请方式及主讲人的演讲技巧决定其效果。

(6) 会员揽客法

会员揽客法是指通过成立客户俱乐部或客户入会的方式吸收会员并挖掘潜在客户的方法。这种方法通常是大的经纪机构或房地产开发商为会员提供的特别服务和享受某些特别的权益，如服务费打折、信息免费提供等方式吸引准客户入会，如香港的“美联会”，深圳的“万科会”，入会的会员因为利益牵引而在需要买房或租房时成为客户发生交易。会员资料是经纪人能够利用的重要资料，这些资料在促成交易时若充分利用将会发挥极大价值。会员揽客法因成立客户会的难度大而较少使用。

(7) 团体揽客法

以团体如公司或机构为对象开拓客源的方法。经纪人利用和团体的联系发布信息，宣传公司从而争取客户的委托。这种方法通常和讲座揽客法或服务费打折或提供特别的服务的方式一并使用，或者设台咨询，或者争取机构领导的支持组织某些活动来加强联系，征求客源。

(8) 其他方法

如陌生拜访法，互联网揽客法等。在实际的经纪活动中，客户开拓往往是采用多种方法，灵活运用。在不同区域、不同物业市场和不同的客户类型，适用的方法可能有很大差异。经纪人通过实战，不断总结不同方法的适用条件和效果，针对目标客户采用最有效的一种或几种方法的组合，以提高开拓效率。

2. 客源开拓的策略

(1) 将精力集中于市场营销

房地产业是从以销售为主导的行业发展成为以市场营销为主导的行业。市场营销和销售之间的根本区别是：市场营销是吸引顾客，而销售是留住顾客，完成交易。客源开拓是市场营销的重要内容，当经纪人将精力集中于市场营销，开拓足够的客源，成交就是实现销售。

(2) 致力于发展和顾客之间的关系

交易从顾客开始，以顾客结束的。不同的顾客因为不同的需求和兴趣使之有所区分。探询顾客的兴趣，帮助他们解决问题，帮助他们节约时间和金钱，避免不必要的错误，这是经纪人的吸引力和价值所在。经纪人的基本出发点就是通过关注顾客的需求而提供相应的服务达成满意，从而推动客户介绍他们所能提供的新客户过来，而这些客户带来的价值往往比完全从市场中寻找陌生客源大得多，也容易得多。经纪人应以关注客户需求发展成为终生顾客为目标。这是经纪人战胜竞争者，取得源源不断业务的最重要的保证。

(3) 随时发现客户信息

经纪人的“观察”能够挖掘出许多潜在客户，使用视觉和听觉，多看、多听，并判断出“最有希望的买家”、“有可能的买家”和“希望不大的买家”。对客户进行分级，以选择重点投入精力。一个成功的经纪人要随时随地、连续不断地发掘、收集客户信息，并形成习惯，这样才能积累足够多的客源。对于一个专业的经纪人来讲，不会放过任何一个认识和接触潜在客户的机会，如生日晚会、结婚庆典、参加培训和会议以及其他社会活动。对于发现的客户信息，应随身携带笔记本，将客户的姓名、电话和其他联络方法、需求都记录下来，并及时处理，定期跟踪。

(4) 养客：运用经纪人的知识使潜在顾客变为真正的顾客

养客是客源开拓中的重要策略，指的是经纪人将一个陌生的客户转化为一个积极的租买者和接受经纪人服务，达成交易的过程。潜在的客户们希望被教育、被告知，以帮助他们做出合理的决定。经纪人在初次接触客户之后，用自己的专业知识、经验和市场信息为客户提供咨询，从而建立信任。经纪人提供的信息越有价值，提供的解决方案和咨询越有帮助，客户就会越信任，越易达成交易和建立长期关系。客户某些时候也会有不切实际的价格期望和要求，经纪人通过市场信息的提供和分析，引导客户调整期望，缩短供需差距。

(5) 以直接回应的拓展方法吸引最有价值的客户

直接回应拓展方法是市场营销方法，是通过提供一个诱人的价位或某一种好处，如减免某种费用，或制造某一种吸引力，从我们预先希望获得的客户那里得到一个直接的回应，从而获得客户的策略。它是建立在以客户为中心的营销手段，而不是以自我宣传或以广告为中心。

直接回应的策略要点是：①提供有价值和有吸引力的东西；②只有目标客户才能回应并享受这种东西。如我们为一个具有投资吸引力的物业打出“××地段出租回报率可达10%的公寓”的广告，那么它将会吸引那些对此地段有投资兴趣的潜在客户。实施这种策略需要经纪人对客户需求进行简单的定位，然后设计宣传方式促销，从而源源不断带来真正的潜在客户。直接回应的营销方法对于争夺客户建立联系很关键。那些正在选择经纪机构的客户，一旦他们成为活跃的购买者或对房地产广告有所反应时，经纪人争取客户就已经晚了。因而在此之前与客户建立友好联系就很有必要。通过提供一些解决问题的方法比直接的产品广告更能吸引更多的客户，因为产品广告只吸引那些小部分对价格、位置和户型感兴趣的客户，如打出“打此电话获得关于如何避免买楼失误的建议”的广告，将会吸引所有的潜在客户进入你的注意，广告变得极具吸引力，让潜在客户有了打电话的理由。

3.建立客户长期联系的策略

经纪人面临着竞争日趋激烈的市场环境，也面临着营销费用和获取客户成本上升的压力，怎样扩大客户量，提高交易量，是经纪人永远面对的挑战。通过长期接触留住客户、培养长期客户是无可置疑的选择。

一个客户的价值取决于其终生带给公司或经纪人的收入和贡献，即客户终生价值。客户均可分成初次购买客户、重复购买客户和推荐购买客户。由于不同的客户与我们发生业务的次数和业务量的不同，营销和服务成本不同，因而其价值不同。一般而言，重复购买的客户大于一次性购买客户的价值，推荐购买的客户因其开拓成本支出低而使其价值高于陌生客户初次购买的价值。深入的市场调查和对顾客的研究显示，得到一个新顾客的费用是一个老顾客所需费用的5～10倍。因而有意识地致力于开发长期顾客的价值，培养忠诚顾客，是经纪人业务源源不断的保证，也是竞争力的基础。而不是只顾眼前利益，做一单算一单。培养长期客户的策略如下：

(1) 使顾客满意从而争取更多口头介绍来的客户

根据美国房地产经纪人协会的调查，经纪人超过半数的生意来自口头介绍，媒体广告带来的客户只占40%左右，因而争取更多的口头介绍客户是拓广客户的重要目标。而只有令客户满意，他们才会介绍更多的新客户。要做到客户满意，需要经纪人为其提供最优质的服务，并和顾客保持长期联系。在服务的过程中，收集客户资料，如生日、爱好等，在交易完成后，送一些小小的纪念品或通过邮件保持联系，另外也可以打电话或做私人访问。也要培养顾客进行口头宣传的意识，要让顾客知道口头宣传的重要性，积极寻找可能被介绍来的顾客，在业务通信、信函，广告中积极寻找口头介绍的生意。

(2) 把眼光放在长期的潜在顾客身上

很多客户从咨询到他们真正买房相隔几个月甚至几年，要把这些在买房过程中的客户看成你最好的口头宣传员，他们往往都知道一些和他们处于同样处境的人，并愿意就买房问题进行讨论或征询意见。他们的口头宣传会为经纪人带来很多客源，同时，经纪人也应充分利用家人和朋友做口头宣传员，他们也是长期的潜在客户。

（3）建立广泛的社会联系和情报系统

经纪人由于工作关系具有广泛的社会联系，如银行、国土规划部门、公证部门、税务部门、律师事务所和保险公司等。这些单位所涉及的领域和房地产有着紧密联系，他们消息灵通，能灵敏地察觉到当地的交易信息和市场信息，同时他们的工作能为交易提供相应的服务。

（4）搜寻服务供应商

与经纪业务相关的服务供应商包括装修、清洁、园艺绿化和煤气公司等等。经纪人和这些服务供应商建立良好的关系，使之能为我们的客户提供服务，这种服务可以提供价格优惠或质量保证以增加其吸引力。这种附加服务能够给客户带来方便又不增加成本，能与客户建立一种长期联系。

7.4.3 客源管理策略

1. 客源管理的对象和内容

（1）客源管理的对象

客源管理的对象就是买房或租房的客户，相比房源管理，客源管理是以潜在客户的个人信息和需求信息为中心。客源按不同的方法有不同的分类。通常有如下几种：

按客户的需求类型分为买房客户与租房客户，按购买目的分为自用客户和投资客户；也可按客户需求的物业类型分为住宅客户、写字楼客户、商铺客户和工业厂房客户及其他；按客户的性质分为机构客户和个人客户；按与本经纪机构打交道情况分为新客户、老客户、未来客户和关系客户，或曾经发生过交易的客户及正在进行交易的客户、即将进行交易的客户。在实际工作中，往往按其需求房屋的价格区间、区域或楼房来划分，以便寻找合适的房源。不同类型的客户需求特点、方式、交易量都不同，因而对其管理要点也不同。

（2）客源管理的内容

①基础资料

客户姓名、性别、年龄、籍贯；家庭地址、电话、传真、E-mail；家庭人口、子女数量、年龄、入学状况、行业、工作单位、职务；教育程度等。

②需求状况

所需房屋的区域、类型、房型、面积；目标房屋的特征，如卧室、浴室、层高、景观、朝向；特别需要，如车位、通讯设施、是否有装修、单价和总价、付款方式、按揭成数；配套因素的要求，如商场、会所、学校等。

③交易记录

委托交易的编号、时间、客户来源、推荐记录、看房记录、洽谈记录、成交记录、有无委托其他竞争者等。

客源管理实际上就是建立一个以客户为中心的记录或数据库，是对客源信息进行分类和系统管理。它不仅包括曾经作为委托人完成交易的人，也包括那些提出需求或打过电话的潜在客户和与交易活动有关的关系人或供应商，还可包括那些经纪人定为目标想进行交易的潜在客户或委托人。

客源管理是从收集信息、整理信息和存档开始。对客源的记录、储存、分析和利用的系列动作就是客源的管理。经纪人随身携带的笔记本或掌上电脑是收集信息的重要工具，而分类整理填入表格和输入电脑是最终结果。经纪机构越来越倚重客户管理数据库和房源管理软件。这些数据库和软件的强大功能为经纪人管理房源和查询、使用、分析提供重要保证。

2.客源管理的原则

客源管理是经纪人和经纪机构最为重要的工作内容之一，客源管理能力水平和状态直接决定了成交比率和成交效率，也是达成客户的满意的基本条件，客源管理必须遵循以下原则：

(1) 有效原则

客户需求信息数量很大，内容庞杂，而且通常是有些模糊。经纪人在处理客源信息时，必须进行有效地询问、区分，清楚地描述出较为准确的需求信息。当客源信息是未加判断和引导时，那么获得的信息则会是含混的、不确定的，这种客源信息在利用时会增加难度和再次沟通的工作量，甚至会直接影响成交的效率和居间撮合。同时，客户需求信息可能也是在变化中，如地址、联系方式和需求的变化，因而要及时调整更新。经纪人对客户的信息进行处理，这样才能确保客源内容的准确和有效。

(2) 合理使用原则

客源是经纪人和经纪机构的宝贵资源，只有合理使用才能发挥其价值，促成交易。合理使用包括：恰当保存和分类；信息共享和客户跟进；保守客户秘密，不得滥用。恰当保存和分类是指对客源信息按照方便查询的方式进行分类，如按租或买，或所需物业类型或区域等方式。然后对分类后的信息以人工方式或计算机来进行记录保存。信息共享和客户跟进是指经纪机构获得的客户信息必须可供机构内相关经纪人分享，可方便查询；同时对利用的情况作出记录，如客户的需求变化，所有客源信息均有经纪人负责跟进，保持客户联系。保守客户秘密，不得滥用客源信息是指对客户提供的所有信息，尤其是个人隐私相关信息，如电话号码、住址，未经客户同意不能外传于其他商业机构，不得用于除交易以外的其他用途。客源的合理使用必须有明确的使用规则，经纪机构也应定期检查客源信息的使用情况，总结不足，改善使用状况。

(3) 重点突出原则

面对数量庞大的客源信息，经纪人要通过对客源资料的分析找出重点客户，挖掘出近期可以成交、需求意向强烈的客户作为近期重点客户，对那些潜在的、创收潜力大的客户可作为中期重点客户，而对于有长期需求的意向客户作为未来重点客户来培养。这样去管理客源会为经纪人创造持续的成交机会。

3. 了解客户需求和动机

客户的需求越明确，就越容易将潜在客户变成现实客户。根据客户的关注、担心、恐惧和需要，从而提供相应的房源和解决方案，促成交易。

客户的购买动机因其身价、收入和工作等的不同有较大差别，了解这种差别有助于为经纪人提供交易机会。了解客户的交易动机可借助"是什么最基本的原因促使客户进行一次房产交易"来寻求答案，可供选择的回答有：

□ 因结婚而需要购房；
□ 因生小孩或与父母同住而需要购房；
□ 因投资出租或投资保值而买房；
□ 喜欢某一区域，改善居住环境而买房；
□ 因改换工作而换房；
□ 为离工作单位、学校或亲戚更近一些而购房；
□ 为拥有自己的住房而不是租房而买房；
□ 为老人或子女购置住房；
□ 因为在家办公而需要更多的空间而换房；
□ 退休之后计划迁居；
□ 换成更小的房子以免打理困难和减少高昂的物业管理费；
□ 其他原因。

客户进行房地产交易的动机可能是单一的，也可能是包含几个动机的复合体。弄清这种动机应将客户做出区分，以便提供针对性的服务。

客户购房需求的了解也可以通过以下问题来求得答案：

□ 客户需要什么区域的房屋？有无特别偏好？
□ 客户需要什么房型的房屋？什么种类的房屋（高层、多层、小高层或其他）？
□ 客户需要什么价格（总价和单价）的房屋？
□ 客户希望什么时候能搬入（最快和最晚）？
□ 客户对房屋的配套设施有什么要求（必须有的和应该有的）？
□ 客户以什么付款方式购买（一次性或银行供款）？

在征询客户需求时，不宜采用封闭式问题，如你是需要两居室还是三居室的？

宜采用开放式问题，给客户多些选择。其实客户的需求项目是有弹性的，随着所提供的房源的条件不同，需求细项的组合和要求均可发生适应性变化，因而不能排斥这种弹性，而应通过设定条件来包容种种弹性。

引发客户需求也具有很重要的意义，不能完全固化于客户的最初要求，比如当客户的预算只有 30 万元，他认为自己只能买一个二居室的房子时，如果你能提供一个实惠的 30 万元的三居室的房子，客户也许会选择它。

4. 客源的利用策略

客源的挖掘和建立是为了促成交易，赚取服务佣金。如何善用客源，提升成交率是经纪人的主要工作目标之一。通过对客户需求的持续跟进和对潜在客户的跟踪服务，将潜在客户变为签约客户和成交客户。

（1）客源的记录、更新

对客源资料的记录、更新和跟踪服务是客户资源有效利用的前提，经纪人一般采用客户记录本的方式将自己获取的客源信息逐一记录，随身携带，以备查用，或借助于客户管理系统所记录的客户基本信息、需求信息和跟踪服务。在经纪机构内部或经纪团队中，客源资料只有共享才能产生效益。经纪人试图垄断客源的做法只会使客户流失，成交效率低下。客源的资料更新也很关键，客户的需求实际上是在不断变化中，而客源库里往往只有最初的记录，若不及时更新，如客户的联络方式、客户需求变化或客户已经与竞争者联系上等，客源信息只会成为过时而无用的信息，因而经纪人必须定期和成交客户保持联系，更新资料，这样才能保持其有效性和准确性，才能使今天的客户线索成为明天的成交客户。经纪机构必须督促经纪人做好客源信息的记录和更新工作，必要时采取抽查的方式或电脑系统自动提示的方式推动经纪人保持与客户的联系，及时更新信息和资料。

（2）不断提供房源信息，保持客户联系，激活客源信息

客户从发出需求信息到完成交易往往需要十日甚至数月时间。不断寻找提供符合客户需要和选择范围的房源，逐步逼近客户目标，是客源利用必不可少的工作。在这个过程中保持和客户的联络和沟通，把握其需求的动态，同时也关注其和其他竞争者的联系，采取必要措施留住客户，这样才能充分利用客源，提高客源利用的效率。若长时间不和客户联系，客源信息往往会失效，要么需求已变化，要么已选择其他经纪人的服务。只有保持与客户的联系，不断有信息交流，才能激活客源信息，促成交易。

（3）客源利用的三大秘诀

美国丹·古德·理查德在其所著的《营销技巧——创建房地产商机》一书中认为成功的销售人员拥有的三个销售秘诀：

①“四十五规则”：45％的潜在客户将转和别人做生意

在一年中，经纪人所获得的客户线索中将有45%成为竞争对手的买家，而其中的22%或25%将在前六个月中完成转变。对应的有45%的客户线索就有做成业务的可能。如果你有10个客户线索，你有可能做成4～5笔，一旦你未做成，别人会做成。尽管这个调研来的数据可能因地而异，因客源质量的不同而不同，但成功的销售人员的经验也告诉我们，在客户线索和成交之间有一定的比例关系。你越努力，成交率就会越高。

②出色的经纪人对每一个客源信息都穷追不舍，直到潜在客户购买或离去

出色的销售人员不会轻易放弃一个客户线索，不停地和客户联系直到得出结论。尽管最终的成交率是10%或20%，但你必须为那10%或20%的客户而和90%或80%的潜在客户去联系。没有你100%的争取就没有那10%或20%的成交。对于客户来讲，他们有自己的购房时间表，他们有自己的选择标准，可能花一个月，也可能五个月，但你都会有机会。随着时间的推移，有些经纪人放弃，而坚持的人就有更多机会。

③客源信息越陈旧，竞争就越不激烈

道理最简单不过，但人们往往忽略，经纪人将焦点放在开发新客户上，而旧的客源信息不意味着没有价值。一个成功的经纪人要善用旧的客源信息，其实那里面也有宝藏。

本章小结

一笔居间业务的完成要涉及到很多方面，同时要求房地产经纪人熟悉各个环节并具备相应的技巧。本章主要介绍了影响房地产居间业务成交的因素、客户接待技巧和居间业务的程序及技巧、房源的管理、客源的管理等方面。通过对房屋出售、出租委托合约基本格式的介绍，帮助读者更深刻地理解房地产交易需注意要点和细节。

练习题

1. 房源为什么非常重要？
2. 什么是房源？它有哪些属性？
3. 房源有哪些特征？
4. 房源开拓的渠道有哪几种？
5. 房源开拓的原则是什么？

6. 房源信息包括哪些要素？
7. 房源信息处理的发展进程是怎样的？
8. 如何对房源进行分类？
9. 房源信息有哪些共享方式？
10. 对房源信息的更新一般需要注意哪些问题？
11. 什么是客源？客源的构成要素有哪些？客源有什么特征？
12. 客源管理的原则是什么？
13. 客源和房源有哪些关系？
14. 客源开拓的方法有哪些？
15. 客源开拓的策略有哪些？
16. 建立客户长期联系的策略有哪些？
17. 客源管理的对象和内容是什么？
18. 如何了解客户的需求和动机？
19. 客源利用的策略有哪些？

第 8 章 房地产经纪业务的风险管理

8.1 风险管理概述

公司的首要目标在于为股东、员工创造利润，竭力扩大收入并控制成本。因此，对运转公司机器的经营及管理团队来说，其永恒不变的使命就在于不断地把握商机并管理风险。

风险管理是指经纪公司对风险进行识别、衡量、分析，并在此基础上有效地处置风险，以最低成本实现最大安全保障的科学管理方法。居间业务的特点更决定了经纪公司进行风险管理的必要性。通过风险管理，经纪公司可以以最小的耗费把风险损失减少到最低限度，达到最大的安全保障，使经营活动得以顺利进行，实现经营目标。公司只有对风险进行有效的管理，才能避免失败，取得成功与发展。

8.1.1 风险的定义

风险是指一种不确定性。这一定义包含两个要素：一个是损失；一个是不确定性。没有损失，就无所谓风险，而排除了不确定性，比如将损失的概率固定为 0 或 100%，令损失不存在或必然发生，这也不能称之为“风险”。

8.1.2 风险的识别

识别风险是风险管理的基础。进行风险识别时所要解决的主要问题是：风险因素、风险的性质以及后果、识别的方法及其效果。这就涉及到两个方面：风险的识别内容和识别原则。

1. 风险识别的内容

明确风险的存在是处理风险的前提。要弄清风险是否存在，就必须对公司的各个系统以及外部环境进行系统全面的考察。由于风险具有不确定性的特点，所以经纪公司所面临的全部风险，往往难以用一种孤立的方法来考察和测量，而必须同时采用多种方法进行综合考察。风险识别的内容还包括对风险发生损失程度的估计，这是制定和选择风险处理方案的基础。

2. 风险识别的原则

①全面周详原则

全面地了解各种风险事件存在和可能发生的概率及其损失的严重程度，识别风险因素以及因风险的出现而导致的其他问题是实现风险识别目标的首要原则。

②综合考察原则

经纪公司面临的风险，包括不同类型、不同性质、损失程度不等的各种风险，是一个复杂的“系统”，使用独立的分析方法难以应对全部风险，因此，要求风险识别人员必须遵循综合考察原则。

③量力而行原则

风险识别的成本必须控制在一定的额度之内，令经纪公司以最小的支出来获得最大的安全保障，减少风险损失。因此，经纪公司必须根据实际情况和自身承受财务的能力，选择效果最佳、经费最少的识别方法。

④系统化、制度化、经常化原则

能否准确地识别风险，对风险管理效果起着决定性的影响。为保证识别的准确度，必须在有关制度的指导下，进行周密、系统的调查分析，将风险进行综合分类，揭示各种风险的性质及后果。由于风险是随时存在的，因此对风险的识别也必须是一个连续的、动态的过程。

通常我们用收益率的方差或标准差来衡量一项投资的风险程度，表示实际收益率偏离期望收益率的程度，偏离越大说明遭受损失的可能性越大（当然，得到较高收益的可能性也会越大，风险大说明不确定性大，而不是损失一定大）。

如上所述，如果收益率 r 的分布函数为 F，r 的方差用 $\sigma^2(r)$ 表示，标准差 $\sigma(r)$ 就是方差 $\sigma^2(r)$ 的开方，则

$$\sigma^2(r)=E(r-\bar{r})^2=\int_{-\infty}^{+\infty}(x-\bar{r})^2\mathrm{d}F(x)$$

如果 r_1，r_2，…，r_n 是收益率 r 的样本，则 r 的样本方差 $\hat{\sigma}^2(r)$ 和样本标准差 $\hat{\sigma}(r)$ 为

$$\hat{\sigma}^2(r)=\frac{1}{n-1}\sum_{i=1}^{n}(r_i-\bar{r})^2$$

$$\hat{\sigma}(r)=\sqrt{\frac{1}{n-1}\sum_{i=1}^{n}(r_i-\bar{r})^2}$$

这里需要注意，前面系数是 $\frac{1}{n-1}$，这两个值是 $\sigma^2(r)$ 和 $\sigma(r)$ 的无偏估计，以后用样本方差和标准差代替方差和标准差，不再加以区别。

利用期望收益率和标准差（风险）两个变量，可以在平面上建立以 σ（r）为横坐标，以 $\bar{r}$ 为纵坐标的直角坐标系，我们将该平面称为标准差—均值平面，或（σ，$\bar{r}$）平面。

8.1.3 风险管理的基本对策

（1）风险处理计划

风险处理计划即通过对各种风险的科学考察，判断风险的性质和后果，制订并选择风险处理方案，编制风险处理的实施计划。制订风险处理方案时，需要了解风险处理的手段。风险处理的手段一般分为控制法和财务法。它们是风险管理的两大工具。

控制法，是指在损失发生之前，实施各种控制工具，力求消除各种隐患，减少风险发生的原因，将损失的严重后果减少到最低程度。

财务法，是指当风险事件发生后已经造成了损失时，运用财务工具即经济手段，对损失做出补偿，尽快恢复公司的业务运作。

（2）风险处理组织的确定

风险处理的组织，是指根据风险处理计划，组织处理手段，包括业务分工、权力和组织上的调整等，为合理安排人力、物力以达到管理目的和实施管理计划创造合适的条件。

（3）风险处理的指导

风险处理的指导，通常是指采用信息交流的方式，组织管理计划的实施过程。

（4）风险处理的管制

风险处理的管制，即按照规定，进行业务成绩记录、评价和分析，形成制度化管理方式。

8.1.4 风险管理的目标

风险管理最主要的目标是控制与处置风险，以防止和减少损失，保障经纪公司业务的顺利开展和有序运作。它通常被分为两部分，一部分是损失前的目标，另一部分是损失后的目标。损失前的管理目标是避免或减少损失的发生，损失后的管理目标是尽快恢复到损失前的状态，两者构成了风险管理的完整目标。

1.损失发生前的目标

（1）节约成本

在损失发生前，比较各种风险管理工具以及有关的安全计划，对之进行全面的财务分析，从而以最合理的处置方式，把控制损失的费用降低到最低程度。通过尽可能低的管理成本，达到最大的安全保障，获得控制风险的最佳效果。

(2) 减少忧虑心理

潜在的风险会给员工带来精神、心理上的不安，从而影响工作效率。因此，损失发生前的一个重要管理目标就是要减轻或排除员工的这种忧虑心理，培养其安全感，保证工作效率。

2. 损失发生后的目标

(1) 维持生存

这是在发生损失后最首要、最基本的一项管理目标。良好的风险管理，有助于经纪公司在发生损失后顺利渡过难关，继续生存下去。

(2) 尽快恢复正常的经营秩序

这是在发生损失后的第二个风险管理目标。风险事件是有危害性的，它给经纪公司和员工带来了损失，实施风险管理则应该保证公司的经营活动迅速恢复至损失发生前的秩序。

(3) 保证公司的持续发展

实施风险管理，不但要经纪公司在遭到损失后能够维持生存，恢复原有经营秩序和业绩水平，而且应该从损失发生的事件当中吸取教训，采取有效措施去促进业务的进一步发展，保证公司的持续发展。

8.2 房地产经纪业务的主要风险

8.2.1 信息欠缺引起的风险

信息欠缺是指房地产经纪公司或房地产经纪人员因为客观条件的限制或一些主观上的原因，对房源的相关信息掌握得不够全面。比较常见的是房屋的质量、产权、上市许可等问题，因为这些问题往往需要深入调查才能了解清楚，而一般的经纪公司是很难组织人力对每一套房源进行深入调查。因此，经纪人员应当尽可能全面地掌握房源的相关信息，而对于某些不清楚的地方，当客户询问时，则要如实告知，以免引起不必要的纷争。

8.2.2 操作不规范引起的风险

1. 虚报成交价

虚报成交价分为“高报”与“低报”两种。“高报”是指在向有关部门报告成交价时，所报的成交价高于实际的成交价。客户要求“高报”的原因往往是为了在向银行办理购房按揭时，能够争取到更大金额的贷款。“低报”则是在向有关部门报告成交价时，所报的成交价低于实际的成交价。客户要求“低报”的原因一般是为了少交有关的税费。因为经纪人员在房地产交易中起着见证的作用，对成交价也有见证的责任，所以无论是“高报”，还是“低报”，经纪人员都要负相关的法律责任。

2. 乱收费

原则上讲，中介服务的收费是由当事人双方协定，由市场调节。但由于历史原因，有关部门对某些中介服务的费用推行最高限价的规定，如房屋买卖的代理费用等，经纪公司或经纪人员的收费不能超出其规定范围。如果经纪公司或经纪人员的收费超出了规定的范围，则比较容易引起客户的投诉，从而带来经济方面的损失或名誉方面的损害。

3. 伪造签名

有时候，由于一些经客户签名的文件因某种原因不符合有关部门的要求，有些经纪人员为了贪图一时的方便或怕客户责怪，会重新准备文件并“伪造”客户的签名。这样做会引起两种后果：一是被有关部门或单位发现，然后该文件被退回经纪公司，要求重新递交一份客户亲笔签名的文件，这样就拖延了交易的办理时间，影响工作效率，有时甚至会引起客户的不满；一是当客户出现违约情况时，如客户在交易中突然决定取消交易、不支付服务佣金等，这些并非客户亲笔签名的文件，将无法保障经纪公司的合理利益。

8.2.3 承诺不当引起的风险

在经纪业务开展过程中，容易出现承诺不当现象的环节主要有：房源保管、服务协议的签订等。

1. 房源保管风险

有些业主在将房源委托给经纪公司进行销售或租赁时，会将该房源的钥匙交与经纪公司保管、使用。而不少经纪人员为了带客户看楼时的方便，甚至会主动向业主要求将房源的钥匙交与其保管。这样一来，经纪公司就要承担该房源的保管风险了。

2. 服务协议风险

目前许多经纪人员的法律、法规意识较弱，在与客户签订服务协议时，往往一味地迎合客户的要求，从而在协议中写下某些难以兑现的承诺条款。而一旦客户要求兑现该条款，就会令经纪公司陷入非常被动的境地，甚至最终会引起客户的不满，令经纪公司的形象受损。

3. 其他的随意承诺

在与客户的接触过程中，一些经纪人员为了讨好客户，会随意作出一些承诺，这些承诺有时看似可能兑现，但却有可能增加经纪公司不必要的工作量，而一旦经纪公司不去兑现，就会引起客户的反感或投诉，甚至引起法律上的纠纷。

8.2.4 资金监管不当引起的风险

1. 客户资金保管风险

经纪人员依委托或约定代为收取买方交来的订金、房款后，须等到规定期限或条件成熟时方能转付给业主。经纪人员必须严格依照财务规定交由所在经纪公司妥善保管这些资金。如一旦由于经纪人员的过失导致损失，则经纪公司及经纪人员必须承担向委托人赔偿损失的法律责任。

2. 交易过程中资金流向监控的风险

专业房地产经纪人员的介入对于交易过程买卖双方的资金保障有着重要的意义，同时经纪人员也相应担负提示及敦促的义务，如合理安排款项支付的额度和支付时间等。

3. 客户资金代收代付风险

（1）经纪人员代收客户交易资金后就承担了及时转付的义务，经纪人员应该安排买卖双方提前做好交收款项准备，并安排签约收取订金等交接手续。一旦因经纪人员原因导致交易无法继续进行，经纪人员将承担不利的法律后果。若出现因收款人拒不收受款项时，经纪人员应及时书面通知买方，并将此款项交至公证处提存以示履行。

（2）经纪人员代为支付客户资金必须严格依照买卖合同的约定条件或期限进行，如果买卖一方在交易过程中擅自要求更改付款方式或期限，经纪人员必须在取得买卖双方一致同意的前提下依照重新达成的方式协议进行转付，而不能仅凭一方指示擅自变更合同约定。

8.2.5 产权纠纷引起的风险

1. 产权瑕疵风险

房屋买卖中确认房屋产权是否存在瑕疵真实性是首要问题。二手房是否即将拆迁、是否已抵押或涉案被查封、产权共有人的意见等均将成为影响房屋能否上市的重要因素，而有的产权证明有可能已发放多年，无法清晰显示产权现有的状态。因此，为使交易顺利进行，经纪人员在为客户提供经纪服务之前应当到房屋所在地的房地产权登记部门查询该房屋的权属情况，包括房屋是否抵押、是否受司法限制等，并如实告知买方情况。

2. 产权转移风险

目前我国的不动产交易采取的是登记要件主义，即房屋必须经过房地产权登记部门的过户登记，房地产权利才发生转移。所以经纪人员在促成买卖双方签订了房地产买卖合同后，应立即协助买卖双方到房屋所在地的房地产权登记部门办理产权过户手续；若双方发生房屋买卖纠纷，应尽快向法院提出诉前财产保全或诉讼财产保全，将房屋查封，防止房屋被转移。

一些特殊性质的房屋，如集资房、合作建房、解困房等，法律法规对其上市交易有一系列的限制性规定，未达到相关条件则无法上市。有些房地产经纪人员对法律法规了解不够，而客户的法律意识也较为薄弱，往往会认为这种房地产交易只需通过公证手续则可达到产权转移的目的，于是容易产生交易纠纷。

8.2.6 经纪业务对外合作的风险

1. 银行按揭风险

对于经纪人员而言，最重要的合作伙伴——按揭机构的选择最具直接影响。专业的按揭服务公司主要是靠对银行贷款流程的熟悉和良好的信誉服务客户，为贷款者提供专业服务，其价值主要体现在为贷款者节省时间和减低风险。经纪人员在为客户代办银行按揭及过户手续时，除了对按揭机构的合法资质进行严格审核外，还应对其内部架构、业务操作流程、人员素质等做出综合评估方能选定。

2. 同行合作风险

经纪人员在进行业务活动过程中，常会存在与其他同行合作获取房源、客源，达成协议共同分配佣金等的情况。这些合作形式应以合法、不串通损害买卖双方利益为前提，否则，一旦侵犯了买卖方的合法利益，被发现存在私自收费、谋取差价等行为，轻则追究民事法律责任及行政责任，重则追究刑事责任。

8.2.7 经纪人员道德风险

经纪人员的道德风险主要表现为：为了自己个人的利益，将房源或客户资料外泄；利用经纪公司的房源与客户资源，私下促成双方交易，为自己赚取服务佣金；私自抬高房源的售价，赚取其中的差价；收到较大金额的服务佣金或订金后，携款潜逃等。

其中，尤其要注意的是房源或客户资料外泄的现象。因为房源或客户资料是经纪公司的关键资源，一个经纪公司所掌握的房源或客户资料越丰富，其市场竞争力就越强。有些经纪公司为了获取竞争对手的房源或客户资料，会用金钱买通竞争对手公司的经纪人，让他们为其提供需要的资料。

8.2.8 客户道德风险

经纪公司在与道德水平较差的客户打交道时，稍有不慎，就会发生风险事故，有些事故还会带来比较严重的后果。作为经纪公司，不可能去衡量每一位客户的道德水准，但如果能对这些类型的风险事故有比较全面、深入的了解，就可以防患于未然。

1. 飞单

“飞单”和“跳单”是经纪行业内约定俗成的说法，也是让经纪企业头疼的恶疾、顽疾。“跳单”通常是买卖双方通过经纪的居间服务联系上之后，跳开经纪，自行成交或委托其他经纪公司代办过户服务，以此逃避佣金的支付或少付。“飞单”通常是指经纪公司的业务人员主动参与买卖双方的“跳单”行为，私自为买卖双方办理买卖手续或通过其他熟悉的经纪公司办理过户手续，获利后再按比例分成。

2. 利用伪造证件诈骗

有些客户会通过提供伪造的房地产证、身份证等来进行诈骗，经纪人员如果防范心理不强，或是业务操作不规范，就有可能让他们诈骗成功，从而给经纪公司、经纪人员带来经济损失或形象的损害。因此，在收受买方订金之前，经纪人员就应对该房源的产权证、产权人身份或其合法的代理人身份等进行确认，以辨别其真伪。只有在确认产权证、产权人或其合法代理人身份证等皆为真实无误时，才可收受订金。

3. 对经纪人员人身安全的威胁

一些犯罪分子往往会假扮成要看楼的“客户”，在看楼过程中伺机抢夺经纪人员的财物等，甚至危及经纪人员的生命。因此，经纪人员在带客户看楼之前，应对客户的身份资料进行登记，并请其出示有效证件，以起阻吓作用。而且，外出看楼应在店中留下记录及预计返回时间，以方便同事及时发现异常情况。

8.3 房地产经纪业务的风险防范

8.3.1 主动进行风险识别

在现实中，房地产经纪人员往往风险意识薄弱，通常要发生事故，导致损失后，才认识到风险的存在，因此主动识别经纪业务中的各类风险，是进行风险防范的必要前提。

1. 建立风险识别系统

每一个经纪公司的规模、运作构架不同，因而风险识别系统也难有统一的模式。总体来说，经纪公司在建立风险识别系统时，要遵循两个基本原则：一是尽量以不影响日常的工作效率为前提；二是要全面考察。虽然建立完善的风险识别系统至关重要，但若是因此影响了工作效率，从而间接地降低了公司的盈利能力，则未免得不偿失。全面考察原则，即针对每一个工作环节进行考察，识别其风险，这是保证风险识别的有效性的重要方式。

根据经纪公司的经营特点，下面主要介绍风险识别的切入点：投诉处理和坏账管理。

（1）投诉处理

从某种程度上说，投诉最能反映经纪公司在业务开展过程中存在的问题，这些问题往往就是引发风险事故的“隐患”。所以，经纪公司应重新重视投诉，并通过对投诉问题的了解、处理，识别其中的风险因素。

经纪公司面临的投诉主要来自两方面：一方面是客户，这是最常见、最值得重视的；另一方面则是其他从业的经纪人员，这种情况比较少见，但也是识别风险的一个渠道。

经纪公司应设有专门的工作人员负责投诉处理，他们必须具备较高的专业能力，能够比较专业的与客户进行沟通、协调，从而保证投诉处理的质量与效果，维护经纪公司的良好形象。同时，更重要的是，他们必须及时将投诉中存在的风险因素进行归纳、总结，并向公司有关部门或负责人反馈，使公司的风险防范系统不断得到改造和完善。

（2）应收款管理

房地产经纪业务的应收款，通常是指经纪公司在为客户提供了服务后，客户承诺支付而未取得的服务费用，当客户拒绝支付或款项严重逾期时，应收款则转化为坏账。多数情况下，客户不会无缘无故不支付服务费用，因此，对这些坏账的处理，是发现经纪公司或经纪人员在业务操作过程中存在问题的一个渠道，同时也是识别风险的一个切入点。

因为应收款管理与收益息息相关，经纪公司一般都比较重视坏账处理。在对坏账进行追查、追讨的过程中，工作人员要深入了解客户不愿意支付佣金的原因，若是从中发现了公司业务操作中存在的风险因素，应及时向有关部门或负责人反馈。

2.提高风险的识别能力

首先，经纪人员要树立风险防范意识，这是提高风险识别能力的基本前提。其次，经纪人员要对可能发生的各类风险有所认识。再次，经纪人员的业务操作流程要尽量规范化。此外，经纪人员还应不断巩固、加强自己的各项专业能力，这也是提高风险识别能力的有效手段。

8.3.2 正确对待风险

要获得收益，就必须承担相应的风险。因此，在开展经纪业务时，要同时对风险与收益两方面进行衡量，尤其要注意不能为了回避风险，而使工作的效率过低，从而失去竞争力。

8.3.3 风险的防范措施

1.对外承诺标准化

进行对外承诺其目的是在客户心中建立足够的交易信心，从而最终令交易顺利完成。所以在进行对外承诺时，经纪公司或经纪人员必须注意的一点是，所承诺的内容一定是有能力兑现的。为了切实做到这一点，就必须要实行对外承诺标准化。它主要从以下三个方面入手：

（1）制定标准的对外承诺文本

经纪人员在开展经纪业务时，使用标准的承诺文本，能最大程度地防范对外承诺中存在的风险。

（2）展示标准化文本

展示标准化文本，主要是对客户展示各类标准化文本。这是一种通过外部监督方式来防范对外承诺风险的措施。即经纪公司将本公司所有的文本（含合同、协议、证明等各类文本），装订成册，在客户面前展示，使客户知道标准文本的样式。这样，在签署相关文件时，客户如果发现经纪人员给他们提供的文本不同于标准文本，他们就会拒签，从而防止发生经纪人员乱开承诺的风险事故。

（3）规范档案与印章管理

经纪公司应建立系统的档案管理制度，对各类档案的管理责任人、保管方式、保管期限等均应作出明确、详细的规定，避免档案遗失或其他因档案管理不当带来的风险。

印章管理也要建立明晰、系统的管理制度，对管理责任人及如何使用等都要有详细的说明。经纪公司的每一个营业点通常都配有相关的印章，由于使用的频率高，如果管理不当，极易发生风险事故。

2.权限的控制与分配

在开展经纪业务的过程中，涉及到各类事务的处理，要最大程度地保证对这些事务进行正确的处理，就必须根据每一项事务的涉及面、重要程度等进行分类，然后将各类事务分配与相关的工作人员负责处理。这些责任人的权限必须明确、清晰，尽量让每一项事务皆有专人负责，以便激发工作人员的责任感，使他们既能保证处理质量，又能保证工作效率。

在进行权限的控制与分配时，必须注意的一点是：负责处理某项事务的工作人员必须具备相应的能力，即对所负责的事务进行辨别、判断，从而作出决定的能力。

3. 责任人的培训

责任人的培训包括两个方面：一方面是上岗前的系统培训，即对业务操作涉及的各个环节进行详细、透彻的讲解，使他们全面掌握公司规定的操作要领及相应的意义。另一个方面，是指上岗后的培训，包括定期或不定期的各类培训，尤其是在公司出台了新的规定时，更需对责任人进行到位的培训，才能将新规定真正贯彻下去。

4. 建立检查稽核体系

对各个经营地点实行定期或不定期的检查稽核，建立起系统的检查稽核体系，是保证业务操作规范的重要措施。各个经营地点在开展经纪业务时拥有不定期的自主权，但经纪公司为了保证公司的顺利运作，避免各种不规范操作引起的风险，也会制定相关制度对各个经营地点的业务操作进行指导、规范。进行检查稽核时，主要是考查各个经营地点对这些制度的落实、执行情况。

5. 风险的转移

经纪业务涉及的工作环节众多，经纪公司往往很难对每一个环节都进行到位的风险控制。因此，有不少经纪公司会将某些工作环节交予其他专业公司处理，从而实现一定程度的风险转移，如将楼款收受、代办房屋交易等业务转交给律师事务所处理等。这样一来，虽然可能增加了开支，但经纪公司也因此规避了某些自身难以控制、管理的风险因素。

由于近年来以消费者为本的思想成为主要趋势，愿意打官司的人越来越多，经纪人被诉案件呈上升趋势，错误和疏忽险逐步流行了起来。经纪人向保险公司支付年费，保险公司反过来保护经纪人，支付诉讼费和判决费。错误和疏忽险除了不对经纪人故意欺骗行为、惩罚性补偿费、为自己购买或销售不动产时发生的疏忽或误述提供保险外，其他保险范围相当广泛。这其中包括对“让人讨厌的案件”的保险。在这种案件中，经纪人可能没有什么错误，但是必须对其进行辩护。错误和疏忽的保险对象不仅包括诉讼费和判决费，还包括审判前的会议费磋商费、庭外调节费的保险。现在，错误和疏忽保险费已经像租金、电话费、汽车费一样，成为房地产业务中的日常费用了。

【案例】 房地产经纪企业要规避六大交易风险

房地产经纪活动属于民事法律范畴，在这种民事法律关系中相关主体的联系主要是通过与房地产经纪有关的合同完成的，如代理合同、居间合同、行纪合同，作为合同主体的房地产经纪机构及房屋所有权人（使用人）、买受人（承租人）等，签约目的就是为了规避风险、获得利益。

目前，房地产经纪机构容易出现的六大类法律风险：

风险一：交易主体是否合法

交易主体的风险一般是指房屋买卖（经纪，下同）或租赁合同的主体不合格即不符合法律相关要求，主要是出卖人不是房屋所有人或者未获得房屋所有人的有效授权。

根据我国法律、地方法规和经纪行业的现实情况，由于合同主体原因买卖合同效力待定或无效的有以下几种情况：未经其他房屋产权共有人书面同意私自出售房屋；夫妻一方擅自处分夫妻共有房屋；未经所属单位书面同意擅自将单位拥有部分产权的公房出售。作为房地产交易中介机构之一的经纪企业，同时也是买卖合同的主体之一，按照法律规定不仅应当对交易双方的主体资格进行严格的审查，而且有责任督促交易双方完善主体资格手续。如果因为经纪企业未尽审查义务或者由于审查不严导致合同无效，且给交易一方造成经济损失的，则应当由经纪企业承担相应的违约或赔偿责任。

风险二：交易标的物能否转让

交易标的物即用于交易的房屋，经纪机构应当对房屋的有关情况予以调查，如果出现下列情况，经纪机构应当告知交易双方该交易标的物不能进行转让：交易标的物为非法建筑或已被列入拆迁范围；房屋权属有争议；房屋已出租他人而出卖人未依规定通知承租人而侵害了承租人优先购买权；房屋已设定抵押，未经抵押权人书面同意转让；被依法查封或者被依法以其他形式限制房屋所有权属转让；交易房屋存在严重质量瑕疵；未经所属单位同意或未经所有权机关登记审批的公房等不完全产权房屋。

如果房地产经纪机构明知该房屋存在上述情况而未尽告知义务，给合同一方（一般指买方）造成损失的，应当由房地产经纪机构承担赔偿责任；当然，如果是由于委托人（一般指卖方）故意隐瞒制造虚假证明等而给买受人和房地产经纪机构造成经济损失的，则由委托人承担相应的赔偿责任。

风险三：交易合同是否严谨

手续不全主要指共有房屋部分产权人未到场，或委托他人的授权委托书未经公证；夫妻共有房屋一方未到场，或委托另一方的授权委托书未经公证；部分产权属单位的房屋交易未经单位同意；产权人属未成年人，未有法定监护人书面同意书等；

约定不明是指买卖合同的主要部分未有约定或者约定的内容不具体、不明确，难以有效地约束交易各方的权利义务，或者难以操作；

监控不力是指经纪机构缺乏对内部交易人员和交易双方主体积极有效履行合约的监督制约机制和操作流程，容易导致合约不能按时如约履行；

违规操作是指经纪机构为追求不正当利益或为满足交易双方不正当要求，默许、纵容、指使交易双方违反法律规定、行业道德规范操作交易过程。

风险四：交易资金是否安全

①订金托管、首期监管问题。订金托管制度可以较好地解决出卖人收到订金携款走人的问题，但实际操作中经纪机构应要求买受人在规定的时间内全额交付约定订金，按照担保法规定，订金以实际交付为准，订金未实际交付则定金条款不生效，换言之，部分订金未交付，则该部分约定不生效；

②首期款监管问题。目前各家经纪机构多是自己监管首期款。存在挪作他用的可能。个别经纪机构倒闭后曾出现携款潜逃的事件，因此，为了经纪机构诚信经营、树立品牌，应建议首期款委托银行监管制度；

③办理按揭及撤销抵押问题。应当向交易双方说明或出具书面说明书，使交易双方完全明白办理按揭所需的个人资料及其他具体要求，监督出卖人与有关银行及时办理撤销抵押手续；

④产权过户登记手续问题。产权过户手续是交易的重中之重，应当确保产权过户登记时所递交的资料齐全、无误，产权登记部门出具税单、发放房地产证，建议由经纪机构领取、收存，以防交易双方违约时经纪机构陷入被动；

⑤税费负担问题。必须完全清楚、具体地书写清楚各方承担税费的内容和数额，使得日后纳税、交费不存在任何争议的可能；

⑥按揭款放款问题。虽然涉及银行内部操作问题，但经纪机构仍有义务向银行了解放款的大概时间，并适当督促银行尽早放款；

⑦杂费承担问题。虽然目前的经纪合同均约定了杂费由出卖人承担，并暂扣出卖人若干押金，但经纪机构仍有必要事先向物业管理处了解出卖人有无拖欠杂费及其拖欠数额；

⑧交房时间、条件问题。合同应当完善出卖人收到约定款项后不按期交房的违约责任，促使出卖人积极履行交房义务，确保买受人的正当权益；

⑨附送物品问题。应当在合同中明确约定，或在合同后附赠送物品清单，并由交易双方签字认可。

风险五：交易过程是否符合法律规定

在交易过程中往往会出现国家法律法规颁布，修改或废止的情况出现。因此，应当在合同的附则中约定出现以上情况的处理办法。如合约签订后新税规定出台及由谁负担问题，由于事先无法预料，时常出现因双方都不愿承担该税费而导致合同无法履行的情况发生。

风险六：交易合约履行是否细致

由于房价波动原因，往往会使有的出卖人另择高价出卖和买受人因故反悔不买的现象出现。目前的买卖合同中一般都有违约条款，可以较好地约束买卖双方违约后须承担的违约责任，但实际操作中只收取、托管买受人的订金，对于出卖人经纪机构除了持有、存放其产权证明以外并无金钱上的制约，因此，需要经纪机构在签约履约过程中注意保存收集交易双方的相关证据，以防日后发生争议纠纷时缺乏证据，陷入被动局面。

房地产经纪机构如何防范以上诸多的法律风险，关键在于交易前对交易房屋的产权等情况作一个彻底的查证，交易时谨慎、细致地与交易双方签订房屋经纪合同及其他合同、手续，交易后积极监督交易双方诚实信用地履行各自的合同义务。同时，经纪机构作为经纪合同的一方主体，也应当按照法律规定和买卖合同约定，本着诚信、高效原则履行好自己应尽的义务。

【案例】 房地产交易风险提示

当前，某些房地产交易者为规避房地产交易税费等，采取一些不正当，甚至非法的方式进行房地产交易。这些行为隐藏着很大的风险，会损害交易者自身的利益，特别是买方和相关利害关系人的利益。为此，我们发出如下风险提示，提醒广大房地产交易者及相关利害关系人，不要被表面上的短期利益所蒙蔽，使自己的合法权益遭受损害。

(1) 私下交易

表现形式：交易双方协商好买卖价格后，卖方先将房屋所有权证交给买方，买方支付大部分房款后，卖方以交钥匙等方式向买方移交房屋，待卖方领取房屋所有权证的期限达到减免税费的年限后，再到房地产权属登记部门办理过户手续。

风险分析：房屋所有权转移经房地产权属登记部门登记后才能生效，仅移交房屋本身，买方的权益还得不到保障。例如，卖方可以通过“遗失补证”的方式注销原房屋所有权证，重新申办新的房屋所有权证，然后将房屋卖给第三人；或者将房屋抵押套现；或者因卖方欠债等原因，房屋可能被依法查封、拍卖、抵债等。

(2) 通过公证方式交易

表现形式：交易双方通过办理房屋买卖合同公证的方式进行交易，待卖方领取房屋所有权证的期限达到减免税费的年限后，再到房地产权属登记部门办理过户手续。

风险分析：公证具有一定的法律效力，这种做法表面上看有了保障，实际上买方的权益还得不到可靠保障。房屋所有权证是证明房屋所有权的法定凭证，房屋所有权转移经房地产权属登记部门登记后才能生效。由于未办理房屋所有权过户手续，房屋在法律上仍然属于卖方。卖方如果将房屋抵押或者一房多卖，买方将会遭受无可挽回的损失。另外，如果未来的房价有较大幅度上升，卖方可能毁约不卖了；如果未来的房价有较大幅度下降，买方可能毁约不买了。

(3) 通过赠与方式交易

表现形式：交易双方私下完成交易后，以卖方将房屋赠与买方的名义，向房地产权属登记部门办理过户手续。

风险分析：交易双方签订的房屋赠与合同或协议属于民事合同，根据《合同法》第一百九十一条规定，“赠与的财产有瑕疵的，赠与人不承担责任”。例如，如果卖方与其他人发生房屋权属纠纷、房屋存在质量缺陷等，买方的权益难以得到保障。此外，在符合法定条件下，赠与人或者其继承人、法定代表人可以撤销赠与，可以向受赠人要求返还赠与的房产，从而买方作为受赠人的权益将难以得到保障。

(4) 不实申报成交价格

表现形式：交易双方协商好价格后，在房屋买卖合同中填写的“成交价格”低于实际成交价格，或者另行签订一份“成交价格”低于实际成交价格的房屋买卖合同，申报成交价格。

风险分析：以不实成交价格签订的房屋买卖合同属于以合法形式掩盖非法目的。根据《合同法》第五十二条规定，此种合同为无效合同，不受法律保护。此外，如果买方未来转让房产，卖出价与买入价的差额会被虚假扩大，需要多缴纳相关税费（例如土地增值税、所得税），从而得不偿失。另外，成交价格申报后，买方如果坚持以合同中的“成交价格”支付购房款，卖方的权益将无法得到保障。

(5) 利用他人身份证骗贷

表现形式：交易中的一方租用、借用或者盗用他人身份证，以他人名义签订房屋买卖合同后，通过办理抵押套取银行贷款，侵害银行和身份证持有人的权益。

风险分析：利用他人身份证签订房屋买卖合同、套取银行贷款，属于合同诈骗，依法最高可判处无期徒刑。居民身份证作为法定证件，应妥善保管。居民身份证被他人使用，可能成为被告，陷入纠纷诉讼之中。此外，出租、出借、转让居民身份证，违反了《居民身份证法》，将会受到处罚。

【案例】 关于对房地产经纪市场有关问题的风险提示

针对当前房地产经纪市场中影响交易安全，损害交易当事人合法权益的问题，建设部新闻发言人郑重提示广大消费者：

一是妥善管理房地产交易资金。房地产经纪机构和经纪人员占压挪用交易资金是当前房地产经纪市场存在的最大风险。建议交易当事人自行支付交易资金的，应当在订立买卖（租赁）合同时，明确交易款项的金额、支付条件、支付方式等内容。通过房地产经纪机构和交易保证机构划转交易结算资金的，交易资金的存储和划转一定要通过客户交易结算资金专用存款账户进行，不能通过该账户以外的其他银行结算账户代收代付交易资金。

二是慎审订立房地产经纪合同。合同订立是一种民事行为，签约各方应对生效合同产生的相应法律后果负责，交易当事人应当审慎签订房地产经纪合同。建议：①交易当事人采用房地产管理部门、行业组织制定的房地产经纪合同推荐文本，或者借助熟悉房地产法律法规的专业人士签订合同。②交易当事人不要轻信某些房地产经纪机构和经纪人员的口头承诺，要把所有的约定落实为书面合同条款。③交易当事人认为合同条款含义模糊、有失公平，或者认为条款不完善的，应当坚持要求对有关合同内容进行细化、改进或完善，否则不能签署合同。从已发生的案例看，大部分房地产经纪纠纷是交易当事人为了达成交易而迁就某些合同条款所致，并且由于这些合同条款作了有利于房地产经纪机构和经纪人员的约定，交易当事人在房地产经纪纠纷诉讼案件中一般较难胜诉。

三是选择运作规范、信誉良好的房地产经纪机构。房地产经纪机构良莠不齐，部分房地产经纪机构规模小，管理混乱，经营不规范。交易当事人在委托房地产经纪业务时，应当对拟委托的房地产机构办公场所做必要的实地考察，并向有关部门了解其被投诉举报的情况后，再签订委托合同。我们特别提醒广大消费者，社会上出于商业性目的开展的房地产经纪行业评比活动名目繁多，切勿把这些评比活动授予的所谓“荣誉称号”作为选择房地产经纪机构的依据。

四是确认售房（出租）人对所出售（出租）的房产具有合法处分权且产权无瑕疵。购（租）房人应当到房屋所在地房地产管理部门查询有关房地产权属登记信息，了解所购买（承租）的房屋产权有无抵押、查封等权利限制，出售（出租）该房产的人是否为房屋产权人，防止因“一房多卖（租）”、交易人对交易标的房屋无处分权以及房屋存在权利限制等问题引发矛盾纠纷，导致不能正常达成交易而蒙受经济和精神损失。

五是坚决维护合法的交易知情权。房地产经纪机构和经纪人员以低价购入（租赁）、高价售出（转租）等方式赚取差价，是通过向交易双方隐瞒真实的成交价格。建议交易双方通过房地产经纪合同，约定房地产经纪机构和经纪人员如实披露成交价格等交易信息的义务。在交易过程中，交易双方应当建立交易信息的沟通联系机制。

建设部新闻发言人要求，各地房地产管理部门按照《建设部中国人民银行关于加强房地产经纪管理规范交易结算资金账户管理有关问题的通知》（建住房［2006］321号）精神，全面落实房地产经纪机构备案公示制度，严格执行房地产经纪人员职业资格制度，加强房地产经纪人注册和市场清退管理，建立交易保证机构市场准入制度，加大对客户交易结算资金专用存款账户的监督检查力度。近期要重点抓好以下工作：一是结合房地产交易秩序专项整治，对房地产经纪机构开展一次全面清理整顿，查处并曝光一批违法违规的典型案例。二是进一步完善房地产市场信息系统，借鉴上海、杭州、深圳等地经验，积极开通房地产经纪合同网上签约系统。三是推进市场诚信体系建设，健全失信惩戒机制。不断完善房地产经纪机构和房地产经纪人员信用档案，将机构和人员的违法违规以及失信行为记入信用档案并向社会公示。制止房地产经纪行业的各种乱评比活动。四是加强房地产经纪行业自律建设，进一步完善房地产经纪执业规则和技术标准，建立健全房地产经纪机构资信评价体系。另外，要探索建立房地产经纪机构房源、客源信息共享机制。

建设部新闻发言人希望，房地产经纪机构和经纪人员规范经营行为，按照合同约定保质、高效完成受托业务，最大限度维护交易双方合法权益。交易双方在房地产经纪机构和经纪人员按约定完成经纪业务后，应信守承诺，及时支付佣金。建立起房地产经纪机构、经纪人员与交易双方之间的互信基础，推动房地产经纪行业良性发展。

【案例】　建设部通报房地产交易秩序专项整治典型案例

2006年11月30日、2007年1月4日，建设部分两批通报了一批房地产交易秩序专项整治工作开展以来查处的部分典型案例。其中涉及房地产估价、房地产经纪行业的有：

一、枣庄市铸成房屋评估咨询有限公司隐瞒真实情况案

枣庄市铸成房屋评估咨询有限公司在申请评估资质时，隐瞒其法定代表人及其他两位房地产估价师为非专职注册房地产估价师，违反了《房地产估价机构管理办法》第9条的规定。山东省建设厅依据《房地产估价机构管理办法》第45条规定，给予撤销该公司资质证书、3年内不得再次申请估价资质的行政处罚，并将3名注册房地产估价师行为列入不良记录，在山东住宅与房地产网上公示。

二、苏州市正厦房产信息有限公司牟取不当利益案

2006年7月，苏州市正厦房产信息有限公司负责人王建蓉在与市民蒋先生签订委托认购商品房合同过程中，收受委托合同以外的差价款5万元。苏州市正厦房产信息有限公司负责人王建蓉的行为，违反了《城市房地产中介服务管理规定》第21条的规定。苏州市房产管理局依据《城市房地产中介服务管理规定》第24条的规定，给予该公司没收不当利益，吊销王建蓉经纪人资格，并处罚款的行政处罚。

三、宁波华晨房地产经纪有限公司法定代表人胡某合同诈骗案

宁波市华晨房地产经纪有限公司法定代表人胡某，借用公司名义私下炒卖二手房。采取支付少量订金或部分购房款等手段，将当事人出售房屋过户至该公司员工或其亲友名下，然后将房产进行抵押或者转让，通过首付款与最后付清房款的时间差赚取非法利润。最终由于资金周转不灵，无法按约支付客户房款，客户集体上门逼债。经查，胡某以公司员工共与张某等52名售房者签订了《存量房屋买卖中介合同》，骗购房屋54套，价值人民币约4 646万元。胡某的行为，严重扰乱了房地产交易秩序，使消费者的利益蒙受了巨大损失。2006年8月3日，该案经浙江省高级人民法院审理，判决胡某合同诈骗罪，有期徒刑15年，并处罚金200万元。

四、济南建华房产营销策划有限公司无照经营及虚假宣传案

济南建华房产营销策划有限公司自2006年1月开始，在未取得分公司营业执照的情况下，擅自在青岛市设立分支机构并以虚假广告从事住宅代理销售经营，至

被查获时止，代理销售住宅198套，收取代理费3万元。该公司的行为，违反《公司登记管理条例》第48条的规定，构成擅自设立分公司经营的违法行为，同时违反《中华人民共和国广告法》第4条规定，构成利用广告对商品或者服务作虚假宣传的违法行为。青岛市工商行政管理局李沧分局根据《公司登记管理若干问题的规定》第32条及《广告法》有关规定，责令济南建华房产营销策划有限公司限期补办有关手续，停止发布该广告，以等额广告费用在相应范围内公开消除影响，对两违法行为分别罚款人民币1万元和1 500元。

五、福州大伟房产经纪服务有限公司合同违法案

福州大伟房产经纪服务有限公司在经营活动中作为居间第三方（即丙方），与消费者签订由该公司自行拟定内容的《房产租赁经纪合同》。合同中免除了该公司提供服务应当承担的退还费用等责任，属于侵害消费者权益的不公平条款。该公司的行为，违反了《中华人民共和国消费者权益保护法》等法律法规有关规定，侵害了消费者利益。福州市仓山区工商局根据《福建省实施＜中华人民共和国消费者权益保护法＞办法》第60条的规定，责令福州大伟房产经纪服务有限公司改正违法行为，并处人民币1 000元罚款。

本章小结

房地产经纪业务所涉及的交易方式、合作单位、客户、信息等，其特征都较为复杂，也较容易发生变化，这就使居间业务所面临的风险也具有复杂、多变等特点。所以，对经纪业务进行有效的风险管理就显得尤其重要。本章主要对风险管理的概述、房地产经纪业务的主要风险及房地产经纪业务的风险防范等方面进行阐述。

练习题

1. 什么是风险？风险可分为哪几类？
2. 风险识别的内容有哪些？
3. 风险识别应遵循哪些原则？
4. 什么是风险管理？风险管理包括哪几个过程？
5. 风险管理的意义？
6. 房地产经纪业务中的主要风险有哪些？
7. 如何提高房地产经纪业务的风险识别能力？

附件

附件 1

中国房地产经纪执业规则

第一条 为了规范房地产经纪行为，提高房地产经纪服务质量，保障房地产交易者的合法权益，维护房地产市场秩序，制定本规则。

第二条 本规则是指导房地产经纪行业组织对房地产经纪人员进行自律管理的重要依据，是指导房地产经纪行为的基本准则。

第三条 本规则有关用语定义如下：

（一）房地产经纪，是指以收取佣金为目的，为促成他人房地产交易而提供居间或者代理等专业服务的行为。

（二）房地产代理，是指以委托人的名义，在委托协议约定的范围内，为促成委托人与第三人进行房地产交易而提供专业服务，并向委托人收取佣金的行为。

（三）房地产居间，是指向委托人报告订立房地产交易合同的机会或者提供订立房地产交易合同的媒介服务，并向委托人收取佣金的行为。

（四）房地产经纪机构，是指依法设立并到工商登记所在地的县级以上人民政府房地产管理部门备案，从事房地产经纪活动的公司、合伙企业、个人独资企业等经济组织。

（五）房地产经纪人员，是指房地产经纪人或者房地产经纪人协理。房地产经纪人在房地产经纪机构中执行房地产经纪业务；房地产经纪人协理在房地产经纪机构中协助房地产经纪人执行房地产经纪业务。

（六）房地产经纪人，是指通过全国房地产经纪人执业资格考试或者资格互认，取得中华人民共和国房地产经纪人执业资格，并按照有关规定注册，取得中华人民共和国房地产经纪人注册证书，从事房地产经纪活动的专业人员。

（七）房地产经纪人协理，是指通过房地产经纪人协理从业资格考试或者资格互认，取得中华人民共和国房地产经纪人协理从业资格，并按照有关规定注册，取得中华人民共和国房地产经纪人协理注册证书，在房地产经纪人的指导和监督下，从事房地产经纪具体活动的协助执行人员。

（八）委托协议，是指委托人和房地产经纪机构约定，由房地产经纪机构提供专业服务，为促成委托人与第三人进行房地产交易的合同。

（九）独家代理，是指委托人只委托一家房地产经纪机构代理房地产交易事宜。

（十）佣金，是指房地产经纪机构完成受委托事项后，由委托人向其支付的报酬。

（十一）差价，是指通过房地产经纪促成的交易中，房屋出售人（出租人）得到的价格（租金）低于房屋承购人（承租人）支付的价格（租金）的部分。

第四条 房地产经纪人员应当充分认识房地产经纪存在的社会意义和价值，懂得房地产经纪在增进交易安全、保障交易公平、缩短交易时间、降低交易成本、优化资源配置、促进人民群众居住水平化等方面的重要作用，树立崇高的职业荣誉感和强烈的职业责任感。

第五条 房地产经纪机构、房地产经纪人员从事房地产经纪活动，应当遵守法律法规，遵循平等、自愿、公平和诚实信用的原则。

第六条 房地产经纪机构、房地产经纪人员应当勤勉尽责，以向委托人提供规范、优质、高效的专业服务为宗旨，以促成合法、安全、公平的房地产交易为使命。

第七条 房地产经纪机构、房地产经纪人员在执行代理业务时，在合法、诚信的前提下，应当维护委托人的最大权益；在执行居间业务时，应当公平正直，不偏袒任何一方。

第八条 房地产经纪机构以及房地产经纪人员之间，应当相互尊重，公平竞争，共同营造良好的市场环境，建立优势互补、信息资源共享的和谐发展关系。

第九条 房地产经纪机构、房地产经纪人员应当保守委托人的商业秘密或者个人隐私，不得擅自将委托人提供的资料公开或者泄漏给他人。

第十条 房地产经纪机构应当建立和健全各项内部管理制度，加强内部管理，规范自身执业行为，指导、监督房地产经纪人员及相关辅助人员认真遵守本规则，对房地产经纪人员的违法违规行为进行干预并采取必要的补救措施，依法对房地产经纪人员的业务行为承担责任。

第十一条 房地产经纪机构应当加强对房地产经纪人员的职业道德教育和业务培训，鼓励和支持房地产经纪人员参加行业组织举办的继续教育等活动，促使其不断增长专业知识，提高专业能力，维护良好的专业形象。

第十二条 房地产经纪机构与委托人签订委托协议后，方可对外发布相应的房源、客源信息；发布的信息应当与事实相符。

第十三条 房地产经纪机构应当在经营场所内的醒目位置明示下列事项：

（一）营业执照；

（二）房地产管理部门备案证明；

（三）房地产经纪行业组织会员证书；

（四）房地产经纪机构品牌标识；

（五）所聘用的房地产经纪人员的姓名、照片、职业资格、联系电话等；

（六）服务内容、服务标准及业务流程；

（七）服务收费标准及收取方式；

（八）遵守的房地产经纪执业规划；

（九）使用的房地产经纪业务合同文本；

（十）信用档案上网公示证明；

（十一）投诉方式和渠道；

（十二）法律法规规定应当明示的事项。

第十四条　房地产经纪机构应当承接房地产经纪业务，并指派或者由委托人选定注册在本机构的房地产经纪人为经纪业务的承办人，执行经纪业务，并在委托协议中载明。

承办人可以选派注册在本机构的房地产经纪人协理为经纪业务的协办人，协助承办人执行经纪业务。承办人选派协办人的，应当在委托协议中载明，对协办人执行经纪业务进行指导和监督，并对其工作结果负责。

第十五条　房地产经纪机构、房地产经纪人员不得采取引诱、欺诈、胁迫、贿赂、恶意串通、恶意降低佣金标准或者诋毁其他房地产经纪机构、房地产经纪人员等不正当手段承揽房地产经纪业务。

第十六条　房地产经纪机构、房地产经纪人员不得招揽已由另一房地产经纪机构独家代理的经纪业务；不得承接、承办自己不能胜任的经纪业务；应当拒绝接受违法违规或者违背社会公德、损害社会公共利益的房地产经纪业务。

第十七条　房地产经纪机构承接经纪业务，应当与当事人签订委托协议，并尊重委托人的选择，优先使用行政主管部门制定的房地产经纪合同示范文本或者房地产经纪行业组织推荐的房地产经纪合同文本。

在房地产经纪合同中应当有执行该项经纪业务的房地产经纪执业人员的签名及注册号。

第十八条　房地产经纪机构不得转让或者变相转让受托的经纪业务。

经委托人书面同意，两个或者两个以上的房地产经纪机构可以合作完成委托人委托的房地产经纪业务。参与合作的机构应当合理分工、明确职责、密切协作，意见不一致时应当及时通报委托人协商决定。房地产经纪机构对合作完成的经纪业务承担连带责任。合作完成经纪业务根据合作协议分配佣金。

第十九条 房地产经纪业务员在执行业务时，应当注重仪表、礼貌待人，维护良好的职业形象。

第二十条 房地产经纪人员在执行业务时，应当向当事人出示自己的注册证书，不得将注册证书借给他人使用或者允许他人以自己的名义执业。

第二十一条 房地产经纪人员应当要求委托人提供其身份证件，凭借自己的专业知识和经验做好下列工作：

（一）对于房屋出售人（出租人）委托的，应当向其全面、详细询问为促成委托人与第三人进行委托出售（出租）房屋交易时必需的房屋的坐落、实物状况、权益状况、周围环境等情况，要求委托人如实提供相应的房屋权属证明等资料（核实后留下复印件，退还原件），并到委托出售（出租）房屋现场及有关部门进行必要的调查、核实，向委托人说明其中的有利和不利因素及对交易可能产生的影响。

（二）对于房屋承购人（承租人）委托的，应当向其详细询问意愿购买（租赁）房屋的用途、区位、价位（租金水平）、面积、户型、建成年份、新旧程度等要求。

第二十二条 房地产经纪人员不得采取假赠与、瞒报或者不实申报成交价、借公证委托售房等手段规避国家相关规定。

第二十三条 房地产经纪人员应当及时、如实地向委托人报告业务进行过程中的订约机会、市场行情变化及其他有关情况，不得对委托人隐瞒与交易有关的重要事项；应当及时向房地产经纪机构报告业务进展情况，不得在脱离、隐瞒、欺骗房地产经纪机构的情况下开展经纪业务。

第二十四条 房地产经纪人员应当凭借自己的专业知识和经验，向承购人（承租人）提供经过调查、核实标的房屋信息，如实地向其告知标的房屋的有关情况，协助其对标的房屋进行查验。

第二十五条 房地产经纪机构、房地产经纪人员应当严格遵守房地产交易资金监管规定，保障房地产交易资金安全，不得挪用、占用或者拖延支付客户的房地产交易资金。

第二十六条 房地产经纪机构、经纪人员不得在隐瞒或者欺骗委托人的情况，向委托人推荐使用与自己有直接利益关系的担保、估价、保险、金融等机构的服务。

第二十七条 房地产经纪机构收取佣金不得违反国家法律法规，不得谋取委托协议约定以外的非法收益，不得以低价购进（租赁）、高价售出（转租）等方式赚取差价，不得利用虚假信息骗取中介费、服务费、看房费等费用。

房地产经纪机构未完成协议约定的事项，或者服务未达到委托协议约定的标准的，不应收取佣金，但可以依据委托协议相关约定，要求委托人支付从事经纪服务已支出的必要费用。房地产经纪机构事先未与委托人就经纪服务费用达成约定的，不得要求委托人承担经纪服务费用。

第二十八条 房地产经纪机构应当建立和健全业务记录制度。执行业务的房地产经纪人员应当如实全程记录业务执行情况及发生的费用等，形成业务记录。

第二十九条 房地产经纪机构应当妥善保管委托人提供的资料、委托协议、买卖合同或租赁合同、业务记录、业务交接单据、原始凭证等与经纪业务有关的资料、文件和物品，严禁伪造、涂改交易文件和凭证。

第三十条 本规则将根据需要及时修订、完善，作为房地产经纪机构和房地产经纪人员提供良好执业的指引。

第三十一条 本规则解释权由中国房地产估价师与房地产经纪人学会负责。

第三十二条 本规则自 2007 年 1 月 1 日起施行。

附件 2

建设部中国人民银行关于加强房地产经纪管理规范交易结算资金账户管理有关问题的通知

建住房［2006］321 号

各省、自治区建设厅，直辖市房地局（建委），人民银行上海总部、各分行、营业管理部、各省会（首府）城市中心支行：

为建立主体诚信、行为规范、监管有力的房地产经纪市场秩序，维护房地产经纪活动当事人的合法权益，现就有关问题通知如下：

一、全面推行房地产经纪机构备案公示制度

房地产经纪机构（含分支机构，下同）和交易保证机构应当自领取营业执照之日起 30 日内，到工商登记所在地的市、县房地产管理部门备案，房地产管理部门应当出具备案证明。房地产管理部门应当及时将已备案的房地产经纪机构的名称、住所、法定代表人、注册资本、注册房地产经纪人及房地产经纪人协理（以下简称注册房地产经纪人员）等信息向社会公布，供房地产交易当事人选择。

二、严格实施房地产经纪人员职业资格制度

要按照《人事部建设部关于印发＜房地产经纪人员职业资格制度暂行规定＞和＜房地产经纪人执业资格考试实施办法＞的通知》（人发［2001］128 号）和《关于转变房地产经纪人执业资格注册管理方式有关问题的通知》（建办住房［2004］43 号）的规定，继续做好房地产经纪人执业资格考试工作，加强注册管理。各地

要抓紧组织开展房地产经纪人协理考试和注册工作。房地产经纪行业组织要建立健全对房地产经纪人员的继续教育制度，不断提高房地产经纪人员整体素质。对于在执业活动中有违法违规行为的注册房地产经纪人员，注册机构应当收回其注册证书。

三、规范房地产经纪行为

房地产经纪人员在执行业务时应当严格执行《房地产经纪执业规则》，主动向当事人出示房地产经纪人注册证书或者房地产经纪人协理证书。房地产经纪机构与委托人签订委托合同后，方可对外发布相应的房源、客源信息；发布的信息应当与事实相符，不得发布虚假信息、未经核实的信息。

房地产经纪机构和经纪人员不得对交易双方隐瞒真实的房屋成交价格等交易信息，不得以低价购入（租赁）、高价售出（转租）等方式赚取差价，不得谋取非法收益。不得采取内部认购等手段制造销售旺盛的虚假氛围，误导和欺骗当事人。不得泄露或利用委托人的商业秘密与他人串通损害委托人的利益。

四、加强房地产经纪合同管理

积极推广使用有关部门和行业组织推荐的房地产经纪合同文本。房地产经纪机构与当事人签订房地产经纪合同前，应当明示有关部门或行业组织推荐的房地产经纪合同示范文本，供当事人选用。不得签署损害委托人利益的合同。房地产经纪合同中应当约定交易资金交付的条件和具体方式。房地产经纪合同应当有执行该业务的注册房地产经纪人的签名。

五、建立存量房交易结算资金管理制度

发展交易保证机构，专门从事交易资金监管。交易保证机构不得从事经纪业务。建立交易保证机构保证金制度，各地要对保证金的数额做出具体规定。交易当事人可以通过合同约定，由双方自行决定交易资金支付方式，也可以通过房地产经纪机构或交易保证机构在银行开设的客户交易结算资金专用存款账户，根据合同约定条件，划转交易资金。客户交易结算资金专用存款账户中的交易结算资金，独立于房地产经纪机构和交易保证机构的固有财产及其管理的其他财产，也不属于房地产经纪机构和交易保证机构的负债，交易结算资金的所有权属于交易当事人。若有关部门对客户交易结算资金专用存款账户进行冻结和扣划，开户银行、房地产经纪机构或交易保证机构有义务出示证据以证明交易结算资金及其银行账户的性质。

六、规范交易结算资金专用存款账户开设和资金划转

对于本《通知》下发后新发生的业务，通过房地产经纪机构或交易保证机构划转交易结算资金的，房地产经纪机构或交易保证机构必须在银行开立交易结算资金专用存款账户，账户名称为房地产经纪机构或交易保证机构名称后加“客户交易结算资金”字样，该专用存款账户专门用于存量房交易结算资金的存储和支付。房地产经纪机构和交易保证机构应在银行按房产的买方分别建立子账户。交易当事人应根据需要在银行开立个人银行结算账户。开立客户交易结算资金专用存款账户时，房地产经纪机构和交易保证机构应当向银行出具工商营业执照、基本存款账户开户许可证和房地产管理部门出具的备案证明。子账户划转时应当有房地产经纪机构或交易保证机构和房产买方的签章。

交易结算资金的存储和划转均应通过交易结算资金专用存款账户进行，房地产经纪机构、交易保证机构和房地产经纪人员不得通过客户交易结算资金专用存款账户以外的其他银行结算账户代收代付交易资金。房产买方应将资金存入或转入客户交易结算资金专用存款账户下的子账户，交易完成后，通过转账的方式划入房产卖方的个人银行结算账户。当交易未达成时，通过转账的方式划入房产买方的原转入账户；以现金存入的，转入房产买方的个人银行结算账户。客户交易结算资金专用存款账户不得支取现金。

七、加强交易结算资金专用存款账户管理

房地产经纪机构或交易保证机构应保证客户交易结算资金专用存款账户的资金支付条件和具体方式与房地产经纪合同中的约定一致。

各市、县房地产管理部门应当采取定期或不定期检查的方式，对房地产经纪机构或交易保证机构的客户交易结算资金专用存款账户的开立情况、交易资金支付情况等加强监管。对违反合同约定使用资金的行为，要严肃查处。

客户交易结算资金专用存款账户的开户银行应按照其与房地产经纪机构或交易保证机构的约定，加强资金管理，确保存量房交易结算资金专款专用。

八、建立健全办事公开制度

各市、县房地产管理部门应当完善房地产市场信息系统。有条件的地方，要积极开通房地产经纪合同和交易合同网上签约系统，构建统一的网上签约、交易过户、产权登记信息平台，方便房地产经纪人及交易当事人查询房地产交易登记信息。

九、建立和完善信用公示制度

各级房地产管理部门或房地产经纪行业组织要不断完善房地产经纪机构和房地产经纪人员信用档案系统，对房地产经纪机构和房地产经纪人员的失信、违法、违规行为，要记入信用档案并向社会公示。

十、加强房地产经纪行业自律建设

房地产经纪行业组织要不断建立和完善房地产经纪执业规则，明确执业标准及经纪行为准则。建立健全房地产经纪机构资信评价体系，积极开展资信评价活动。建立房地产经纪机构和经纪人员失信惩戒机制。探索建立房地产经纪机构房源、客源信息共享系统。

各地可根据本通知制定具体的实施细则。

近期，各市、县房地产管理部门要对房地产经纪机构开展一次全面的清理整顿，严肃查处违法违规行为。对典型案例要向社会曝光。各省级建设（房地产）行政主管部门要在2007年3月底以前，将清理整顿情况上报我部住宅与房地产业司。

中华人民共和国建设部
中国人民银行
二〇〇六年十二月二十九日

附件3

中国房地产估价与经纪行业大事记

（1992～2007年）

1992年

3月23日，建设部发出《关于加强城镇地产价格评估工作的通知》（建房[1992] 162号）。为了促进地产经营管理工作的顺利进行，加强地产价格和收益分配的管理，维护土地使用者的合法权益，确保国家的土地收益，推动房地产业协调发展，该通知对城镇地产价格评估工作提出了七点意见，包括尽快把地产价格评估工作抓起来，运用科学的方法评估地价，建立和充实房地产价格评估队伍，加强地价评估的理论研究和政策指导等。

4月27日，国家物价局、建设部发出《关于解决在房地产交易中国有土地收益流失问题的通知》。该通知指出：在房地产交易中，为了有效地解决国有土地收益流失问题，克服偷漏国家税费现象，对房地产买卖要实行先评估价格后交易，并对成交价格低于评估价格的，按评估价格计取税费。各级物价部门、房地产部门要共同做好价格评估。

9月7日，建设部发出《关于印发〈城市房地产市场估价管理暂行办法〉的通知》（建房［1992］579号）。该通知指出：加强房地产市场估价工作的管理，是积极培育房地产市场、促进房地产市场健康发展的重要环节，具有重要的现实意义。各地应高度重视房地产市场估价管理工作，及时总结经验，把这一工作提高到新的水平。

11月4日，国务院发出《关于发展房地产业若干问题的通知》（国发［1992］61号）。该通知指出：要建立与房地产市场配套的服务体系，建立房地产价格评估机构，逐步形成规范、公开、有序的房地产市场。

12月9日，建设部向人事部发出《关于拟建立房地产估价师考试和注册制度的函》（建房［1992］884号）。建设部认为，无论从哪一个角度来看，随着市场经济的发展，房地产估价工作和估价专业人员的作用越来越重要。建立房地产估价师考试和注册制度，也是贯彻国务院《关于发展房地产业若干问题的通知》中指出的“要建立与房地产市场配套的服务体系，建立房地产价格评估机构，逐步形成规范、公开、有序的房地产市场”的一项重要措施。

1993年

1月15日，建设部、人事部联合发出《关于认定“房地产估价师”有关问题的通知》（建房［1993］27号）。该通知指出，为了加强房地产估价专业人员的资格管理，建立起规范的、符合国际惯例的房地产估价师制度，我国将正式建立房地产估价师注册和考试制度，并决定在《房地产估价师考试和注册办法》未出台之前，在现有的房地产估价人员中，对已经具有丰富实践经验、精通估价理论、熟练掌握估价技巧的优秀专业人员，由建设部和人事部共同认定为“房地产估价师”，以代替现在从事房地产估价工作的经济师、工程师等称谓。

5月10日，建设部、人事部联合发出《关于公布首批房地产估价师名单的通知》（建房［1993］338号）。该通知指出：由两部共同组成了“房地产估价师认定工作领导小组”，自1993年1月开始了首批房地产估价师专业资格的评审认定工作。经各地推荐，全国房地产估价师认定工作专家组评审认定，确认130名从事房地产估价工作的人员具备房地产估价师专业资格，另有10人作为全国房地产估价师认定工作专家组成员，由人事部、建设部直接认定，一并予以公布、发证、登记注册。

5 月 15 日，中国首批房地产估价师颁证大会暨房地产估价学术研讨会在广州市召开。

1994 年

4 月 20 日，建设部、人事部联合发出《关于公布第二批房地产估价师名单的通知》(建房［1994］296 号)，公布了第二批 206 名房地产估价师。

7 月 4 日，建设部对中国房地产估价师学会筹委会提出的《关于成立中国房地产估价师学会的申请报告》作出了《关于成立中国房地产估价师学会的批复》(建人［1994］425 号)，同意成立中国房地产估价师学会，并明确该学会的主要任务是：制定并执行房地产估价专业守则和估价标准；组织有关房地产估价业务的培训；组织有关房地产估价业务的学术活动；开展有关房地产估价业务的国际交流；协助政府进行注册房地产估价师的管理工作。

7 月 5 日，第八届全国人民代表大会常务委员会第八次会议通过《中华人民共和国城市房地产管理法》，并以中华人民共和国主席令第 29 号公布，自 1995 年 1 月 1 日起施行。该法第 33 条规定：“国家实行房地产价格评估制度”、第 58 条规定：“房地产价格评估人员资格认证制度。”该法第 56 条还规定：“房地产中介服务机构包括房地产咨询机构、房地产价格评估机构、房地产经纪机构等。”第 57 条规定：“房地产中介服务机构应当具备下列条件：（一）有自己的名称和组织机构；（二）有固定的服务场所；（三）有必要的财产和经费；（四）有足够数量的专业人员；（五）法律、行政法规规定的其他条件。”

8 月 15 日，民政部认为中国房地产估价师学会符合中华人民共和国社会团体登记的有关规定，准予注册登记，并颁发了《中华人民共和国社会团体登记证》(社证字第 1669 号)。

9 月 18～19 日，中国房地产估价师学会成立暨第二批房地产估价师颁证大会在深圳召开，建设部副部长李振东出席大会并作了讲话，建设部原副部长周干峙当选为会长，建设部房地产业司司长宋春华当选为常务副会长。中国房地产估价师学会是隶属于建设部的全国性房地产估价行业自律组织，由从事房地产估价理论研究和实务工作的专业人员组成。

1995 年

1月，第一套全国房地产估价师执业资格考试大纲和考试指定辅导教材编写工作完成。该套教材包括《房地产基本制度与政策》、《房地产投资经营与管理》、《房地产估价理论与实务》、《房地产估价案例与分析》。

3月 22 日，建设部、人事部联合发出《关于印发〈房地产估价师执业资格制度暂行规定〉和〈房地产估价师执业资格考试实施办法〉的通知》（建房［1995］147号）。《房地产估价师执业资格制度暂行规定》指出：国家实行房地产估价人员执业资格认证和注册登记制度，凡从事房地产评估业务的单位，必须配备一定数量的房地产估价师。《房地产估价师执业资格考试实施办法》规定房地产估价师执业资格考试从1995年开始实施，并对考试时间、考试科目、报名条件等作了具体规定。

3月23日，建设部、中国人民银行联合发出《关于加强与银行贷款业务相关的房地产抵押和评估管理工作的通知》（建房［1995］152号）。该通知指出：各级房地产管理部门和有关银行要密切配合，加强与银行贷款业务相关的房地产抵押和评估管理工作；对与银行贷款业务相关的房地产抵押物价值进行评估，其估价业务报告必须由取得建设部、人事部共同认证并经注册的房地产估价师签署，或由三名以上（含三名）取得各省、自治区建委（建设厅），直辖市房地产管理局统一颁发的《房地产估价人员岗位合格证书》的人员联合签署。

4月6日，建设部房地产业司、人事部专业技术人员职称司联合发出《关于首批全国房地产估价师资格考试有关问题的通知》（建房市字［1995］第16号）。

7月17日，国家计委、建设部联合发出《关于房地产中介服务收费的通知》（计价格［1995］971号）。该通知指出：房地产价格评估收费，由具备房地产估价资格并经房地产行政主管部门、物价主管部门确认的机构按规定的收费标准计收。以房产为主的房地产价格评估费，区别不同情况，按照房地产的价格总额采取差额定率分档累进计收，累进计费率为5‰～0.1‰。土地价格评估的收费标准，按国家计委、国家土地管理局《关于土地价格评估收费的通知》的有关规定执行。

9月16～17日，首次全国房地产估价师执业资格考试举行，全国共有16 023人报名参加考试，其中2 898人通过考试，产生了我国首批经考试取得执业资格的房地产估价师。截止到2004年10月，先后于1995、1996、1998、1999、2001、2002、2003、2004年举行了8次全国房地产估价师执业资格考试，共有近20万人次报名参加考试，其中约有2.7万人考试合格，取得了房地产估价师执业资格。

12月22日，首次全国房地产估价师执业资格考试结果发布会举行。发布会上，全国房地产估价师考试办公室公布了1995年全国房地产估价师执业资格考试合格人员名单。

1996年

1月8日，建设部发布《城市房地产中介服务管理规定》（建设部令第50号），自1996年2月1日起施行。该规定对包括房地产价格评估在内的房地产中介服务人员资格管理、中介服务机构管理、中介业务管理等作了详细规定。

8月20日，中国房地产估价师学会首次组团出访国外。访问了全美房地产协会、美国城市房地产协会等部门，主要了解了美国房地产估价的现状、发展过程、美国房地产估价的考试注册制度等。

1997年

1月9日，建设部发布《关于房地产价格评估机构资格等级管理的若干规定》（建房［1997］12号）。该规定对房地产价格评估机构的设立、资格等级分类、各级资格的营业范围、申请评定资格等级应提交的材料、资格等级升降及取消资格等作了详细规定。该规定将房地产价格评估机构分为一级、二级、三级，并规定资格等级实行动态管理，根据机构的发展情况进行等级调整，每二年评定一次，重新授予资格等级证书。

6月，《中国房地产估价师通讯》创刊，为广大房地产估价人员提供了一个学术探讨、经验交流、信息沟通的园地。1998年《中国房地产估价师通讯》更名为《中国房地产估价师》，截至2005年6月，共出版52期。

9月9～13日，中国房地产估价师学会举办首期房地产估价师继续教育培训班。对注册房地产估价师进行继续教育是为了使其不断更新知识，及时掌握最新估价理论和技术，不断提高估价业务素质和职业道德水平。截止到2004年12月，约有1.1万多人次参加了继续教育培训。

9月17日，中国房地产估价师学会为了及时推广我国房地产估价理论研究成果和实践经验，进一步推动房地产估价领域的学术研究工作，举办了“首届中国房地产估价学术研讨会优秀论文奖”评选活动。经过专家小组的评审，董黎明先生的《加强研究，建立我国房地产估价的理论方法体系》等十六篇论文获得了“首届中国房地产估价师学会优秀论文奖”。

9月24～25日，中国房地产估价师学会在成都市召开第一届第三次理事会暨房地产估价学术研讨会。会议听取了副会长沈建忠作的理事会工作报告，进行了房地产估价学术研讨、交流，讨论修改了《房地产估价规范》（征求意见稿），并向获得首届中国房地产估价师学会优秀论文的作者颁发了荣誉证书。

10月2～18日，由中国房地产估价师学会副会长、清华大学房地产研究所所长刘洪玉教授率领的“中国房地产估价师学会教育代表团”对美国估价学会、美国城市土地学会、纽约大学、南加州大学和旧金山大学进行了友好访问。与美国估价学会签署了在房地产估价师教育与培训、房地产科学研究和会员服务等方面进一步合作的备忘录。

12月30日，建设部发布《关于公布1997年度国家一级房地产价格评估机构的公告》（建设部公告第9号），公告并授予北京市房地产价格评估事务所等64个单位国家一级房地产价格评估资格。这是学会根据《中华人民共和国城市房地产管理法》、建设部第50号令《城市房地产中介管理规定》及《建设部关于房地产价格评估机构资格等级管理的若干规定》，开展的第一次国家一级房地产价格评估机构评审工作。

1998年

5月29日，由建设部房地产业司、中国房地产估价师学会主办，上海市房屋土地管理局、上海市房地产估价师协会承办的1998中外房地产估价学术研讨会在上海市召开。建设部副部长宋春华出席开幕式并致开幕词，来自美国、英国、韩国、香港地区、台湾地区以及内地各省市房地产估价行业的专家、学者、企业和政府管理部门负责人参加了会议。境外来宾在上海期间还实地观摩了第三次全国房地产估价师执业资格考试，并与国内有关官员、学者就国内外房地产估价执业资格互认和市场准入问题进行了较深入的接触和探讨。

8月20日，建设部发布《房地产估价师注册管理办法》（建设部令第64号），自1998年9月1日起施行。为了加强对房地产估价师的注册管理，完善房地产价格评估制度和房地产价格评估人员执业资格认证制度，提高房地产价格评估水平，该办法规定国家实行房地产估价师注册制度，并对房地产估价师初始注册、注册变更、续期注册、撤销注册、执业、权利与义务、法律责任等作了详细规定。

1999年

2月12日，建设部会同国家质量技术监督局联合发布《中华人民共和国国家标准房地产估价规范》（GB/T 50291—1999），自1999年6月1日起施行。《中华人民共和国国家标准房地产估价规范》对估价术语、估价原则、估价程序、估价方法、不同估价目的下的估价、估价结果、估价报告、估价的职业道德等作了详细规定，使房地产估价有了全国统一的执业标准。

4月8日，建设部发布《关于公布1999年第二批国家一级房地产价格评估机构名单的公告》（建设部公告第16号），有32家房地产估价机构被评为国家一级房地产价格评估机构。

10月31日，国务院办公厅发出《关于清理整顿经济鉴证类社会中介机构的通知》（国办发［1999］92号）。该通知指出：为了促进经济鉴证类社会中介机构健康发展，充分发挥其维护市场经济秩序的积极作用，经国务院批准，决定对经济鉴证类社会中介机构进行清理整顿。通过清理整顿实现以下三个目标：第一，规范经济鉴证类社会中介机构的资格认定；第二，依据市场规则进行经济鉴证类社会中介机构的脱钩改制，建立自律性运行机制；第三，依法规范政府部门和行业协会对经济鉴证类社会中介机构的监督、指导和管理。

2000年

1月5日，建设部发布《关于公布重新评定的第一批国家一级房地产价格评估机构的公告》(建设部公告第19号)，对1997年12月30日建设部公告第9号公布的有效期为2年的第一批国家一级房地产价格评估机构进行了重新评审工作。经审查，共有61家机构符合国家一级房地产价格评估机构资格等级标准，被继续评定为国家一级房地产价格评估机构。

1月17～18日，中国房地产估价师学会常务理事会暨房地产估价学术研讨会在深圳召开。建设部副部长宋春华出席了会议，并对房地产估价行业管理、贯彻执行国家标准《房地产估价规范》、房地产估价机构脱钩改制、规范房地产估价行为等问题作了讲话。会议期间，还举行了“深圳沈大杯”房地产估价学术征文颁奖典礼，全国共有63篇论文参加评选。

4月1～2日，全国首届部分城市房地产估价所所长联谊会在武汉市召开。以后，每年都召开一次“估价所所长”联谊会，联谊会成为房地产估价机构定期沟通和交流的渠道。

4月15～16日，国际测量师联合会(FIG)主席Bob Foster先生、估价及地产部主席叶满华先生访问中国房地产估价师学会。两会进行了进一步沟通，探讨了中国房地产估价师学会加入国际测量师联合会等问题。

4月28日，建设部发出《关于房地产价格评估机构脱钩改制的通知》(建住房[2000] 96号)，要求凡从事房地产价格评估的中介服务机构，均要在人员、财务、职能、名称等方面与隶属或挂靠的政府部门彻底脱钩，改制为由注册房地产估价师出资的有限责任公司或合伙制性质的企业，参与市场竞争，不得承担房地产价格评估机构资质和人员资格等行政管理与行业管理的职能，以保证房地产价格评估机构独立、客观、公正执业和平等竞争。

6月29日，由建设部发起的百家房地产开发企业、百家房地产中介机构承诺销售“放心房”、提供“放心中介”联合宣言大会暨房地产开发形势分析会在人民大会堂召开。全国近百家房地产价格评估机构庄严承诺，提供“放心中介”。2001年9月20日，建设部根据一年来各地对“销售‘放心房’、提供‘放心中介’活动”中认真履行承诺、表现突出的房地产开发企业和中介机构进行表彰，其中成都精至诚房地产评估公司等30家房地产中介机构获得了奖牌。

7月27～30日，第五届亚洲房地产学会年会暨国际房地产学术研讨会在北京召开。中国房地产估价师学会作为协办单位，积极参与了2000年北京“第五届亚洲房地产学会年会及国际房地产学术研讨会”的组织工作，共有50多位中国房地产估价师提交了会议论文。这次会议取得了巨大的成功，至今还保持着世界上“规模最大、水平最高”的房地产国际会议的荣誉。

10 月 17 日，中国房地产估价师培训中心挂牌仪式在安徽省黄山市举行，建立了全国房地产估价师继续教育基地。

2001 年

1 月 20 日，中国房地产估价师学会举办在京理事及部分估价机构新春联谊会，建设部、全军房地产管理局、有关高校科研机构的领导和专家参加了会议。与会人员就房地产估价行业自律和房地产估价师开拓市场问题展开了探讨和交流。

3 月 9 日，房地产估价师执业资格考试对全世界开放。建设部办公厅、人事部办公厅印发《关于进行 2001 年全国房地产估价师执业资格考试有关问题的通知》（建办住房［2001］9 号），规定“经国家有关部门同意，获准在中华人民共和国境内就业的外籍人员及港澳台专业人员，也可按照建房［1995］147 号文件规定，报名参加考试。”当年，香港 8 名专业人士报名参加了全国房地产估价师执业资格考试，其中 5 人考试合格，取得了房地产估价师执业资格。

6 月 13 日，国务院令第 305 号公布《城市房屋拆迁管理条例》，自 2001 年 11 月 1 日起施行。该条例将城市房屋拆迁的实物安置补偿改变为货币补偿，规定：房屋拆迁货币补偿的金额，根据被拆迁房屋的区位、用途、建筑面积等因素，以房地产市场评估价格确定。

7 月 20 日，建设部发布《关于公布 2001 年第一批家评定合格的一级资质房地产价格评估机构名单的公告》（建设部公告第 29 号），有 59 家估价机构被评为一级资质，同时 1999 年建设部公告第 16 号和 2000 年建设部公告第 19 号公布的 93 家房地产价格评估机构的一级资质自动终止。

8 月 15 日，建设部发布《关于修改〈城市房地产中介服务管理规定〉的决定》（建设部令第 97 号），自发布之日起施行。该决定对建设部 1996 年 1 月 8 日发布的《城市房地产中介服务管理规定》作了修改，并重新发布。建设部发布《关于修改〈房地产估价师注册管理办法〉的决定》（建设部令第 100 号），自发布之日起施行。该决定对建设部 1998 年 8 月 20 日发布的《房地产估价师注册管理办法》作了修改，并重新发布。

8 月 17 日，香港特别行政区行政会议召集人、戴德梁行主席梁振英先生到中国房地产估价师学会访谈。座谈中，梁振英先生提出了许多有意义的观点和建议，包括：发展中国自己的专业队伍，扶持、培育几家或十几家国内的估价师事务所，房地产估价应当由当地的估价师来做，房地产估价要做到真实与客观。

11 月，国土资源部土地利用司、中国房地产估价师学会、北京天平行房地产评估有限公司等单位组织翻译的美国估价学会著的《不动产估价》（第 11 版）正式出版。

12月18日，人事部、建设部联合颁发了《房地产经纪人员职业资格制度暂行规定》（人发［2001］128号），决定对房地产经纪人员实行职业资格制度，纳入全国专业技术人员职业资格制度统一规划。凡从事房地产经纪活动的人员，必须取得房地产经纪人员相应职业资格证书并经注册生效。房地产经纪人员职业资格包括房地产经纪人执业资格和房地产经纪人协理从业资格。取得房地产经纪人执业资格是进入房地产经纪活动关键岗位和发起设立房地产经纪机构的必备条件。取得房地产经纪人协理从业资格，是从事房地产经纪活动的基本条件。

12月28日，中国房地产估价师学会网站正式开通。该网站为业内外人士提供了方便的网上服务项目，包括最新动态、规章制度汇编、估价机构与估价师信用档案、估价机构与估价师查询、继续教育等信息，还设立了估价字典、观点讨论等栏目。

2002年

2月7日，中国房地产估价师学会在北京召开2002年在京理事及部分房地产估价机构新春联谊会，建设部、中国房地产估价师学会、科研机构、估价机构的领导和专家参加了会议，并对职业道德建设问题进行了深入的讨论。

4月19～26日，中国房地产估价师学会派出以刘洪玉副会长为首的代表团，以观察员身份参加了在美国华盛顿召开的国际测量师联合会（FIG）第22届年会。

5月13～14日，香港测量师学会以会长陈克先生为团长的北京访问团一行8人，到中国房地产估价师学会访问。双方探讨了内地房地产估价师与香港测量师（产业测量）资格互认等问题。

5月29日，建设部、国家计委、国家经贸委、财政部、国土资源部、国家工商行政管理局、监察部联合发出《关于整顿和规范房地产市场秩序的通知》（建住房［2002］123号）。该通知指出：未按有关规定完成脱钩改制的房地产估价机构，一律取消其从事评估业务的资质，并追究有关行政主管部门的行政责任。对出具不实报告的房地产估价机构，房地产管理部门应当依据有关规定予以降级或注销资质证书；对负有责任的估价师，依法追究其责任，情节严重的，撤销注册。

7月21日，学会举办了全国房地产经纪人执业资格认定考试。截止2004年10月，共举办了四次考试。其中报考共102978人次，有19908人合格。

8月20日，建设部发出《关于建立房地产企业及执（从）业人员信用档案系统的通知》（建住房函［2002］192号），决定建立包括房地产价格评估机构和房地产估价师在内的房地产企业及执（从）业人员信用档案系统。房地产企业及执（从）业人员信用档案的内容包括基本情况、业绩及良好行为、不良行为等，以便为各级政府部门和社会公众监督房地产企业市场行为提供依据，为社会公众查询企业和个人信用信息提供服务，为社会公众投诉房地产领域违法违纪行为提供途径。

9月26日，一级房地产价格评估机构和注册房地产估价师信用档案系统正式开通。

9月26日～10月8日，中国房地产估价师学会组织“房地产估价和房地产经纪管理考察团”赴德国进行考察学习，实地参观了德国部分房地产估价机构，并就加强中国房地产估价行业与德国同行间的相互交流与德国有关部门达成了共识。

2003年

1月10日，建设部刘志峰副部长在中国房地产估价师学会报送的《中国房地产估价师学会2002年工作总结及2003年工作计划》上批示，希望估价师学会强化行业自律，推动行业诚信体系建设，为整顿和规范房地产市场秩序做出贡献。

1月20日，中国房地产估价师学会在北京召开2003年在京理事及部分房地产估价机构新春联谊会。建设部原副部长、全国政协委员、中国房地产估价师学会常务副会长宋春华，建设部总经济师兼住宅与房地产业司司长谢家瑾等出席了会议，在京理事及部分房地产估价机构负责人参加了会议。与会人员认为，房地产估价在国民经济中的作用越来越显著，涉及的领域也越来越广泛，要进一步加强房地产估价执（从）业人员职业道德建设，共同维护整个行业信誉，提高行业公信力，促进行业健康、可持续发展。

3月8～9日，全国一级房地产价格评估机构信用档案工作会在天津召开。建设部住宅与房地产业司领导及全国一级房地产价格评估机构负责人共100多人参加了会议。会议布置了房地产估价行业信用档案的建立和维护工作，并就加强行业诚信体系建设、打造行业旗舰品牌进行了认真讨论。

5月15日，建设部发出《关于印发〈2002～2003年度工程建设国家标准制订、修订计划〉的通知》（建标［2003］102号），《房地产估价基本术语标准》被列入制订计划中。该标准将成为我国房地产估价行业继《房地产估价规范》后的第二个国家标准。

5月15日、5月22日，最高人民法院司法鉴定人名册公告第8号、第9号发布，北京宝信房地产评估咨询有限责任公司等10家一级房地产价格评估机构承担人民法院司法鉴定中心委托的涉案房地产评估工作。

8月12日，国务院发布《关于促进房地产市场持续健康发展的通知》（国发［2003］18号），指出：“要健全房地产中介服务市场规则，严格执行房地产经纪人、房地产估价师执（职）业资格制度，为居民提供准确的信息和便捷的服务”；“坚决制止一些单位和部门强制消费者接受中介服务以及指定中介服务机构的行为”。

8月20日，英国皇家特许测量师学会（RICS）主席NicholasBrooke先生访问中国房地产估价师学会，就双方合作事宜进行了交流。

8月25日，中国房地产估价师学会网站开通了房地产估价机构查询和估价师查询系统，实现了房地产估价机构与房地产估价师的互动、互查。

9月19日，建设部对中国房地产估价师学会《关于申请将中国房地产估价师学会更名为中国房地产估价师与房地产经纪人学会的报告》给予了批复，同意其更名为中国房地产估价师与房地产经纪人学会。

11月4～5日，为总结十年来房地产估价师执业资格制度建设的经验，进一步推动房地产估价行业健康发展，提高房地产估价水平，建设部、人事部在深圳召开“中国房地产估价师执业资格制度建立十周年座谈会暨房地产估价学术研讨会”。会上建设部副部长刘志峰、建设部原副部长、中国房地产估价师学会常务副会长宋春华、人事部专业技术人员管理司司长刘宝英作了重要讲话。授予了清华大学房地产研究所等28家单位及简福饴等12位个人“房地产估价行业贡献奖”，表扬了高千里等96位优秀注册房地产估价师，举办了中国房地产估价行业发展成就展，中国房地产估价师学会与香港测量师学会签署了内地房地产估价师与香港测量师（产业）资格互认协议书，召开了2003中国房地产估价学术研讨会。此间，中国房地产估价师学会还召开了理事会。

11月22～23日，2003年全国部分城市房地产估价所长联谊会在成都市召开。会议讨论了《城市房屋拆迁估价指导意见（修订稿）》，提出了修改建议；并就大家关心的估价机构管理和发展问题进行了探讨。建设部住宅与房地产业司副司长陆克华、市场处处长张小宏，中国房地产估价师学会常务副会长兼秘书长柴强、副秘书长廖俊平出席了会议。

12月1日，为了规范城市房屋拆迁估价行为，维护拆迁当事人的合法权益，根据《城市房屋拆迁管理条例》和《房地产估价规范》，建设部制定并印发了《城市房屋拆迁估价指导意见》，自2004年1月1日起施行。

2004年

1月19日，中国房地产估价师学会在京理事、在京单位会员、在京一级房地产估价机构新春联谊会在北京新大都饭店国际会议中心召开。建设部原副部长、学会常务副会长宋春华，建设部住宅与房地产业司沈建忠副司长、陆克华副司长等出席。会议由学会副秘书长廖俊平主持。学会常务副会长兼秘书长柴强就学会2003年工作总结及2004年工作计划（讨论稿）向与会人员作了汇报。

6月14日，国务院发布《国务院对确需保留的行政审批项目设定行政许可的决定》，决定将房地产估价机构资质核准列入500项行政许可的范围。

6月29日，建设部发布了《关于改变房地产经纪人执业资格注册管理方式有关问题的通知》（建办住房［2004］43号），决定将房地产经纪人执业资格注册工作转交中国房地产估价师学会。要求中国房地产估价师学会：要通过房地产经纪人执业资格注册工作，将房地产经纪人执业资格注册与房地产经纪行业自律管理结合起来；大力推动房地产经纪行业诚信建设，建立房地产经纪人和房地产经纪机构信用档案；开展房地产经纪机构资信评价，建立房地产交易信息共享系统，促使房地产经纪人和房地产经纪机构为居民提供行为规范、诚实信用、信息准确、高效便捷的服务；制定房地产经纪执业规则，探索房地产经纪损害赔偿和执业风险防范制度。

7月1日，建设部公布2004年评定的55家一级资质房地产价格评估机构名单。

7月1日，建设部发出《关于对房地产估价行业进行全面检查的通知》，检查的重点是房地产估价机构及房地产估价人员的执业资质（资格）和执业质量，包括房地产估价机构和房地产估价人员是否严格执行国家的有关规定、技术规范和职业道德等。

7月12日，中国房地产估价师学会经民政部批准更名为“中国房地产估价师与房地产经纪人学会”，并完成了印章、财务、税务等相关变更工作。

8月20日，内地房地产估价师与香港测量师（产业）资格互认颁证大会在北京举行。建设部副部长刘志峰，建设部原副部长、中国房地产估价师与经纪人学会常务副会长宋春华，人事部、商务部、国务院港澳办事务办公室等有关方面的负责人出席了大会，以及香港特别行政区行政会议成员梁振英，香港特别行政区政府驻北京办事处主任梁宝荣，香港特别行政区政府总署署长刘励超等出席了颁证大会。建设部副部长刘志峰向97名获得内地房地产的香港测量师颁发了房地产估价师注册证书，香港测量师学会会长谢伟铨向111名获得香港测量师资格的内地房地产估价师颁发了香港测量师证书。这标志着作为CEPA安排下的内地房地产估价师与香港测量师（产业）首批资格互认工作全部完成。

9月2日，中国银行业监督管理委员会颁布《商业银行房地产贷款风险管理的指引》，该指引指出，商业银行对于介入房地产贷款的中介机构的选择，应着重于其企业资质、业内声誉和业务操作程序等方面的考核，择优选用，并签订责任条款，对于因中介机构的原因造成的银行业务损失应有明确的赔偿措施。

10月，以美国估价学会副主席鲍威尔先生为团长的代表团访问中国房地产估价师与房地产经纪人学会，双方签署了交换出版物等备忘录，并共同举办了房地产估价学术论坛。

11月15日，最高人民法院发布公告《最高人民法院关于人民法院民事执行中拍卖、变卖财产的规定》，该规定指出，对拟拍卖的财产，人民法院应当委托具有相应资质的评估机构进行价格评估。

11月23日，建设部发布《关于建设部机关直接实施的行政许可事项有关规定和内容的公告》，公告将房地产估价机构资质核准与房地产执业资格注册列入行政许可的事项。

12月10日，根据人事部、建设部印发的《房地产经纪人员职业资格制度暂行规定》和《建设部关于改变房地产经纪人执业资格注册管理方式有关问题的通知》（建办住房［2004］43号）的有关规定，全国首批房地产经纪人初始注册工作完成，经过审查，共6 734人获准初始注册。

12月15日，由中国房地产估价师与房地产经纪人学会主办的“中国房地产经纪人”网站开通。

2005年

1月17日，中国房地产估价师与房地产经纪人学会在北京召开在京理事和部分房地产估价机构、房地产经纪机构新春座谈会。建设部副部长刘志峰，建设部原副部长、中国房地产估价师与房地产经纪人学会常务副会长宋春华，建设部总经济师兼住宅与房地产业司司长谢家瑾等领导出席。中国房地产估价师与房地产经纪人学会副会长兼秘书长柴强作了《中国房地产估价师与房地产经纪人学会2004年工作总结及2005年工作设想》的报告。

4月18日，中国房地产估价师与房地产经纪人学会开通手机短信服务功能，通过手机短信方式，免费为会员及时发布考试注册、教育培训、学术研讨、行业动态等方面的信息。

5月11～12日，中国房地产估价师与房地产经纪人学会第二次全国会员代表大会暨房地产经纪论坛在北京隆重举行。建设部、民政部的领导，香港地产代理监管局、香港测量师学会等相关部门和组织的嘉宾出席了大会，来自全国各地的房地产估价、经纪行业代表200余人参加了大会。建设部刘志峰副部长做了《规范发展房地产经纪行业，促进市场健康发展》的讲话。大会审议并通过了中国房地产估价师与房地产经纪人学会第一届理事会工作报告等重要文件，选举产生了第二届理事会理事、常务理事及会长、副会长、秘书长。

7月26～27日，首次房地产估价与经纪行业组织负责人座谈会在安徽省黄山市举行。全国各地房地产估价和经纪行业组织负责人就各自学（协）会的基本情况与运作方式，房地产经纪、估价行业发展中存在的问题及改进的措施等进行了交流与探讨。

9 月 2～4 日，全国首期房地产经纪人继续教育培训在北京举行。本次继续教育培训班旨在通过专家授课、案例讨论等多种学习方式，提高房地产经纪人的理论素养与执业水平。

2006 年

7 月 6 日，建设部、国家发展和改革委员会、国家工商行政管理总局发出《关于进一步整顿规范房地产交易秩序的通知》（建住房［2006］166 号），强调要加强房地产经纪管理，凡从事房地产经纪活动的经纪机构及其他支机构，应向工商行政管理部门申领营业执照，并在一个月内到房地产管理部门办理备案。房地产经纪人承办经纪业务，应当采用房地产、工商管理部门制定的房地产经纪合同示范文本并附有执行该项经纪业务的房地产经纪执行人员的签名。对房地产经纪人利用虚假信息骗取中介费、服务费、看房费等费用，在代理买卖过程中赚取差价等违规行为，由房地产、发展改革（价格）、工商管理部门依据各自职责，依法查处或联合予以查处。

9 月 6 日，建设部、国家发展和改革委员会、国家工商行政管理总局联合召开全国整顿规范房地产交易秩序电视电话会议，作出部署，决定在全国范围内集体开展为其一年的房地产交易秩序专项整治行动。重点查处包括未取得营业执照从事房地产经纪业务，未按规定使用经纪合同示范文本，利用虚假信息骗取中介、服务、看房等费用，在经纪活动中赚取差价等六类违法违规行为。

10 月 31～11 月 1 日，中国房地产估价师与房地产经纪人学会在北京举办了“2006 全国房地产经纪评价结果发布暨行业发展峰会”，建设部刘志峰副部长到会作了题为“建设诚信规范房地产经纪行业”的重要讲话，开通了房地产经纪信用档案，发布了《房地产经纪执业规则》和《房地产经纪业务合同推荐文本》，通报了一批违法违规典型房地产经纪案件，公布了 2006 年度优秀房地产经纪机构、房地产经纪人评选结果并颁发奖杯和证书，举办了房地产经纪行业发展论坛，围绕《房地产经纪管理办法》中的若干制度设计，发表观点，展开讨论。

12 月 29 日，建设部、中国人民银行联合发布《关于加强房地产经纪管理规范交易结算资金账户管理有关问题的通知》（建住房［2006］321 号），对房地产经纪有关问题作出了具体规定，包括全面推行房地产经纪机构备案公示制度；严格实施房地产经纪人员职业资格制度；规范房地产经纪行为；加强房地产经纪合同管理；建立存量房交易结算资金管理制度；规范交易结算资金专用存款账户开设和资金划转；加强交易结算资金专用存款账户管理；建立健全办事公开制度；建立和完善信用公示制度；加强房地产经纪行业自律建设等。

2007年

2月7日，中国房地产估价师与房地产经纪人学会发布“房地产交易风险提示(第一号)”，对房地产交易中出现的私下交易、通过公证方式交易、通过赠与方式交易、不实申报成交价格、利用他人身份证骗贷等五种形式进行了分析，分别指出了各自的表现形式和潜在风险。

9月18日，中央统战部在北京召开了新的社会阶层人士统战工作联系会议2007年度第二次会议。中国房地产估价师与经纪人学会副会长兼秘书长柴强汇报了房地产估价和经纪行业的基本情况，近年来我会开展新的社会阶层人士统战工作情况以及下阶段的工作设想。建设部住宅与房地产业司副司长张小宏，我会副秘书长赵鑫明也参加了会议。

10月17～19日，世界估价组织联合会（World Association of Valuation Organisations，WAVO）第二次代表大会暨国际估价高峰论坛在北京召开。论坛由世界估价组织联合会主办，旨在加强国内外估价同行交流合作，促进估价理论与实践发展进步，实现国际估价行业互利共赢。美国、英国、加拿大、澳大利亚、新西兰、韩国、新加坡等国家和我国港台地区的专家学者以及建设部等有关政府部门领导，高等院校与科研院所、行业组织、估价机构的代表参加了论坛。

10月19日，中国房地产估价师与房地产经纪人学会二届三次常务理事会及二届二次理事会在北京召开。在二届二次理事会上，柴强副会长兼秘书长首先报告了二届一次理事会以来的主要工作。（一）与国际测量师联合会（FIG)、香港测量师学会联合举办了主题为“社会经济环境变革与房地产估价服务”的国际房地产评估论坛，进一步扩大了我会在海内外的影响；（二）参与了全国人大财经委组织的《评估法》和国务院法制办组织的《评估行业管理条例》的立法起草和调研工作；（三）参与起草了《房地产估价机构管理办法》、《注册房地产估价师管理办法》、《关于加强房地产估价机构监管有关问题的通知》、《房地产抵押估价指导意见》等部门规章、规范性文件和技术规范；（四）参与了一级资质估价机构实地检查，开展了估价案件调查、报告鉴定等行业自律工作，加强了自律管理制度建设；（五）积极开展了学术交流与探讨，促进理论研究与技术进步；（六）成功举办2006全国房地产经纪评价结果发布暨行业发展峰会，提升了我会在房地产经纪行业的凝聚力；（七）参与起草了《房地产经纪管理办法》等部门规章、规范性文件，组织起草了《房地产经纪执业规则》、《房地产经纪业务合同示范文本》等自律管理文件；（八）重点加强了房地产经纪领域的课题研究；（九）积极参加社会活动，提升行业影响，努力创造条件，支持会员依法执业；（十）完成了建设部住宅与房地产业司委托的有关科研课题；（十一）组织实施了全国房地产估价师、房地产经纪人执业资格考试等日常性工作；（十二）贯彻落实学会各项规章制度，加强规范化建设，提高服务质量；（十三）扩大了对外交流合作，提升了学会的国际影响。

会议讨论并通过了2008年工作重点，听取了柴强副会长兼秘书长所作的《评估立法及新的社会阶层人士统战工作情况的报告》，刘洪玉副会长所作的《关于增设房地产教育专业委员会的说明》，赵鑫明副秘书长所作的《关于〈资深会员管理办法〉（审议稿）的说明》。

附件4

山西房地产估价、经纪机构诚信宣言

为加强我省房地产估价、经纪行业自律，提高行业诚信度，维护消费者权益，促进房地产业健康发展。我代表山西省房地产估价师与房地产经纪人协会会员单位向社会庄严承诺：

一、保证遵守国家、行业管理部门有关法律、法规、行业规范，提供客观公正的服务。

二、保证遵守自愿、公平、诚实信用的原则从事经营活动。广告宣传真实，操作秩序规范，信息来源合法，评估结果准确可靠。

三、保证在营业范围和资质核准范围内从事经营活动。

四、保证提供经纪服务的房屋证件齐全、资料真实、手续完备。

五、保证按政府规定的标准及合同约定的费用收取服务费并依法纳税，在合同约定的时限内提供服务。

六、保证不违反委托人意愿擅自扣押相关房地产证件及资金，不伪造涂改相关证件。

七、保证不违背委托人的意愿赚取差价，索取额外报酬。

八、保证不与一方当事人串通而损害另一方当事人的利益，切实保障双方的合法权益不受到损害。

九、保证在同行业间不相互拆台、不欺行霸市和不采取不正当竞争手段。提倡公平竞争、共同发展，自觉维护行业形象。

十、因本机构从业人员过失给当事人造成损失的，保证由机构按合同约定的违约责任进行赔偿。因机构原因导致合同无法履行的，无条件全额退还服务费。

恳请社会支持，欢迎各界监督。

附件 5

房屋出售委托协议

委托人：____________________

（系房屋出售人）

【本人】【法定代表人】姓名：__________国籍：__________

【身份证号】【护照号】【营业执照注册号】【   】

住　　所：____________________

邮政编码：____________________联系电话：____________________

受托人：____________________

（系房地产经纪机构）

法定代表人：____________________

营业执照注册号：____________________

房地产管理部门备案号：____________________

住所：____________________

邮政编码：____________________联系电话：____________________

根据《中华人民共和国合同法》、《中华人民共和国城市房地产管理法》及其他法律法规，委托人和受托人本着平等、自愿、公平、诚实信用的原则，经协商一致，达成如下协议。

第一条　委托事项

委托人为出售《标的房屋信息》（见本协议附件）所特指的房屋（以下简称标的房屋），委托受托人提供本协议第三条约定的服务。

【受托人指派】【委托人选定】注册在受托人名下的下列房地产经纪人为本协议委托事项的承办人，执行委托事项：

承办人姓名：__________性别：__________身份证件号码：__________

房地产经纪人注册号：____________________。

承办人选派注册在受托人名下的下列房地产经纪人协理为本协议委托事项的协办人，协助承办人执行委托事项：

协办人姓名：__________性别：__________身份证件号码：__________。

第二条　标的房屋信息

签订本协议时，受托人应凭借自己的专业知识和经验，向委托人全面、详细询问为促成委托人与第三人进行标的房屋买卖所必需的标的房屋情况，要求委托人如实提供相应的资料；委托人应对其提供的情况和资料的真实性承担法律责任。

受托人应根据委托人提供的情况和资料，到标的房屋现场及有关部门进行必要的调查、核实，并与委托人共同如实填写《标的房屋信息》。

《标的房屋信息》为本协议的重要组成部分。

第三条 服务内容

委托人委托受托人提供下列第__________项服务（可多选）：__________

（一）提供与标的房屋买卖相关的法律法规、政策、市场行情咨询。

（二）寻找承购人。

（三）在本协议第四条约定的期限内代管标的房屋。

（四）协助委托人与承购人达成房屋买卖合同。

（五）代办房地产估价、公证手续。

（六）为委托人代办税费缴纳事务。

（七）代办解除标的房屋抵押贷款手续。

（八）代办房屋产权及附属设施过户手续。

（九）代理移交房屋、附属设施及家具设备等。

（十）代办各种收费设施的交接手续。

（十一）其他（请注明）。

受托人为完成委托代办事项而向委托人收取证件、文件、资料时，应向委托人开具规范的收件清单，并妥善保管；完成委托代办事项后，应及时将上述证件、文件、资料退还委托人。

第四条 委托期限与方式

（一）委托期限按照下列第______种方式确定（只可选一项）：

1. 自______年______月______日起至______年______月______日止。期限届满，本协议自行终止。

2. 自本协议签订之日起，至委托人与承购人签订房屋买卖合同之日止。

3. 其他（请注明）____。

（二）委托人【承诺】【不承诺】在委托期限内本协议约定的委托事项为独家委托。

第五条 委托出售价格

委托人要求标的房屋的出售总价不低于【人民币】【______】大写元（小写______元）。实际成交价高于前款约定最低出售价的，高出部分属委托人所有。

第六条 服务费用支付

（一）佣金

在本协议第四条约定的期限内委托人与承购人达成房屋买卖合同的，委托人应向受托人支付佣金。

1. 佣金的支付标准及金额按照下列第______种方式确定（只可选一项）：

（1）按房屋买卖合同中载明的成交价的大写百分之______（小写______%）计付佣金。

（2）按固定金额【人民币】【______】大写______元（小写______元）支付佣金。

（3）其他（请注明）____。

2. 佣金的支付时间按照下列第______种方式确定（只可选一项）：

（1）自房屋买卖合同签订之日起______日内支付。

（2）于房屋买卖合同签订之日，支付佣金总额的大写百分之______（小写______%）；于房屋产权过户手续完成之日，支付佣金总额的大写百分之______（小写______%）；于房屋交付完成之日，支付佣金总额的大写百分之______（小写______%）。

（3）其他（请注明）____。

3. 在本协议第四条约定的期限内未能达成房屋买卖合同的，对受托人为完成委托事项已支出的必要费用，按照下列第______种方式处理（下列选项只有一项有效，填写两项或两项以上者，按照有利于委托人的选项执行）：

（1）由受托人承担。

（2）以【人民币】【______】大写______元（小写______元）为限，自委托期限届满之日起______日内支付。

（3）按上列约定佣金支付标准的大写百分之______（小写______%）计算，自委托期限届满之日起______日内支付。

（4）由委托人和受托人根据受托人完成的工作量另行议定。

（5）其他（请注明）____。

4. 受托人收取佣金后，应向委托人开具正式发票。

（二）代办事项服务费

受托人完成本协议第三条约定的代办事项的，委托人应按照下列第______种方式向受托人支付服务费（下列选项只有一项有效，填写两项或两项以上者，按照有利于委托人的选项执行）：

1. 由受托人承担____________________。

2. 按受托人经营场所明示的收费标准，自委托事项完成之日起______日内或____________________支付。

3. 按受托人经营场所明示的收费标准的大写百分之______（小写______%），自委托事项完成之日起______日内或____________________支付。

4. 按固定金额【人民币】【______】大写______元（小写______元），自委托事项完成之日起______日内或____________________支付。

5. 其他（请注明）____。

受托人收取代办服务费后，应向委托人开具正式发票。

（三）代缴税费

受托人在完成委托事项中，代委托人向第三方缴纳的税费，按照下列第______种方式处理（下列选项只有一项有效，填写两项或两项以上者，按照有利于委托人的选项执行）：

1. 委托人按委托人和受托人认同的估算金额预付给受托人，待约定的代缴税费事项完成、委托期限届满或者本协议终止（以先者为准）时，受托人凭缴纳税费收据与委托人结算，如有差额多退少补。

2. 由受托人提供收费标准与金额，委托人按代办进程将应缴税费付给受托人，委托其代为向第三方缴纳。

3. 其他（请注明）。

第七条　交易过错责任承担

委托人因与本项委托直接关联的交易与承购人发生权属纠纷且委托人属过错方的，除受托人能证明属于委托人过错、应由委托人承担责任的外，受托人作为专业机构应承担过错责任，对委托人应承担的民事责任承担连带责任。

受托人不得在本协议以外的补充约定中，设立明示或者暗示与本条款相冲突的免除受托人责任的条款。

第八条　违约责任

（一）委托人违约责任

1. 委托人故意提供虚假的标的房屋情况和资料的，受托人有权单方解除本协议，给受托人造成损失的，委托人应依法承担赔偿责任；

2. 委托人泄露由受托人提供的承购人资料，给受托人、承购人造成损失的，委托人应依法承担赔偿责任；

3. 委托人在委托期限内自行与第三人达成交易的，应按照本协议约定的标准向受托人支付佣金。但委托人在本协议第四条第二款中不承诺为独家委托，并能证明该项交易与受托人的服务没有直接因果关系的除外。

（二）受托人违约责任

1. 受托人违背执业保密义务，不当泄露委托人商业秘密或个人隐私，给委托人造成损害的，应按照__________标准支付违约金，约定违约金不足以弥补委托人损失的，委托人有权要求补充赔偿。

2. 受托人有隐瞒、虚构信息或恶意串通等影响委托人利益的行为，委托人除有权解除本协议、要求退还已支付的相关款项外，受托人还应按照______________

标准，向委托人支付违约金。

3. 在委托代办事项中，受托人因工作疏漏，遗失委托人的证件、文件、资料、发票等，应给予相应经济补偿。

（三）委托人与受托人之间有付款义务而延迟履行的，应按照迟延天数乘以应付款项的大写百分之______（小写______%）计算迟延付款违约金支付给对方，但不超过应付款总额。

第九条 协议变更与解除

（一）协议变更

在本协议履行期间，任何一方要求变更本协议条款，应书面通知对方。经双方协商一致，可达成补充协议。补充协议为本协议的组成部分，与本协议具有同等效力。

若经双方协商一致，无需签订补充协议的，应将变更事项简记于本协议的附注栏内。

（二）协议解除

1. 委托人有确凿证据证明受托人有与其执业身份不相称的行为且将影响委托人利益的，可于委托期限届满前，书面通知受托人解除本协议，受托人应在收到通知之日起______日内将预收的费用退还委托人。

2. 受托人有确凿证据证明委托人隐瞒重要事实且足以影响交易安全的，可于委托期限届满前，书面通知委托人解除本协议，已收费用不予退还，并可依法追偿约定的或已发生的费用。

第十条 争议处理

因履行本协议发生争议，由争议双方协商解决，协商不成的，双方【同意】【不同意】由标的房屋所在地的房地产经纪行业组织调解。

调解不成或者不同意调解的，按照下列第______种方式解决：

1. 提交______仲裁委员会仲裁。

2. 依法向人民法院起诉。

第十一条 协议生效

本协议一式______份，具有同等法律效力，委托人______份，受托人______份。

本协议自双方签订之日起生效。

委托人（签章）__________：受托人（签章）：__________

承办人（签章）：__________

协办人（签章）：__________

签订地点：______________________________

签订日期：二〇〇____年____月____日

附 注 栏

变更日期	变更事项	双方签字确认

附件：

标的房屋信息

委托出售房屋可公开的基本信息
位置：________省（自治区、直辖市）________市（县）________（区） ________路________（巷）（胡同）________小区 用途：________________________________ 建筑结构：______________________________ 户型：________室________厅________卫________厨或平房________间 面积：建筑面积：________平方米；使用面积：________平方米 套内建筑面积：________平方米 装修：【毛坯房】【粗装修】【精装修】【________】
委托出售房屋其他可公开的基本信息

委托出售房屋的权益信息
1. 所有权人：________________________________。 2. 共有权人：____________________（没有共有权人的填写“无”，不宜留空）。 3. 房屋所有权人持有______颁发的所有权证书，证书号证书复印件见粘贴页。 4. 房屋所有权性质：【私房】【已购公有住房】【商品房】【经济适用住房】【______】。 5. 房屋所占土地性质：【国有划拨】【国有出让】【农民集体】【______】。 6. 该房屋享有的附属权益：____________________（如树木、合法搭建、车位、会所、公用物业受益、公共维修基金等）。 7. 属于有限责任公司、股份有限公司所有的，有无公司董事会、股东大会审议同意【出售】【出租】的合法书面文件，见粘贴页。 8. 属于国有或集体资产的，有无政府主管部门的批准文件，见粘贴页。 9. 属于共有财产的，有无共有权人同意转让的书面证明，见粘贴页。

续上表

10. 有无司法机关或者行政机关依法裁定，决定查封或者以其他形式限制权利的情况。
11. 有无抵押等他项权利设置情况，若有，有无取得抵押权人等他项权利人书面同意买卖的证明，见粘贴页。
12. 有无承租人占用房屋，若有，有无承租人放弃优先购买权的书面声明，见粘贴页。
13. 承租人放弃优先购买权，承购人购房后应继续履行租赁合同到合同期满______年______月______日，租赁合同见粘贴页。
14. 委托出售房屋是否被列入拆迁公告范围内。
15. 其他已知可能影响出售的情况：____。

委托出售房屋的区位信息

坐落：__________省（自治区、直辖市）__________市（县）__________区
__________镇__________街（巷）（胡同）__________小区__________号楼__________号房
通邮地址：____________________邮政编码：____________________
在____________________街道办事处____________________居民委员会辖区
在____________________公安局____________________派出所管辖区
附近500米内的地标性建筑物：____
附近500米内的商场、超市：____
附近500米内的学校、医院：____
附近500米内的公交车站：____
其他便利条件：____

委托出售房屋的实物信息

建成年月：__________年__________月
设计用途：____________________
建筑结构：砖混　砖木　框架　框剪
户型特点：平层　错层　跃层　复式
垂直通行设施：垂直电梯__________部　步梯__________处
配套设施设备：____________________
供水：自来水　矿泉水　热水　中水
供电：220V　380V　可负荷__________KW
供燃气：天然气　煤气
外供暖气：汽暖　水暖　供暖周期
自备采暖：电暖　燃气采暖　燃煤采暖
空调：中央空调　自装柜机______台　自装挂机______台
电视馈线：无线　有线（数字、模拟）
电话：外线号码____________内线号码____________
互联网接入方式：拨号　宽带　ADSL

随房屋家具、电器、用品清单

名　称	数　量	成 新 率	名　称	数　量	成 新 率
双人床			电视		
单人床			冰箱		
床头柜			洗衣机		
梳妆台			热水器		
衣柜			空调		
书柜			燃气灶		
写字台			排油烟机		
沙发			饮水机		
茶几			电话机		
椅子			吸尘器		
餐桌			电视柜		
电视柜					

委托出售房屋的债权债务信息			
水费：价格	预付余额	欠费额	近期交费凭证见粘贴页
电费：价格	预付余额	欠费额	近期交费凭证见粘贴页
燃气费：价格	预付余额	欠费额	近期交费凭证见粘贴页
固定电话费：价格	预付余额	欠费额	近期交费凭证见粘贴页
物业管理费：价格	预付余额	欠费额	近期交费凭证见粘贴页
供暖费：价格	预付余额	欠费额	近期交费凭证见粘贴页
电视收视费：价格	预付余额	欠费额	近期交费凭证见粘贴页
互联网费：价格	预付余额	欠费额	近期交费凭证见粘贴页

参 考 文 献

[1] 中国房地产估价师与房地产经纪人学会．房地产经纪概论（第 3 版）．北京：中国建筑工业出版社，2005.

[2] 中国房地产估价师与房地产经纪人学会．房地产经纪实务（第 3 版）．北京：中国建筑工业出版社，2005.

[3] 中国房地产估价师与房地产经纪人学会．房地产经纪概论（第 2 版）．北京：中国建筑工业出版社，2002.

[4] 周云，倪莉，盛承懋．房地产经纪实务．南京：东南大学出版社，2005.

[5] 方志达，张连生．房地产经纪人实务．南京：东南大学出版社，1999.

[6] 连永安，胡至廉，周云，盛承懋．房地产经纪人专业基础．南京：东南大学出版社，1999.

[7] 中国房地产估价师学会．房地产基本制度与政策（第 1 版）．北京：中国建筑工业出版社，2004.

[8] 中国房地产估价师与房地产经纪人学会．房地产开发经营与管理（第 1 版）．北京：中国建筑工业出版社，2005.

[9] 蔼红玲．房地产经纪人（第 1 版）．北京：中国经济出版社，2003.

[10] 黄渝祥．企业管理概论（第 2 版）．北京：高等教育出版社，2000.

[11] 孔凡文．房地产经纪人（第 1 版）．大连：大连理工大学出版社，2002.

[12] 薛华成主编．管理信息系统（第 4 版）．北京：清华大学出版社，2003.

[13] 黄梯云主编．管理信息系统导论．北京：机械工业出版社，1985.

[14] 单东方主编．管理信息系统案例．北京：科学出版社，2003.

[15] 查尔斯·J·雅各布斯．房地产职业导论（第 8 版）．北京：经济科学出版社，2003.

[16] 中国房地产估价师与房地产经纪人学会．房地产经纪概论（第 1 版）．北京：中国建筑工业出版社，2002.

图书在版编目（CIP）数据

房地产经纪/薛姝，周云主编．—北京：人民交通出版社，2008.2

ISBN 978-7-114-06974-1

Ⅰ．房… Ⅱ．①薛…②周… Ⅲ．房地产业－经纪人－高等学校－教材 Ⅳ．F299.233.5

中国版本图书馆 CIP 数据核字（2008）第 009481 号

书　　名：房地产经纪
著 作 者：薛　姝　周　云
责任编辑：王　霞（wxccpress@126.com）
出版发行：人民交通出版社
地　　址：（100011）北京市朝阳区安定门外外馆斜街 3 号
网　　址：http://www.ccpress.com.cn
销售电话：（010）59757973
总 经 销：人民交通出版社发行部
经　　销：各地新华书店
印　　刷：北京鑫正大印刷有限公司
开　　本：720×960　1/16
印　　张：15
字　　数：291 千
版　　次：2008 年 2 月第 1 版
印　　次：2014 年 12 月第 4 次印刷
书　　号：ISBN 978-7-114-06974-1
定　　价：24.00 元